KB068727

서울법대
법학총서
3

헌법과 사법

윤진수 권영준 김형석 이동진

박영사

본서의 연구들은 서울대학교 법학발전재단 출연 법학연구소 기금의
2016학년도 학술연구비(공동연구)의 보조를 받아 수행되었다.

머 리 말

헌법과 사법의 관계에 관하여는 우리나라에서도 많이 논의되어 왔다. 또한 근래에는 이를 다루고 있는 헌법재판소와 대법원의 판례들도 늘어나고 있다. 그런데 학문적인 차원에서는 아직까지 헌법이 사인 사이의 법률관계에도 영향을 미치는가 아닌가, 미친다면 직접적으로 미치는가 아니면 간접적으로만 미치는가 하는 정도의 원론적인 이야기가 많고, 구체적, 개별적인 논의는 상대적으로 부족하였다. 또한 이 문제에 대하여는 헌법학자들에 비하여 사법학자들이 그다지 관심을 기울이지 않았다.

이러한 상황에서 서울대학교에서 민법을 전공하는 교수들이 이 문제에 대하여 좀더 구체적인 연구를 수행하고자 하였고, 그 결과로서 나온 것이 이 책이다. 이 연구는 원래 서울대학교 법학연구소가 지원하는 공동연구의 일환으로 이루어진 것인데, 다만 "보통법 국가에서의 기본권의 수평효"는 이와는 별도로 발표되었던 것이지만, 공통된 주제를 다루고 있어 이 책에 포함시키게 되었다.

책의 내용을 간단히 설명한다면 다음과 같다. 윤진수가 집필한 제1장 "보통법 국가에서의 기본권의 수평효"는 종래 우리나라에 잘 알려지지 않았던, 보통법 국가에서의 기본권의 대사인적 효력 내지 제3자적 효력에 관한 논의를 소개하고 있다. 권영준이 집필한 제2장 "프라이버시 보호의 정당성, 범위, 방법"은 프라이버시를 보호하여야 하는 근거를 헌법과 연결하여 살펴보고 있다. 이동진이 집필한 제3장 "재산권 보장 조항(헌법 제23조 제1항)과 민법"은 재산권을 보장하는 헌법 제23조 제1항이 민법에 관하여 어떤 의미를 가지는가를 다룬다. 김형석이 집필한 제4장 "사적 자치와 기본권의 효력"은 주로 계약법에서 기본권이 어떤 의미를 가지고 있는가를 분석한다. 마지막으로 윤진수가 집필한 제5장 "상속관습법의 헌법적 통제"는 민법 시행 전의 관습법상 여호주가 사망한 경우에 출가녀가 여호주의 재산을 상속할 수 있는가에 관한 헌법재판소의 결정을 대상으로 삼아, 근래 제기되고 있는 상속관습법을 헌법적으로 심사하는 경우에 생기는 문제점을 다루고 있다.

이 책은 좀 더 다양하고 구체적인 연구를 지향하기는 하였으나, 그 외에도 중요한 문제가 많이 있다. 예컨대 헌법과 불법행위의 관계는 이 연구에서 빠져 있다. 그러나 첫 술에 배부를 수는 없는 법이고, 이 책이 앞으로의 연구에 하나의 계기를 제공할 수 있다면 그것으로 충분한 의의를 가진다.

이 책이 나오기까지 여러 분의 도움을 받았다. 먼저 공동연구를 지원해 주신 송석윤 전 법학연구소장님과 김도균 현 법학연구소장님께 감사를 드린다. 그리고 서울법대 법학총서 제2권으로 이 책을 발간하는 것을 수락해 주신 박영사의 안종만 회장님과, 발간의 실무를 맡아 주신 조성호 이사님, 편집과 교정을 위해 수고해 주신 김선민 부장님께도 고마움의 인사를 드리고자 한다.

2018. 5.

집필자 대표 윤 진 수

차 례

제 1 장 보통법 국가에서의 기본권의 수평효

제 2 장 프라이버시 보호의 정당성, 범위, 방법

제 3 장 재산권 보장 조항(헌법 제23조 제1항)과 민법

제 4 장　사적 자치와 기본권의 효력

제 5 장　상속관습법의 헌법적 통제

[논문의 출전]

"보통법 국가에서의 기본권의 수평효": 연세대학교 법학연구 제27권 3호(2017)

"프라이버시 보호의 정당성, 범위, 방법": 사법 제41호(2017)

"사적자치와 기본권의 효력": 비교사법 제24권 1호(2017)

"재산권 보장 조항(헌법 제23조 제1항)과 민법": 비교사법 제24권 3호(2017)

"상속관습법의 헌법적 통제": 헌법학연구 제23권 2호(2017)

제 1 장

보통법 국가에서의 기본권의 수평효

윤 진 수

I. 서 론

기본권의 대사인적 효력 내지 제3자적 효력, 즉 기본권이 사인과 공권력 사이가 아니라, 사인과 사인 사이에도 효력을 미치는가 하는 점은 근래 많이 다루어지고 있는 주제이다. 그런데 종래의 국내에서의 논의는 독일의 이론과 판례를 주로 참조하고 있고, 독일 외의 다른 나라의 논의는 그다지 소개되고 있지 않다. 원래 이 문제는 원래 2차대전 후에 독일에서 본격적으로 논의되기 시작하였고, 다른 나라의 문헌에서도 이를 가리키기 위하여 제3자적 효력을 의미하는 독일어인 Drittwirkung이라는 말이 그대로 쓰이기도 한다. 그러나 이 문제는 현재는 전세계적으로 많은 관심의 대상이 되고 있다. 예컨대 2014년 비엔나에서 개최된 국제비교법학회(International Academy of Comparative Law) 제19차 대회에서는 이 문제가 주제의 하나로 다루어졌다.[1]

이 글은 주로 보통법 국가에서의 이 문제에 관한 논의를 소개

---

[1] 그 결과는 다음의 책으로 나왔다. Verica Trstenjak and Petra Weongerl ed., *The Influence of Human Rights and Basic Rights in Private Law* (Cham, Springer, 2016).

하는 것을 목적으로 한다. 구체적으로는 미국, 아일랜드, 캐나다, 남아프리카 및 영국의 상황을 다루고자 한다. 특히 이 중 미국의 이른바 정부행위 이론[2]은 우리나라에도 많이 알려져 있고,[3] 영국에서의 논의에 관하여도 이를 언급하고 있는 문헌이 있으나,[4] 그 외의 다른 나라들은 국내에 거의 소개되지 않았다. 이들 나라에서는 여러 가지 논점 가운데에도 특히 기본권이 보통법(common law)[5]에 어떤 영향을 미치는가 하는 점이 문제되고 있다. 이 글은 이에 관하여 살펴보는 것을 목적으로 한다. 외국에서의 논의가 우리나라에도 시사하는 바가 있을 수 있기 때문이다. 이 문제에 대한 각국의 논의 상황은 각 나라를 한 권의 책으로 다루더라도 충분하지 않을 만큼 복잡하고, 많은 판례와 참고 자료들이 있다. 그러나 이 글에서는 외국의 상황을 소개하는 것이 주목적인 만큼 주요한 판례와 대표적인 학설을 소개하는 데 그칠 수밖에 없다. 이것만으로도 우리나라의 논의에 대하여 어느 정도의 시사점은 얻을 수 있다.

　서술의 순서는 이들 나라에서 기본권의 수평효에 관한 논의가

---

2) "정부행위"란 state action이라는 용어를 옮긴 것이다. 원래 이는 연방이 아닌 주(州)의 행위를 지칭하는 말이었고, 따라서 "주 행위"라고 불러야 한다는 주장이 있다. 林智奉, "州行爲理論과 美國聯邦大法院", 미국헌법연구 제21권 제1호(2010), 313면 이하. 그러나 현재 이는 주뿐만 아니라 연방이나 지방자치단체 등의 행위를 모두 포괄하고 있으므로, 주 행위라고 하는 것이 반드시 정확한지 의문이다. 이외에 "국가행위"라는 번역도 있다. 李魯弘, 미국헌법상 국가행위(STATE ACTION)에 관한 연구, 이화여자대학교 법학박사학위 논문, 2002, 1면 주 1) 등. 여기서는 "정부행위"라는 표현을 사용하고자 한다. 박종보, "미국헌법상 정부행위이론의 법리와 그 대안", 강원법학 제50권(2017) 참조. 다만 아래에서 문맥에 따라서는 "주의 행위"라는 표현도 사용하였다.
3) 가령 위 주 2)의 문헌들 참조.
4) 尹眞秀, "英國의 1998년 人權法(Human Rights Act 1998)이 私法關系에 미치는 영향", 民法論攷 1(박영사, 2007)(처음 발표: 2002); 이노홍, "영국 기본권의 수평적 효력이론에 관한 고찰", 홍익법학 제15권 1호(2014).
5) 여기서 말하는 보통법에는 형평법(equity)도 포함된다.

본격적으로 시작된 시기의 순서를 따랐다. 아래에서 보듯이 시간
적으로 앞선 한 나라의 논의는 다른 나라에서의 논의에 영향을 미
치고 있다.

　　본론에 들어가기 전에, 먼저 용어와 이론의 분류에 대하여 언
급하고자 한다. 우리나라에서는 이 문제를 기본권의 대사인적 효력
또는 제3자적 효력이라고 부르면서, 이에 관하여는 기본권은 국가
는 물론 사인에게도 직접 적용된다는 직접적용설(직접효력설)과, 기
본권은 사법적인 법률관계에 직접 적용되지 않고, 다만 간접적으로
즉 사법의 일반조항 등을 통해서만 적용되어야 한다는 간접적용설
(간접효력설)이 대립하고, 근래에는 국가가 사인의 기본권 침해에
대하여도 이를 보호하여야 한다는 보호의무 이론이 있다고 설명되
고 있다.[6] 그런데 영어권에서는 이러한 기본권의 대사인적 효력을,
대등한 사인간에서 적용된다는 의미에서 수평적 효력 내지 수평효
(horizontal effect)라고 부르는 것이 일반적이다. 이에 반하여 사인과
공권력 사이의 관계는 수직적 효력 내지 수직효(vertical effect)라고
부른다. 그리고 수평효를 인정하는 경우에도, 기본권이 사인 사이
에 직접 적용될 수 있다는 주장을 직접적 수평효(direct horizontal
effect)라고 하고, 간접적으로만 적용될 수 있다는 주장을 간접적 수
평효(indirect horizontal effect)라고 한다.[7] 직접적 수평효는 우리나
라의 직접적용설에 상응하고, 간접적 수평효는 간접적용설에 상응
한다.

---

6) 논의의 상황은 예컨대 張永喆, "基本權의 第3者的(對私人的) 效力에 관한 理論
　 的 硏究", 공법연구 제37집 3호(2009), 33면 이하 참조.
7) 尹眞秀(주 4), 5-6면 참조. Stephen Gardbaum, "The structure and scope of
　 constitutional rights", in Tom Ginsburg and Rosalind Dixon ed., *Comparative
　 Constitutional Law* (Edward Elgar, 2011), p. 394는, 직접적 수평효는 사인
　 (private actor)을 헌법적 권리에 종속시키는 것이고, 간접적 수평효는 사법
　 (private law)을 헌법적 권리에 종속시키는 것이라고 표현한다.

　　다른 한편 이러한 직접적 수평효와 간접적 수평효 외에도, 다른 분류가 주장되고 있다. 그 하나는 사법부 모델(judiciary model)로서, 이스라엘의 대법원장이었던 바락(Ahron Barak)이 제안한 것이다. 이에 따르면 기본권은 국가에 대해서만 주장할 수 있고 사인간에는 적용되지 않지만, 여기서 말하는 국가에는 사법부가 포함되고, 사법부는 기본권을 침해하는 방식으로 보통법을 발전시키거나 구제를 허용하여서는 안 된다고 한다.[8] 그러나 이를 독립된 유형으로 받아들일 실익이 있는지는 의문이다. 그는 미국이 이 모델을 따르고 있다고 하면서, 미국연방대법원의 셸리 판결[9]을 예로 들고 있으나, 뒤에서 보는 것처럼 이 판결에 대하여는 논란이 많고, 선례로서의 가치가 의심스럽다. 일반적으로는 미국은 기본권의 수평효를 부정하고 있고, 다만 정부행위라고 인정되는 경우에만 예외를 인정하는 것으로 이해되고 있다. 또한 뒤에서 살펴보는 것처럼, 캐나다와 과거의 남아프리카 공화국 판례는 기본권은 법원을 구속하지 않는다고 보는 반면, 현재의 남아프리카 공화국 헌법이나 영국의 인권법은 기본권은 법원도 구속한다고 보고 있으나, 그에 따라 실질적인 차이가 있는 것 같지는 않다.

　　다른 하나는 법원이 헌법적 규정이나 가치에 부합하게 보통법을 발전시키는 것이다.[10] 이를 인정하는 논자에 따르면 이러한 방법은 간접적용설 또는 간접적 수평효와 비슷하지만, 양자의 차이는

---

8) Ahron Barak, "Constitutional Human Rights and Private Law", in Daniel Friedmann and Daphne Barak-Erez ed., *Human Rights in Private Law* (Oxford and Portland, Hart Publishing, 2001), pp. 25 ff.

9) Shelley v. Kraemer, 334 US 1 (1948).

10) Lorraine E. Weinrib and Ernest J. Weinrib, "Constitutional Values and Private Law in Canada", Friedmann and Daphne Barak-Erez ed.(주 8), p. 44; Cheryl Saunders, "Constitutional Rights and the Common Law", in András Sajó and Renáta Uitz ed., *The Constitution in Private Relations: Expanding Constitutionalism* (Eleven International Publishing, 2005), p. 184.

전자의 경우에는 법원의 그러한 권한은 헌법이 아니라 법원 자신
의 고유한 재판권(inherent jurisdiction)에서 나온다는 것이다. 이는
주로 아래에서 설명할 캐나다의 판례를 염두에 둔 것이다. 그러나
이를 간접적 수평효와 구별하는 것이 얼마나 의미가 있는지는 의
문이다.11)

II. 미   국

1. 판   례

(1) 원   칙

미국 연방대법원은 기본권의 수평효를 원칙적으로 인정하지
않는다. 이 문제에 관한 선도적인 판례는 연방대법원이 1883년 선
고한 이른바 민권법 사건(Civil Rights Cases)12)이다. 이 사건에서는
연방의회가 제정한 민권법(The Civil Rights Act of 1875)이 연방의 입
법권을 벗어나서 위헌인가가 문제되었다. 이 법은 민간이 운영하
는 숙박시설과 대중교통수단 등에서의 차별을 금지하고, 그러한 시
설 등의 이용을 거부하는 행위를 처벌하도록 규정하고 있었다. 그
런데 이 법에 의하여 기소된 민간인들이 위 법이 위헌이라고 주장
하였고, 연방대법원은 그 주장을 받아들여 이 법이 위헌이라고 판
시하였다.

이 사건에서의 쟁점은, 미국 헌법수정 제14조가 의회에 사인
에 의한 차별을 금지할 권한을 부여하였는가 하는 점이었다. 동조

---

11) Colm O'Cinneide and Manfred Stelzer, "Horizontal effect/state action", in Mark
   Tushnet, Thomas Fleiner and Cheryl Saunders ed., *Routledge Handbook of
   Constitutional Law* (Routledge, 2013), p. 184는 캐나다식의 접근방법이 간접적용
   설을 따르는 독일보다 약하다고 볼 수도 있지만, 실제에 있어서는 실체적으로 별
   차이가 없다고 한다.

12) 109 U.S. 3 (1883).

제1항은, "어느 주도 미국 연방시민의 특권과 면제를 침해하는 법을 제정하거나 집행하여서는 아니 되고, 적법한 절차에 의하지 아니하고 어떤 사람의 생명, 자유 또는 재산을 박탈하여서는 아니 되며, 그 관할권에 속한 사람에게 법의 평등한 보호를 거부하여서는 아니 된다"[13]고 규정하고, 제5항은 "연방의회는 적절한 입법에 의하여 본조의 각 항을 집행할 권한을 가진다"[14]고 규정하고 있다. 연방대법원은 다수의견에서, 이 조항에 의하여 금지되는 것은 특정한 성격의 주의 행위(state action)이고, 개인의 권리에 대한 개인의 침해는 위 조문의 적용대상이 아니라고 하였다.[15] 그러므로 위 조문은 주의 행위(state action)가 아닌 차별을 시정하기 위한 권한을 연방의회에 부여하지 않는다는 것이다.

위 판결은 헌법은 공권력 주체만을 구속하고, 사인은 구속하지 않는다는 점을 명시적으로 천명하였고, 이 판결의 기본 태도는 현재까지 유지되고 있다.[16]

(2) 예   외

그렇지만 연방대법원은 일정한 경우에는 이 원칙에 대한 예외를 인정하여, 사인인 경우에도 헌법의 효력이 미친다고 하였다. 보통 이 예외를 크게 공공기능의 예외(public functions exception)와 정

---

13) No State shall make or enforce any law which shall abridge the privileges or immunities of citizens of the United States; nor shall any State deprive any person of life, liberty, or property without due process of law; nor deny to any person within its jurisdiction the equal protection of the laws.

14) The Congress shall have power to enforce, by appropriate legislation, the provisions of this article.

15) 109 U.S. 3, 11.

16) 다만 연방의회는 1964년에 마찬가지로 사인에 의한 차별을 금지하는 민권법(Civil Rights Act of 1964)을 제정하였는데, 이때에는 입법의 근거를 연방의회는 여러 주들 상호간의 통상을 규제할 권한을 가진다고 규정한 연방헌법 제1조 제8항의 통상조항(commerce clause)에서 찾았고, 연방대법원은 이는 합헌이라고 판시하였다. 상세한 것은 李魯弘(주 2), 40면 이하 참조.

부관여의 예외(entanglement exception) 두 가지로 나누어 설명한다.[17]

공공기능의 예외란, 전통적으로 정부에게 독점적으로 유보되었던 권능을 사인이 행사하는 것을 말한다.[18] 예컨대 연방대법원은 텍사스 주의 민주당이 당내 예비선거에 흑인을 참여하지 못하게 하는 것은 인종 등을 근거로 하는 차별을 금지한 헌법수정 제15조에 위반된다고 하였다.[19] 연방대법원은, 예비선거가 공직자를 선출하는 기제의 일부가 되었으므로, 차별이나 침해가 있는지를 판단하는 동일한 기준이 본선거뿐만 아니라 예비선거에도 적용되어야 하는데, 주가 선거 절차에 관여하며, 주 공무원 선출의 본선거에서 유권자의 선택을 실질적으로 정당 지명자로 제한하고 있고, 정당 지명자에 의한 본선거를 규정하고 있다면, 이는 텍사스 주가 텍사스 주 법에 의하여 예비선거에 참여할 수 있는 자격을 결정하는 권한을 부여받은 정당에 의한 흑인에 대한 차별을 지지하고, 채택하며, 시행하는 것이고, 따라서 이는 주의 행위에 해당한다고 하였다.

또한 연방대법원은 사기업이 소유하고 있는 도시(company town)의 거리에서 선교용 홍보물을 배포한 것을 사유지 무단침입으로 처벌할 수 있는가가 문제된 사건에서, 정부행위 이론을 적용하여 처벌할 수 없다고 결론을 내렸다.[20] 연방대법원은 사유인 다리, 여객선, 고속도로나 철도의 소유자는 농부가 그의 농장을 운영하는 것처럼 자유롭게 운영할 수는 없고, 이러한 시설은 우선적으로 공

---

17) Erwin Chemerinsky, *Constitutional Law*, Fifth ed. (Wolter Kluwer, 2015), pp. 543 ff. 이하. 이 예외의 분류는 논자에 따라 다르다. 李魯弘(주 2); 박종보(주 2), 364면 이하 등 참조.

18) "We have, of course, found state action present in the exercise by a private entity of powers traditionally exclusively reserved to the State." Jackson v. Metropolitan Edison Co., 419 U.S. 345, 352 (1974).

19) Smith v. Allwright, 321 U.S. 649 (1944).

20) Marsh v. Alabama, 326 U.S. 501 (1946).

중의 이익을 위하여 만들어지고 운영되며, 그 운영은 본질적으로 공적 기능(public function)이기 때문에 주의 규제를 받는다고 하였다. 그리하여 이러한 곳에서 종교적 책자를 배포하려는 자를 처벌하는 것은 표현의 자유와 종교의 자유를 침해하는 것이라고 하였다. 이외에도 판례는 사인이 운영하는 공원도 공공기능을 수행한다고 인정하였다.[21]

그러나 연방대법원은 사기업인 전력회사가 전력을 공급하는 것은 공공기능에 해당하지 않는다고 하였다.[22] 연방대법원은 전력회사가 주로부터 전통적으로 주권(主權)과 결부되었던 권능을 위임받았다면 결론이 달라질 수 있겠지만, 전력회사의 전력 공급이 공익에 관한 것이라고 하여 정부행위가 되는 것은 아니라고 하였다.[23]

또한 연방대법원은 사유지인 쇼핑 몰에서 노동조합이 시위하는 것을 쇼핑 몰 운영자가 막을 수 있는가 하는 점에 관하여, 처음에는 쇼핑센터가 공동체의 비즈니스 구역으로 기능하고 있고, 사람들이 자유롭게 접근할 수 있기 때문에 이는 마쉬 판결[24]과 같이 취급하여야 한다고 보아 쇼핑 몰은 시위 금지를 청구할 수 없다고 하였다.[25] 그러나 그 후의 판례는 판례를 번복하여 이를 부정하였다.[26]

정부관여의 예외는 정부가 연방헌법을 위반한 사인의 행위를

---

21) Evans v. Newton, 382 U.S. 296 (1966).
22) Jackson v. Metropolitan Edison Co., 419 U.S. 345 (1974).
23) 419 U. S. 345, 353 ff.
24) 주 20).
25) Food Employees v. Logan Valley Plaza, Inc., 391 U.S. 308 (1968).
26) Lloyd Corp. v. Tanner, 407 U.S. 551 (1972); Hudgens v. National Labor Relations Board, 424 U.S. 507. 뒤의 판결은 마쉬 판결(주 20)에서 다수의견을 집필하였던 블랙(Black) 대법관이 로간 벨리 판결(주 25)의 반대의견에서 양자를 구별한 것을 원용하였다. 424 U. S. 516.

적극적으로 수권(授權)하거나, 조장하거나, 용이하게 한 경우에는 헌법이 적용된다는 것을 말한다.[27] 이 예외가 인정된 것은 1961년의 버튼 판결에서였다.[28] 이 사건에서 연방대법원은, 시가 건설하여 운영하는 주차장에서 일부 부지를 임차하여 식당을 경영하던 자가 고객이 흑인임을 이유로 음식물이나 음료 등의 판매를 거부한 사안에 대하여, 헌법수정 제14조 위반을 인정하였다. 연방대법원은, 이 사건의 사실관계, 특히 식당이 공중의 주차를 위한 공공건물의 통합된 일부로 운영되었다는 사실에 비추어 보면, 차별적 행위에 대한 주의 참여와 관여는 연방헌법 수정 제14조가 막으려고 의도했던 정도에 이르렀다고 하였다.[29] 그러나 연방대법원은 주정부가 사인의 클럽에 주류 판매를 허가한 것만으로는 정부행위가 성립하지 않는다고 하였고,[30] 지방자치단체나 주 또는 연방이 사립학교에 보조금을 지급하는 것만으로는 정부행위를 인정할 수 없다고 하였다.[31]

전체적으로 근래의 연방대법원은 이러한 예외의 인정 범위를 축소시키고 있다고 평가되고 있다.[32]

한편 논란이 되는 것은 법원의 재판도 정부행위에 해당하는가 하는 점이다. 연방대법원이 1948년 선고한 셸리 판결[33]은, 백인을 의미하는 코카시아 인종(Caucasian race) 이외의 사람은 부동산을 사용하거나 점유할 수 없다고 하는 부동산 소유자들 사이의 제한적 협약(restrictive covenant)의 이행을 법원이 명할 수 있는가 하는 점

---

27) Chemerinsky(주 17), p. 552; 박종보(주 2), 372면 참조.
28) Burton v. Wilmington Parking Authority, 365 U.S. 715 (1961).
29) 365 U.S. 715, 724.
30) Moose Lodge No. 107 v. Irvis, 407 U.S. 163 (1972).
31) Rendell-Baker v. Kohn, 457 U.S. 991 (1982).
32) 박종보(주 2), 371면(공공기능의 예외에 대하여); Chemerinsky(주 17), p. 564(정부관여의 예외에 대하여).
33) 주 9).

이 문제되었다.[34] 연방대법원은, 이러한 제한적 협약은 그 자체만으로는 헌법수정 제14조에 의하여 당사자에게 보장된 권리를 침해하는 것으로는 볼 수 없지만, 법원에 의하여 형성된 보통법의 규칙을 법원이 집행하는 것은 헌법수정 제14조에 의하여 보장된 권리를 침해하는 결과를 가져올 수 있고, 헌법수정 제14조와 관련되는 경우에는 정부행위에는 주 법원이나 주 사법공무원의 행위가 포함될 수 있으며, 주는 제한적 약정의 이행을 사법적으로 허용함으로써 법에 의한 평등한 보호를 거부하였고, 따라서 이러한 주 법원의 행위는 유지될 수 없다고 하였다.[35]

그런데 이 판결의 판시를 일반화하게 되면, 사인들 사이의 분쟁은 궁극적으로는 법원의 재판에 의하여 해결되게 되는데, 그렇다면 모든 사인들 사이의 재판상 분쟁은 정부행위에 의하여 규율되는 것이 되어, 기본권의 적용 범위를 정부행위로 한정하는 것은 의미가 없게 된다. 그리하여 이 판결에 대하여는 논란이 많고,[36] 실제로 그 후의 판례도 이 판결을 원용하고 있는 것은 드물다.[37]

또한 유명한 뉴욕 타임즈 대 설리번 판결[38]에 대하여 언급할 필요가 있다. 이 판결은 민권운동가들이 1960. 3. 29. 앨라배마 주의 수도 몽고메리에서의 비폭력시위에 가담한 흑인들에 대한 테러·협박과 경찰의 가혹한 진압방법을 비난하는 전면광고를 민권운

---

34) 부동산에 관한 협약(real covenant)이란 부동산의 사용 등을 규제하기 위하여 부동산 소유자들이 맺는 약정을 말한다. 이러한 약정은 부동산의 승계인에 대하여도 효력을 미친다(runs with the land). Joseph William Singer, *Introduction to Property* (Aspen Law and Business, 2001), p. 218 참조.

35) 334 U.S. 1, 13 ff. (1948).

36) 이노홍(주 2), 180면 이하; Chemerinsky(주 17), p. 553 등. 근래의 문헌으로는 Mark D. Rosen, "Was Shelley v. Kraemer Incorrectly Decided? Some New Answers", 95 *California Law Review*, pp. 451 ff. (2007) 참조.

37) Chemerinsky(주 17), p. 553. 상세한 것은 이노홍(주 2), 191면 이하; Rosen(주 36), p. 461 ff. 참조.

38) New York Times v. Sullivan, 376 U.S. 254 (1964).

동가들이 뉴욕타임즈 신문에 게재하자, 앨라배마 주의 경찰공무원인 설리반(Sullivan)이 신문사와 광고주를 상대로 명예훼손소송을 제기한 사건에 대한 것이었다. 앨라배마 주 법원은 명예훼손의 성립을 인정하고 손해배상을 명하였다. 그러나 연방대법원은, 언론의 자유에 관한 연방헌법 수정 제1조는 공직자의 공적 행위에 관한 잘못된 보도에 대하여 명예훼손으로 인한 손해를 배상받기 위해서는 그 보도가 '현실적 악의(actual malice)'에 의하여, 즉 그 내용이 허위임을 알았거나 또는 허위인지의 여부에 대하여 무분별하게 무시하고서 이루어졌다는 증명을 하여야 한다고 판시하였다. 여기서 문제되는 것 중의 하나는, 뉴욕 타임즈가 가지는 언론의 자유를 침해하는 정부행위가 존재하는가 하는 점이었는데, 앨라배마 주 대법원은, 헌법수정 제14조는 정부행위에 대한 것이고 사인의 행위에 대한 것은 아니라는 간단한 이유로 이를 부정하였다.[39] 그러나 연방대법원은, 이 사건이 사인들 사이의 민사소송이기는 하지만, 앨라배마 주 법원은 광고를 낸 사람들의 헌법상 언론의 자유에 대하여 부당한 제한을 부과하는 주법을 적용하였는데, 이 법이 민사소송에서 적용되었고 성문법에 의하여 보완된 보통법이라는 것은 중요하지 않으며, 판단 기준은 어떤 형식으로 주의 권한이 행사되었는가가 아니라, 그 형식을 불문하고 그러한 권한이 행사되었는가 아닌가 하는 점이라고 하여, 정부행위의 존재를 긍정하였다.[40] 이는 말하자면 불문법인 보통법을 적용하는 주 법원의 판결을 정부행위로 본 것이다.[41]

---

39) New York Times Company v. Sullivan, 273 Ala. 656, 676 (1962).

40) 376 U. S. 254, 265.

41) Frank I. Michelman, "The Bill Of Rights, the Common Law, and the Freedom-Friendly State", 58 *U. Miami L. Rev.* 401, 403 f. (2003)는, 보통법이 권리헌장과 합치하는지 여부의 사법적 심사의 문을 여는 것은 헌법적 책임에 대한 국가행위의 장애물을 사라지게 하는 것이라고 평가한다.

2. 학자들의 논의

이처럼 헌법의 구속력을 정부행위에 대하여만 인정하는 미국의 판례는 비교법적으로 보아 특이한 예외에 속한다. 왜 이러한 정부행위 이론이 채택되었을까?

체메린스키에 따르면 이에 대하여 3가지 답변이 있다고 한다.[42] 첫째, 헌법의 문언이 정부만을 대상으로 한정하는 것으로 보인다. 예컨대 헌법수정 제14조는 어느 주도 적법한 절차에 의하지 아니하고 어떤 사람의 생명, 자유 또는 재산을 박탈하여서는 아니된다고 규정하고 있고, 제1조는 의회(Congress)는 표현의 자유나 언론의 자유를 침해하는 법을 제정하여서는 안 된다고 규정하고 있다. 둘째, 역사적으로 볼 때 보통법이 사인에 의한 사인의 권리 침해를 보호하였기 때문에 정부행위 이론이 의미를 가진다는 것이다. 셋째, 연방법과 연방 사법권의 적용범위를 제한함으로써 개인 자율의 영역을 보전하고, 주의 주권이 미치는 범위를 확보함으로써 연방주의를 보장한다는 정책적인 이유이다.[43]

다른 한편 쿰과 페레스 코멜라는 캐나다나 독일과 비교할 때 위의 역사적 근거와 연방주의적 근거 외에도 다음과 같은 점이 이 이론을 정당화하는 근거일 수 있다고 한다. 즉 캐나다나 독일에서는 먼저 헌법적인 권리로서 보호받는 헌법적 이익이 침해되었는지를 살피고, 이어서 그 침해가 정당화될 수 있는지를 판단하는 데 반하여, 미국에서는 특정 행위가 헌법적 권리로서 보호받는 이익을 침해하였는가 하는 첫 단계의 탐구가 중요하고, 이 점이 긍정되면

---

42) Chemerinsky(주 17), pp. 536 ff.

43) 연방대법원의 Lugar v. Edmondson Oil Co. 판결은, 정부행위 요건을 고수하는 것은 연방법과 연방 사법권의 범위를 제한함으로써 개인의 자유 영역을 보전하고, 주, 주의 기관 또는 그 공무원들에게 그들이 비난받을 수 없는 행위에 대한 책임을 부과하는 것을 막는다고 하였다. 457 U.S. 922, 936 (1982).

이는 권리의 침해라고 하는 강력한 추정이 성립하며, 예외적으로 법원이 압도적인 정부의 이익이 존재한다고 인정할 때에만 이 추정이 번복된다고 한다.[44] 이는 말하자면 캐나다나 독일에서는 위헌적인 기본권의 침해가 있는가 하는 문제를, 기본권이 침해되었는가, 그리고 그 기본권의 침해가 비례의 원칙에 비추어 정당화될 수 있는가라는 두 단계로 나누어 보는데 반하여, 미국에서는 제1차적으로 기본권의 침해가 있었는가 하는 점이 중요하고, 기본권의 침해가 긍정된다면 예외적으로만 그 침해가 정당화될 수 있다고 보고, 비례의 원칙은 논하지 않기 때문에, 사인에 의한 기본권의 침해를 잘 인정하지 않는다는 의미로 이해된다.

그러나 이러한 정부행위 이론에 대하여는 강력한 비판이 많다. 예컨대 체메린스키는 정부행위 이론은 폐기되어야 한다고 주장하면서 다음과 같이 설명한다. 우선 과거에는 보통법이 개인을 사인에 의한 권리 침해로부터 보호한다는 믿음이 있었지만, 오늘날은 개인이 보통법상 보호를 받지 못하는 많은 권리를 가지고 있다. 또 권리에 관한 자연법론, 실증주의 또는 합의(consensus)와 같은 어느 이론에 의하더라도 정부행위의 요건은 의미를 가지지 못한다. 그리고 정부행위가 사적 자율의 영역을 보호한다는 주장에 대하여는, 정부행위의 문제가 제기될 때에는 가해자의 자유와 피해자의 자유가 함께 문제되고, 법원은 일방적으로 정부가 아닌 사인에게 유리하게 판결하기보다는 두 가지 대립하는 자유를 형량하여야 한다. 나아가 정부행위 이론이 주의 주권을 확보한다는 주장에 대하여는, 연방주의가 기본권의 침해를 허용하는 것을 정당화할 수 있는지는

---

44) Mathias Kumm and Victor Ferres Comella, "What is So Special about Constitutional Rights in Private Litigation?" in András Sajó and Renáta Uitz ed. (주 10), pp. 272 ff. 여기서는 미국에서는 다른 나라에서는 받아들여지고 있는 비례성 기준(proportionality test)이 잘 받아들여지지 않고 있음을 강조하고 있다.

의문이고, 주가 기본권을 사적인 침해로부터 충분히 보호하지 못한
다면, 주의 주권에 대한 배려가 침해를 구제하여주지 않는 것을 정
당화할 수 있는가 의문이다.[45]

　　이러한 이론적인 비판은 논외로 하더라도, 정부행위 이론을 적
용하는 현재의 판례가 일관성이 없고, 기준이 모호하여 예측가능성
이 떨어진다는 점은 일반적으로 인정되고 있다.[46]

Ⅲ. 아일랜드

1. 판　　례

　　아일랜드 헌법[47]에는 기본권의 수평효에 관한 규정이 없다.
아일랜드 판례는 일반적으로 직접적 수평효를 인정하는 것이라고
이해되고 있으나, 판례의 정확한 평가에 대하여는 논란이 있다.

　　이 문제에 관하여 아일랜드 대법원이 처음으로 판시한 것은
1972년의 메스켈 판결[48]이다. 이 사건에서는 대중교통 회사인 피
고 회사가, 그 직원이 조합원인 4개의 노동조합과의 사이에, 피고
회사가 전직원을 일단 해고하고, 위 4개의 노동조합원이 되는 것
을 조건으로 하여 재고용하기로 합의를 하였다. 원고는 피고 회사
의 직원이었는데, 피고 회사에 의하여 해고되었으나, 노동조합의
조합원이 되는 것을 거부하여 재고용되지 못하였다. 이에 원고가
피고 회사를 상대로 위 해고가 원고의 헌법상 권리를 침해하였음
의 확인과 손해배상을 청구하였다. 여기서 원고가 주장한 헌법상

---

45) Chemerinsky(주 17), pp. 536 ff.; Erwin Chemerinsky, "Rethinking State Action",
　　80 *Northwestern University Law Review* 503 ff. (1985).
46) 상세한 문헌의 소개는 李魯弘(주 2), 234면 이하 참조.
47) 아일랜드어로는 Bunreacht na hEireann이라고 한다. 참고로 아일랜드의 공용어는
　　아일랜드어와 영어이고(헌법 제8조), 헌법도 두 언어로 되어 있다.
48) John Meskell v Coras Iompair Eireann, [1973] IR 121.

의 권리는 결사와 노동조합을 형성할 자유[49]였다. 고급법원(High Court)은 원고의 청구를 기각하였으나, 대법원(Supreme Court)은 원심판결을 파기하였다.

고급법원은 원고의 청구를 원고에게 손해배상을 청구할 권리가 없다는 이유로 기각하였는데, 월시(Walsh) 대법관은 이를 원고가 그러한 헌법상 권리를 가지고 있지 않다는 의미로 보았다. 그리고 종래의 판례를 인용하면서, 헌법상 보장된 권리나 헌법이 부여하는 권리는 보통법이나 형평법상 인정되는 통상적인 소송상 청구의 형태(ordinary forms of action)에 들어맞지 않더라도 소송상 청구에 의하여 보호될 수 있거나 또는 실현될 수 있고, 헌법상의 권리는 그 자체 구제를 받거나 실현할 수 있는 고유한 권리를 수반한다고 하였다. 그러므로 어떤 사람이 헌법상 권리 침해로 인하여 손해를 입었으면, 그는 권리를 침해한 자에 대하여 구제를 청구할 수 있다고 보았다. 여기서 그는 다른 사건에서의 버드(Budd) 대법관의 말을 인용하고 있는데, 버드 대법관은, 어느 시민이 헌법상 권리를 가진다면, 그에 상응하는 다른 시민이 이 권리를 존중하고 이를 침해하지 않아야 할 의무가 존재하며, 법원은 그 시민이 헌법상 권리를 박탈당하는 것을 용인하지 않고, 이 권리가 보호되도록 하여야 한다고 설시하였다.[50] 그리고 종전의 판례는 결사와 노동조합을 형성할 자유는 묵시적으로 이에 가입하지 않을 권리를 부여한다고 보았는데, 이 사건에서의 쟁점은 이러한 권리가 피용자를 고용하거나 해고할 수 있는 사용자의 통상적인 보통법상의 권리에 미치는 효과로서, 피용자가 노동조합에 가입하면 해고하겠다고 사용자가 위협한다면 이는 피용자의 권리를 침해하는 것이고, 입법부

---

49) 아일랜드 헌법 제40조 제6항 제3호: the right of the citizens to form associations and unions.

50) Educational Company of Ireland Ltd v Fitzpatrick (No 2), (1961) IR 345, 368.

(Oireachtas)가 개인이 헌법상 권리를 포기하도록 강요할 수 없다면, 입법부보다 더 권한이 약한 기구나 개별 사용자도 그러한 권한을 행사할 수 없으며, 헌법상 권리를 포기하도록 강요하거나 포기하지 않은 데 대한 벌로서 해고권을 행사한다면 이는 헌법 위반이고 남용이며, 헌법은 보통법보다 우월하고, 양자가 충돌할 때에는 헌법이 우선한다고 보았다. 그리하여 피해를 입은 당사자는 그가 헌법상 권리를 행사하거나 이를 포기하는 것을 거부함으로써 생긴 해고나 불이익으로 입은 손해를 배상받을 권리가 있다고 하였다.

　이 판결은 문언상 기본권의 직접적 수평효를 인정한 것으로 볼 수 있다. 이 판결에 대하여는 기본권의 수평효를 부정하는 학자가 이 사건 피고 회사는 반국영(semi-state body)이었으므로, 이는 "정부행위(state action)"의 접근방법에 의하여도 분석될 수 있다고 주장하였다고 한다.[51] 그러나 그 후의 판례들은 정부와의 관련이 없는 경우에도 수평효를 인정하였다.[52]

　그런데 1980년대 이후의 판례는 제한적으로만 이러한 기본권의 수평효를 인정하는 것으로 보인다. 대표적인 것이 1988년 대법원이 선고한 한라한 판결[53]이다. 이 사건에서는 원고들이 경영하던 농장 옆에 피고 회사가 의약품 공장을 지었는데, 그 공장이 보유하는 독성 물질과 그 폐기물로 인하여 원고들의 건강과 가축 및

---

51) M Forde, "Who Can Remedy Human Rights Abuses? The 'State Action' Question" in K D Ewing, CA Gearty and B A Hepple, *Human Rights and Labour Law: Essays for Paul O'Higgins* (London: Mansell, 1994), pp. 234. Colm O'Cinneide, "Taking Horizontal Effect Seriously: Private Law, Constitutional Rights and the European Convention on Human Rights", 4 *Hibernian Law Journal* 84 (2003)에서 재인용.

52) 이에 대하여는 O'Cinneide(주 51), pp. 84 f.; Colm O'Cinneide, "Irish Constitutional Law and Direct Horizontal Effect — A successful Experiment?", in Dawn Oliver & Jörg Fedtke ed., *Human Rights and the Private Sphere* (Routledge-Cavendish, 2007), pp. 220 f. 참조.

53) Hanrahan v Merck Shape and Dohme, [1988] ILRM 629.

식물이 피해를 입었다고 하여 원고들이 손해배상을 청구하였다.

　이 사건에서의 주된 쟁점은, 주로 근린방해(nuisance)에 있어서 피고의 공장 운영으로 인하여 원고들이 손해를 입었다는 것을 누가 증명하여야 하는가 하는 증명책임(onus of proof) 문제였다. 원심은 이 점은 원고들이 증명하여야 하는데, 그 증명이 부족하다고 하여 원고들의 청구를 받아들이지 않았다. 이에 대하여 원고들은 피고가 증명책임을 져야 한다고 하면서, 그 근거로서 원고들이 주장하는 불법행위는 국가가 헌법 제40조 제3항에 의하여 부담하는 신체 및 재산에 관한 권리에 관한 의무를 반영하는 것일 뿐인데, 원고들이 자신의 권리를 근린방해에 의하여만 주장할 수 있다면 이러한 헌법적 보장을 받는 권리의 보호는 효과적으로 이루어질 수 없고, 원고들이 그들의 신체나 재산에 관하여 손해를 입었다는 것을 증명하면, 피고들이 그들의 공장으로부터의 유출물이 원인이 아니라는 것을 증명하여야 한다고 주장하였다.

　이에 대하여 헨치(Henchy) 대법관은, 근린방해의 불법행위는 원고들의 신체 및 재산에 관한 권리에 관한 국가의 헌법규정에 의한 의무의 실행이라고 할 수 있다는 점에 대하여는 동의할 수 있다고 하면서도, 자신이 아는 한은 법원에서 헌법 규정이 이미 존재하는 불법행위법의 형태를 구성하거나, 통상적인 증명책임을 바꾸기 위하여 이용된 적이 없고, 이러한 헌법상 권리의 실행은 제1차적으로는 국가의 임무이며, 법원은 그러한 실행이 결여되었거나(a failure to implement), 그 실행이 명백히 불충분할(plainly inadequate) 때 비로소 개입할 수 있다고 하였다. 헨치 대법관은, 보통법이나 성문법상 청구권원(cause of action)[54]이 없을 때에는 개인은 직접적

---

54) 이는 "한 당사자에게 다른 사람에 대한 관계에서 사법적 구제를 구할 수 있는 권리를 발생시키는 사실 또는 사실들(The fact or facts which give a person a right to judicial redress or relief against another)"을 의미한다. *Black's Law Dictionary*, 6th ed. (West Publishing Co., 1990) 참조. 이를 소인(訴因) 또는 청구원인이라

으로 헌법상 권리의 침해를 이유로 소송을 제기할 수 있지만,[55] 이미 존재하는 불법행위에서 청구권을 찾을 수 있을 때에는, 그 개인은 그 불법행위의 제한을 감수하여야 한다고 보았다. 만일 문제의 불법행위가 그의 헌법상 권리를 보호하는데 기본적으로 효과가 없다면 결론이 달라질 수 있지만, 이 사건에서는 그와 같은 주장은 없고, 다만 그가 통상적인 증명책임을 부담한다면 자신의 헌법상 권리를 방어하지 못할 수 있다는 주장이 있을 뿐이지만, 이는 다른 많은 청구권원의 경우에도 그러하다는 것이다. 나아가 헌법 제40조 제3항 제1호에 의한 개인적 권리의 보장은 실현가능성이 있는 한 (as far as practicable) 적용되고, 제2호에 의한 재산권의 방어는 불의가 행해진 경우(in the case of injustice done)를 가리키는 것이므로,[56] 이러한 보장은 무제한적이거나 절대적이지 않다고 하였다. 따라서 제40조 제3항 제1호가 근린방해 소송에서 원고가 그 불법행위의 필요 요건을 증명하는 부담에서 벗어나야 한다는 것을 의미한다고는 볼 수 없고, 제40조 제3항 제2호에 의한 보장도 불의가 행해진 경우에만 발생하는 것이므로, 이 조항이 이러한 증명책임의 면제를 담보하지 않고, 따라서 원고가 주장하는 불의가 실제로 원고에게 행해졌고, 이는 피고에 의하여 야기된 것임을 증명하는 것은 원고의 임무라고 하였다.[57]

고 번역하기도 하지만, 청구권원이라는 표현이 적당하다고 생각된다. 필자는 과거에는 이를 소송권원이라고 번역하였다. 尹眞秀(주 4), 12면 주 43).

55) 여기서 Meskell v CIE 판결(주 48)을 인용하였다.

56) 아일랜드 헌법 제40조

3 1° the state guarantees in its laws to respect, and, as far as practicable, by its laws to defend and vindicate the personal rights of the citizen. 2° the state shall, in particular, by its laws protect as best it may from unjust attack and, in the case of injustice done, vindicate the life, person, good name, and property rights of every citizen.

57) 다만 이 판결은, 원심에 제출된 증거에 의하면 피고로 인하여 원고들이 손해를 입었다는 것이 증명된 것으로 볼 수 있다고 하여 원심판결을 일부 파기하였다.

그리고 1997년의 맥도넬 판결[58]에서는 헌법상 권리가 침해된 경우에 가지는 손해배상청구권 등의 권리가 제소기간(statute of limitations)에 걸리는가가 문제되었다. 이 사건 원고는 정부의 우편전신부 서기로 근무하던 중, 1974년 불법무장단체인 아일랜드 공화국군(Ireland Republican Army, IRA)에 가입하였다는 혐의로 기소되어, 특별형사법원(Special Criminal Court)에서 12개월의 자유형을 선고받았고, 위 법원에서 특정의 범죄로 처벌된 경우에는 공직을 상실한다고 규정한 1939년의 법률[59] 제34조에 의하여 공무원의 지위를 상실하였다. 그런데 1991년 7월에 대법원은 위 제34조가 지나치게 광범위하고 무차별적이라는 이유로 위헌이라고 선고하였다.[60] 그러자 원고는 1991년 10월에 아일랜드 정부 등을 상대로 하여 원고의 헌법상 권리 침해를 이유로 하는 손해배상청구소송을 제기하였다. 고급법원의 캐롤(Carroll) 판사는, 원고의 청구권에 1957년 제소기간법(Statute of Limitations)에 의한 6년의 제소기간이 적용된다고 하여 원고의 청구를 받아들이지 않았다.[61]

이에 대하여 원고는, 원고의 생계를 유지할 권리 및 재산권이라는 헌법상 권리를 침해한 경우에는 제소기간법에 의한 제소기간은 적용되지 않는다고 주장하였다. 대법관들은 과연 원고의 헌법상 권리가 침해되었다고 볼 수 있는지,[62] 침해되었다면 그 청구권의 성질은 무엇인지[63]에 관하여 완전히 의견의 일치를 보지는 못하

---

58) McDonnell v Ireland, [1998] 1 IR 141.
59) the Offences Against the State Act, 1939.
60) Cox v Ireland, [1992] 2 IR 503.
61) 위 법 제11조 제1항과 제2항은 계약 위반 또는 불법행위로 인한 청구권은 청구권 발생으로부터 6년의 기간이 지나면 제소될 수 없다고 규정한다.
62) 키인(Keane) 대법관은 원고의 권리가 침해되었는지 자체에 대하여 의문을 가지지만, 이 사건에서는 제소기간의 적용만이 문제되었기 때문에 자신도 이를 전제로 하여 논의한다고 하였고, 오플라허티(O'Flaherty) 대법관도 이에 동조하였다.
63) 바론(Barron) 대법관은 원고의 청구는 계약 위반(breach of contract)에 근거한 것

였으나, 제소기간이 만료되었다는 점에 대하여는 결론이 같았다.

　　기본권의 수평효와 관련하여서는 배링턴(Barrington) 대법관이
자세하게 설시하였다. 그는 헌법상 권리를 서로 어떻게 형량하고,
공공 이익의 필요와 조화시킬 것인지는 제1차적으로는 입법자의
임무이고, 입법자가 특정한 헌법상의 권리를 보호하거나 방어하는
것을 실패하였을 때 최종심인 대법원이 독자적인 구제수단을 마련
하여야 할 의무가 있으나, 권리를 방어할 실제적 수단이 보통법이
나 성문법상 이미 존재할 때에는 법원이 개입할 필요가 없다고 하
였다. 물론 헌법상 권리가 효력을 가지기 위하여 입법부나 보통법
에 의한 승인을 필요로 하는 것은 아니지만, 헌법상 권리가 어느
때나 현존하는 규칙들을 무너뜨리기 위하여 사용될 수 있는 와일
드카드로 간주되어서는 안 되며, 일반 법이 헌법상 권리를 방어하
기 위하여 충분한 청구권원을 부여하고 있다면, 피해를 입은 당사
자는 법원에 새롭고 다른 청구권원을 만들어낼 것을 요청할 수는
없다고 하였다. 가령 헌법은 국민의 명예(a good name)에 관한 권
리를 보장하고 있지만, 이를 지키기 위한 청구권원은 명예훼손의
청구권(the action for defamation)이고, 피해자는 그 소송이 개시되어
야 할 시간적 제한을 포함하는 그에 부수하는 것들을 포함하여 이
를 받아들여야 한다는 것이다. 이 사건의 경우에도 국가가 권한 없
이 원고의 직위를 상실시켰다면, 법은 그에게 구제수단을 제공하지
만, 원고가 무한정하게 권리를 행사할 수는 없는데, 왜냐하면 선의
의 제3자가 그 직위에 임명될 수도 있고, 또 원고의 청구가 받아들
여진다면, 정부로서는 원고를 해고하는 것도 검토해 볼 수 있을 것
이기 때문이라고 하였다.

────────────

으로 파악하였다. 그러나 다른 대법관들은 이를 불법행위에 근거한 것으로 보
았다.

2. 학자들의 논의

아일랜드에서는 이 문제에 관한 논의가 아주 활발한 것 같지는 않다.[64] 그러나 일반적으로는 판례에 대하여 비판적인 것으로 보인다.

오시나이드(O'Cinneide)는, 판례가 직접적 수평효를 인정하는 것이 수직적 정부행위 이론이나 다른 수평효 이론과 비교하여 더 정당한지 하는 점에 대하여 논의하지 않았고, 또 이 이론을 지지하거나 옹호하기 위하여 제기될 수 있는, 권리의 침해나 정당화 또는 대립하는 권리 주장의 형량 방법에 대하여도 논의가 되지 않았으며, 메스켈 이론은 그 범위가 불분명한 규칙으로서 재판이나 학문적 해석이 결여되어 있다고 한다.[65] 또한 한라한 판결[66] 등은 메스켈 판결[67]을 길들인(tame) 것으로서, 아일랜드 법원은 현존하는 사법이 헌법적 권리의 범위 내에 있는 문제를 규율할 때에는 극단적인 존중의 태도를 보여서, 현존하는 사법에서의 보통법상 구제수단의 충분성과 권리규범과의 합치성은 예외적인 사정이 있는 경우에만 헌법적 심사의 대상이 된다고 보고 있고, 결과적으로 이 판결과 맥도넬 판결의 실제적 영향은 현재의 사법이 적용되는 경우에는 수평효에 관한 메스켈 이론을 거세해 버리는 것이라고 비판한다.[68] 그러나 그는 일부 학자들이 주장하는 것처럼 미국식의 정부행위

---

[64] 아일랜드의 한 학자는, 아일랜드에서는 수평효의 이론이 충분히 성숙되지 않았고, 이는 소홀히 다루어졌지만 재능 있는 아이와 같다고 하면서, 성숙성 부족의 한 예로 학자들의 관심이 그리 크지 않다는 점을 들고 있다. Sibo Banda, "Taking Indirect Horizontality Seriously In Ireland: A Time to Magnify the Nuance", 31 *Dublin University Law Journal* 264 (2009).

[65] O'Cinneide(주 51), p. 85; O'Cinneide(주 52), p. 223.

[66] 주 53).

[67] 주 48).

[68] O'Cinneide(주 51), pp. 90 ff.; O'Cinneide(주 52), pp. 236 ff.

이론을 따를 것은 아니고, 수평효의 근거는 본질적으로 정당하다고
한다. 그리고 권리가 어떻게 형량되어야 할 것인지, 어떠한 귀책사
유가 요구될 것인지, 어떤 손해가 회복될 것인지, 어떤 권리가 사
인에게도 적용될 수 있는지 등에 대한 정합적인 체계 없이 권리를
직접 적용하는 것은 문제가 있고, 법적 안정성을 해치므로, 더 나
은 접근법은 관련된 보통법이나 성문법상의 사법적 체계에서 출발
하여, 법의 적용이 헌법규범의 요구를 충족시킬 수 있도록 법을 수
정하고 발전시키는 것이며, 이는 남아프리카나 독일 또는 영국에서
채택되고 있는 간접적 효력과 비슷하다고 한다.[69]

　　다른 한편 반다는 아일랜드의 판례가 직접적 효력설을 포기한
것은 아니고, 직접적 수평효와 간접적 수평효를 다같이 인정하고
있다고 한다. 즉 한라한 판결에서 헨치 대법관이 헌법상 권리의 실
행은 제1차적으로는 국가의 임무이며, 법원은 그러한 실행이 결여
되었거나(a failure to implement), 그 실행이 명백히 불충분할(plainly
inadequate) 때 비로소 개입할 수 있다고 한 것에 대하여, 실행이 결
여되었을 때에는 직접적 수평효를 통한 개입의 근거가 되고, 명백
히 불충분할 때에는 간접적 수평효에 근거한 개입의 근거가 된다
는 의미라고 한다.[70] 다만 법원은 직접적 수평효만큼 간접적 수평
효를 설명하지 않았고, 직접적 수평효와 간접적 수평효의 관련과
구별을 명백히 하지 않았으며, 법원이 보통법 체계의 불충분 때문
에 개입할 수 있는 상황을 설명하려고 진지하게 시도하지 않았으
며, 지도원리를 만들어내려는 노력이 결여되었다고 한다.[71]

　　빈치(Binchy)는, 한라한 판결에서 헨치 대법관이 법원은 제한적
으로만 개입할 수 있다고 한 것은, 아마도 원고들이 특정 불법행위

---

69) O'Cinneide(주 52), pp. 243 ff. O'Cinneide(주 51), p. 88도 같은 취지이다.
70) Banda(주 64), p. 284.
71) Banda(주 64), pp. 288 f.

의 세세한 내용을 수정하려는 끝없는 시도를 하는 것을 허용하는 것을 우려한 때문으로 보이지만, 이는 지나치게 조심하는 우려라고 한다. 독일, 남아프리카, 캐나다와 같은 나라들에서는 헌법적 권리의 존중이 법원으로 하여금 보통법상의 불법행위법 원칙들을 수정하는 것을 허용하였지만, 그러한 문제는 없었다는 것이다.72) 그는 사법부가 특정한 불법행위가 헌법적 권리를 방어하는 데 근본적으로 비효율적인 경우 외에는 불법행위를 헌법적 권리의 방어 수단으로 용인하는 것은 만족스럽지 못한 전략이고, 법원은 불법행위의 레퍼토리를 헌법적 가치와 권리를 참조하여 재평가해야 한다고 주장한다. 헌법 제40조 제1항의 평등권과 관련하여서는, 차별하지 말아야 한다는 헌법적 요청을 존중하여야 할 비국가 행위자의 의무는 모든 관련된 헌법적 권리가 충분히 존중될 수 있는 전체적 헌법의 그림 맥락에서 이해되어야 하고, 이 점에 관하여 잠재적인 권리의 충돌이 있으면, 법원은 관련된 권리를 적절하게 형량함으로써 문제를 해결할 필요가 있지만, 선험적으로 국가만이 차별의 주체가될 수 있다는 태도를 취함으로써 그러한 과정을 거절할 이유는 없다고 한다.73)

Ⅳ. 캐 나 다

1. 판　례

(1) 돌핀 딜리버리 판결

캐나다는 1982년 헌법74)에 "캐나다 권리 및 자유 장전(Cana-

---

72) William Binchy, "Meskell, the Constitution and Tort Law", 33 *Dublin University Law Journal*, 350 f. (2011).

73) Binchy(주 72), pp. 367 f.

74) Constitution Act, 1982.

dian Charter of Rights and Freedoms)"이라는 기본권 장전을 도입하였
다. 그 후 바로 기본권의 수평효가 인정되는가 하는 논의가 시작되
었다. 캐나다 대법원은 1986년의 돌핀 딜리버리 사건에서 처음으
로 이에 관한 태도를 밝혔다.[75]

이 사건 원고인 돌핀 딜리버리(Dolphin Delivery) 회사는 뱅쿠버
지역에서 배달업을 하는 회사였다. 피고 노동조합은 퍼롤레이터
(Purolator)라는 다른 배달회사의 근로자를 위한 노사협상 대리인인
데, 위 회사는 1981년 6월에 직장폐쇄(lock-out)를 하였다. 원고 회
사는 퍼롤레이터 회사와 거래를 하다가, 퍼롤레이터의 직장폐쇄 후에
는 수퍼쿠리어(Supercourier)라는 회사와 거래를 계속하였는데, 퍼롤
레이터와 수퍼쿠리어 사이에는 모종의 관계가 있었다. 피고 노동조
합이 1982년 10월에 원고 회사 앞에서 피케팅을 하려고 하자, 원고
는 법원에 피고가 피케팅을 하지 못하도록 하는 금지명령(injunction)
을 청구하였다. 1심법원과 2심법원은 위 금지명령을 받아들였다.

이 사건에서 피고 노동조합은 위와 같은 피케팅(2차 피케팅,
secondary picketing)의 금지명령이 피고 노동조합의 장전상 보장되
고 있는 표현의 자유를 침해한다고 주장하였다. 보통법상으로는 2
차 피케팅은 계약 위반을 유도하는 불법행위(tort of inducing a breach
of contract)로서 허용되지 않았다.

매킨타이어(McIntyre) 대법관은, 장전이 보통법에도 적용된다는
것은 의문의 여지가 없다고 하면서도, 장전은 사인간의 소송에는
적용되지 않는다고 하였다. 그 근거로는 장전 제32조를 들었다. 장
전 제32조는 이 장전은 캐나다 의회와 정부 및 각 주의 입법부와
정부에 적용된다고 규정하고 있는데,[76] 여기서는 의회와 입법부를

---

75) Retail, Wholesale and Department Store Union, Local 580, Peterson and
Alexander v. Dolphin Delivery Ltd. et al., [1986] 2. S.C.R. 573.

76) 32. (1) This Charter applies

행정부와는 구별되는 정부의 독립된 부서로 들고 있고, 따라서 여
기서의 정부는 정부 전체가 아니라 행정부를 의미한다고 하였다.
그러므로 제32조는 장전이 적용되는 행위자를 입법부와 행정부로
특정하고 있고, 행정부가 장전상의 권리를 침해하는 보통법상의 규
칙에 의존하여 행위한다면 이는 위헌이며, 이 때에는 장전이 공적
소송이건 사인간의 소송이건 보통법에 적용되지만, 이는 보통법이
보장된 권리나 자유를 침해한다고 주장되는 정부의 행위의 근거가
될 때에만 그러하다고 보았다. 그렇다면 법원의 재판은 어떠한가
가 문제되는데, 법원의 명령이 장전상의 권리를 침해할 때에는 장
전이 이를 금지하고, 따라서 보통법을 수정하도록 적용될 수 있다
고 하는 견해가 있으나,77) 이는 받아들일 수 없고, 장전의 적용을
위하여 법원의 명령을 정부행위의 요소와 동일시할 수는 없다고
하였다. 법원도 장전에 구속되지만, 법원의 명령을 장전의 적용을
위하여 필요한 정부 개입의 요소로 간주하는 것은 장전의 적용 범
위를 실질적으로 모든 사인간의 소송으로 넓히는 것으로, 이는 문
제의 해답이 될 수 없다는 것이다. 그리하여 사인인 A가 사인인 B
를 상대로 하여 보통법에 근거하여 소를 제기하였고, 그러한 소송
을 뒷받침할 정부의 행위는 없는 경우에는 장전은 적용되지 않는
다고 하였다. 다만 이는 사법부가 보통법의 원칙을 헌법에 담겨져
있는 근본적인 가치와 합치되는 방향으로 적용하고 발전시켜야 하
는가의 문제와는 별개이고, 이는 긍정되어야 하지만, 이는 한 사인

(a) to the Parliament and government of Canada in respect of all matters
within the authority of Parliament including all matters relating to the Yukon
Territory and Northwest Territories; and

(b) to the legislature and government of each province in respect of all
matters within the authority of the legislature of each province.

77) Peter W. Hogg, *Constitutional Law of Canada*, 2nd ed. (1985), pp. 677 f.를 인
용하였다.

이 다른 사인에 대하여 헌법상 의무를 부담한다는 명제와는 다르 다는 것이다.

이 사건에서는 제2차 피케팅에 관한 성문법규가 없고, 제2차 피케팅이 계약 위반을 유도한다는 점에서 이를 불법행위로 보고 금지명령에 의한 제한을 허용하는 보통법의 규칙이 있을 뿐인데, 장전이 보통법에 적용되기는 하지만, 순전한 사인들 사이의 이 사 건 소송에서는 장전을 적용시킬 정부행위의 행사나 그에 대한 의 존이 없다고 하였다. 따라서 피고 노동조합의 상고는 기각되어야 한다고 결론을 내렸다.

(2) 다게나이스 판결

이어서 캐나다 대법원은 다게나이스(Dagenais) 판결[78]에서 이 문제를 다루었다. 이 사건의 원고들은 카톨릭 교단의 회원들인데, 이들이 교사로 있던 카톨릭 학교에서 학생들을 신체적으로 또 성 적으로 학대하였다고 하여 기소되었다. 이 재판이 계류 중에 피고 텔레비전 방송국은 카톨릭 기관에서의 아동에 대한 성적 및 신체 적 학대를 다룬 허구적인 미니시리즈를 방영하려고 하였다. 그러 자 원고들이 위 재판이 종결될 때까지 그 방영과 이 방영에 관한 정보를 어느 미디어에라도 보도하는 것을 금지하는 중간적 금지명 령(interlocutory injunction)을 청구하였다. 1심과 2심은 형사사건의 1 심이 끝날 때까지 방영과 보도를 금지하는 금지명령을 내렸으나, 캐나다 대법원의 다수의견은 위와 같은 금지는 장전 제2조 (b)의 표현의 자유를 침해하는 것이라고 하였다.

이 사건에서는 특정한 사정이 있는 경우에는 법원에 방영 금 지를 명할 재량을 부여하는 보통법상의 규칙이 문제되었는데, 라머 (Lamer) 대법원장은 법원이 보통법의 원칙을 헌법에 담겨져 있는

---

78) Dagenais v Canadian Broadcasting Corp., [1994] 3 S.C.R. 835.

근본적인 가치와 합치되는 방향으로 발전시켜야 한다는 돌핀 딜리버리 사건에서의 매킨타이어 대법관의 판시를 원용하면서, 보도금지에 관한 보통법의 규칙을 장전의 원칙을 반영하는 방식으로 재정립할 필요가 있다고 생각한다고 하였다. 보도금지는 제3자의 표현의 자유를 박탈하므로, 보통법의 규칙은 보도금지의 목적과, 금지가 장전상의 권리에 미치는 효과의 비례성 양자를 고려할 수 있도록 적합화되어야 한다고 판시하였다. 그리하여 보도 금지는 재판의 공정성에 대한 위험을 막을 수 있는 다른 대체적 수단이 없어서, 이러한 실재하고 상당한 위험을 막기 위하여 필요하고, 보도금지의 긍정적인 효과가 보도금지에 의하여 영향을 받는 사람들의 자유로운 표현에 미치는 부정적인 효과를 능가할 때에만 명령되어야 한다고 보았다.79)

(3) 힐 판결

그리고 캐나다 대법원은 1995년의 힐 판결80)에서 종전의 태도를 재확인하였다. 이 사건에서 피고 매닝(Manning)은 피고 토론토 사이언톨로지 교회(Church of Scientology of Toronto)의 대표들과 함께 토론토 법원 계단에서 기자회견을 가졌는데, 그는 피고 교회가 원고인 변호사 힐에 대해 법정모욕으로 인한 형사소송을 제기하겠다고 보낸 제소통지(notice of motion)를 읽고 그에 대해 논평하였다. 이 제소통지에는 원고가 온타리오 주 법원의 판사를 오도하였고, 피고 교회의 문서를 봉인하라는 명령을 위반했다고 하는 내용이 담겨 있었으며, 그 소송에서는 원고에게 벌금이나 징역형을 부과할 것을 청구하였다. 당시 원고는 온타리오 주 법무부에서 근무하는 변호사로서, 온타리오 주 경찰이 피고 교회의 재산을 압수하는 영

---

79) [1994] 3 S.C.R. 835, 878. 다만 이 판결은, 이러한 기준은 입법에 대한 심사 기준인 오크스 기준(R. v. Oakes, [1986] 1 S.C.R. 103)을 반영한 것이라고 한다.
80) Hill v. Church of Scientology of Toronto, [1995] 2 S.C.R. 1130.

장을 발부받을 때 조언을 하였는데, 이 때 압수된 문서를 다른 공
무원이 판사의 허가를 받아 열람한 것이 문제되었다.

그러나 법정모욕 소송에서는 원고가 위 판사의 허가에 의한
문서 열람에 전혀 관여하지 않았고, 원고에 대한 주장이 사실이 아
니며 근거가 없다는 점이 밝혀졌다. 그러자 원고는 피고 매닝과 피
고 교회를 상대로 명예훼손으로 인한 손해배상청구소송을 제기하
였는데, 피고 2인은 30만 달러를 연대하여 지급하고, 피고 교회는
그 외에도 가중배상(aggravated damage)으로서 50만 달러, 징벌적 배
상으로 80만 달러를 지급하라는 판결을 받았으며, 이 판결에 대한
피고들의 항소는 기각되었다.

피고들은 항소심과 대법원에서, 명예훼손에 관한 보통법은 피
고의 표현의 자유를 희생시키면서 원고의 평판을 보호하는 것을
지나치게 강조하고 있으므로, 보통법의 원칙은 순전히 사적인 소송
에서도 장전과 합치하는 방식으로 해석되어야 하는데, 이는 미국
연방대법원의 뉴욕 타임즈 대 설리번 판결[81]이 설시한 현실적 악
의(actual malice) 기준을 채택함으로써 달성될 수 있다고 주장하
였다.

코리(Cory) 대법관은 보통법이 정부 행위의 기초가 될 때에만
장전이 보통법에 적용될 수 있다고 한 돌핀 딜리버리 판결[82] 등을
인용하면서, 원고가 온타리오 주 법무부의 변호사였다고 하여도 그
가 제기한 명예훼손 소송이 정부행위가 되는 것은 아니라고 하였
다.[83] 그리고 돌핀 딜리버리 판결이 명백히 말하는 것은 보통법은
장전의 원리와 합치되게 해석되어야 하고, 이러한 의무는 보통법을
현재의 사회적 조건과 가치에 합치되게 하기 위하여 보통법을 수

---

81) 위 주 38).
82) 위 주 75).
83) [1995] 2 S.C.R. 1130, 1159-1164.

정하거나 확장하는 법원의 고유한 재판권의 발현일 뿐이라고 하였
다. 그리하여 위 돌핀 딜리버리 판결에 따라 명예훼손법의 변화나
수정이 장전이 입각하고 있는 가치에 부합하기 위하여 필요한가
하는 문제를 따졌다. 여기서는 정부 행위의 합헌성이 문제되는 사
건과 정부 행위가 관여되지 않은 경우를 구분하여야 하는데, 원고
가 정부가 헌법상 의무를 위반하였다고 주장할 때에는 정부가 그
위반을 정당화하여야 하지만, 사인들은 상호간에 헌법상 의무를 부
담하지 않으므로, "장전상의 권리(Charter Right)"를 근거로 자신들의
청구권원을 주장할 수 없고, 기껏해야 보통법이 "장전상의 가치
(Charter Value)"와 합치하지 않는다고 주장할 수 있을 뿐이라고 하
였다. 이 경우에는 전통적인 제1조의 분석틀이 적절하지 않고,[84]
보통법이 장전상의 가치와 충돌할 때에는, 이는 원리들 사이의 충
돌(a conflict between principles)이므로, 장전상의 가치는 보통법에 내
재하는 원리들과 형량되어야 하고, 정부행위가 문제될 때에는 일방
이 권리 침해를 우선 증명하면 다른 일방은 이를 방어할 부담을 지
지만, 보통법이 장전과 합치하지 않는다고 주장할 때에는 그가 보
통법이 장전상의 가치와 합치하지 않을 뿐만 아니라, 이러한 가치
들을 형량할 때 보통법이 수정되어야 한다는 것까지 증명하여야
하는 부담을 진다고 하였다.[85]

　　그런데 명예훼손의 경우에는 평판과 표현의 자유라는 두 가지
가치가 충돌하는데, 미국 연방대법원이 인정한 현실적 악의(actual
malice) 규칙을 채택하여야 한다는 주장에 대하여는, 이 규칙이 채
택되게 된 경위와 그에 대한 비판, 영국이나 오스트레일리아에서는

---

84) 장전 제1조는 장전이 보장하는 권리와 자유는 자유민주사회에서 정당화될 수 있
　　는, 법률이 정한 합리적인 제한만을 받는다고 규정하고 있어서 우리나라 헌법 제
　　37조 제2항에 상응한다. 그러므로 제1조의 분석틀은 이른바 비례의 원칙을 의미
　　한다고 할 수 있다.
85) [1995] 2 S.C.R. 1130, 1169-1172.

이 규칙의 채택이 거부되었다는 점 등을 서술한 다음, 결과적으로
이 규칙의 채택을 거부하였다.[86]

(4) 펩시 콜라 판결

이 사건[87]에서는 돌핀 딜리버리 판결에서와 마찬가지로 2차
피케팅이 보통법상 어느 범위에서 허용되는가가 문제되었다. 원고
와 원고의 피용자를 대표하는 피고 노동조합 사이의 단체협상이
결렬되자, 원고는 공장을 폐쇄하였고, 피고는 노동쟁의에 돌입하였
으며, 원고는 대체노동자를 투입하여 공장 가동을 재개하였다. 그
러자 피고는 원고의 대체노동자 숙소 앞에서 피케팅을 함과 아울
러 원고의 제품을 취급하는 다른 상점 앞에서 원고의 제품을 취급
하지 말라는 2차 피케팅을 하였다. 원고가 그 금지를 청구하는 금
지명령을 청구하자, 항소심은 원고의 청구 가운데 원고의 대체인력
숙소 앞에서의 피케팅은 금지하였지만, 2차 피케팅 금지청구는 받
아들이지 않았다. 대법원도 원고의 상고를 기각하였다.

맥라클린(McLachlin) 대법원장과 르벨(LeBel) 대법관이 집필한
다수의견은, 이 사건에서의 예비적인 이슈로서, 법원이 노동조합이
주장하는 것과 같은 (보통법의) 변화를 명할 권한이 있는가와, 이
점이 긍정된다면 장전이 어떻게 보통법의 발전에 영향을 주는가라
는 두 가지를 들었다. 그리고 첫째 이슈에 대하여는, 이 사건과 같
은 보통법의 변화는 법원의 정당한 권한 내에 있는데, 보통법상 2
차 피케팅의 지위는 확정되어 있지 않고, 법역(法域)에 따라 다르
며, 이 법원은 보통법의 잘 확립된 규칙을 변경할 것이 아니라 상
충되는 판례를 명확히 할 것을 요구받았다고 하였다. 이러한 판례
의 상충을 해결하는 것은 보통법 법원의 권한에 속하고, 보통법의

---

86) [1995] 2 S.C.R. 1130, 1172-1193.
87) Pepsi-Cola Canada Beverages (West) Ltd. v. Retail, Wholesale and Department
    Store Union, Local 558 et al., [2002] 1 S.C.R. 156.

변화는 점진적이어야 하며, 복잡하고 광범위한 영향을 가져올 수정은 입법부의 영역이라고 보았다.[88]

　　그리고 두 번째 이슈에 관하여는, 돌핀 딜리버리 판결과 힐 판결 등을 인용하면서, 표현의 자유 등을 보장하는 장전 제2조 (b)는 이 사건과 직접 관련이 있지는 않지만, 장전이 담고 있는 자유로운 표현의 권리는 근본적인 캐나다의 가치이므로, 보통법의 발전은 이 가치를 반영하여야 한다고 하였다. 그렇지만 보통법은 무수한 매우 다양한 관계를 다루고 있고, 장전과는 관련이 없는 많은 정당한 이익을 보호하려고 하고 있음을 유의하여야 한다고 하면서, 보통법과 장전 사이에 불합치가 있음을 주장하는 자는 보통법이 장전상의 가치와 부합하지 않고, 이러한 가치를 형량하면 보통법이 수정되어야 한다는 점을 증명하여야 하는 부담을 진다는 힐 판결의 판시를 인용하였다.[89]

　　그리하여 본안에 관하여는 모든 피케팅은 불법행위나 범죄에 해당하지 않는 한 허용되어야 한다고 보는 것이 장전에 반영된 근본적인 가치에 부합한다고 판시하였다.[90]

2. 학자들의 논의

　　로레인 와인립과 에른스트 와인립은 다음과 같이 설명한다. 우선 돌핀 딜리버리[91] 판결과 같은 캐나다의 판례는 기본권의 제3자적 효력을 인정한 독일의 판례와 비슷하다고 하면서, 독일에서는 헌법적 가치를 고려하여야 할 의무는 헌법 자체에서 나오는 반면, 캐나다에서는 이는 사법을 발전시켜야 할 보통법 법원의 내재적

---

88) [2002] 1 S.C.R. 156, 166.
89) [2002] 1 S.C.R. 156, 167 f.
90) [2002] 1 S.C.R. 156, 186 ff.
91) 주 75).

재판관으로부터 발생하지만, 이 차이는 헌법적 가치의 중요성에 관한 상이성이 아니라 성문법에 근거한 시스템과 보통법 시스템에서의 사법적 창조성에 관한 대조적인 생각을 반영하는 것일 뿐이라고 한다.[92] 그들은 헌법적 가치의 충돌이 문제될 때에는 전통적인 장전 제1조의 분석틀이 적절하지 않다는 힐 판결에서의 판시[93]를 받아들이면서도, 이 경우에는 또 다른 형태의 비례성(proportionality)이 유효하다고 한다. 이러한 비례성은 한 규범적 원칙의 핵심적 측면이 다른 원칙의 비교적 주변적인 측면보다 우선한다는 형량의 과정을 포함하며, 이때에는 원고의 원칙이 승리할 때 피고에게 미치는 영향이 피고의 원칙이 승리할 때 원고에게 미치는 영향보다 더 큰가를 고려하여야 한다고 주장한다.[94]

손더스는 장전이 사인간에 적용되지 않지만, 보통법이 헌법과 병행하여 발전되어야 한다는 캐나다 대법원의 태도는 몇 가지 근거로 설명할 수 있다고 한다. 우선 장전 제32조가 정부만을 들고 있으므로 법원은 제외된다고 보는 문언적인 근거가 있고, 이는 성문 권리장전의 주된 역할은 개인을 정부로부터 보호하는 것이라는 점을 법원이 받아들임으로써 보강된다고 한다. 그리고 정책적 고려도 적어도 마찬가지로 중요한데, 장전의 분석틀은 사인간의 소송을 다루기에는 적합하지 않고, 장전에 열거된 권리는 사법에 반영된 다른 이익과 가치와 형량되어야 하며, 장전의 직접적인 적용은 확립된 사법의 체계를 뒤흔들 것이라는 것이다. 그리하여 채택된 해결책은 권력 분립에 대한 영국식의 보통법 전통에 특징적인 접근방법을 보여주는데, 보통법을 헌법과 평행하게 발전시킬 권한과 책임은 그들의 고유한 재판권을 행사하는 법원에 있지만, 그렇게 함

---

92) Weinrib and Weinrib(주 10), p. 44.

93) Hill v. Church of Scientology of Toronto, [1995] 2 S.C.R. 1130, 1171.

94) Weinrib and Weinrib(주 10), pp. 54 ff.

에 있어서 "사법작용과 입법작용의 정당한 균형"[95]을 깨뜨리지 않아야 한다는 것이다.[96]

바렌트는 미국과 캐나다의 판례를 다음과 같이 비교한다. 우선 두 나라에서는 사인이나 사적 기관은 정부나 공권력처럼 기본권에 구속되지 않고, 기본권이 연관되려면 정부 또는 정부 행위가 있어야 한다는 점에서 두 나라는 모두 헌법적 권리의 직접적 수평효를 거부한다고 한다. 그러나 미국은 셸리 판결[97]이나 뉴욕 타임즈 판결[98]과 같은 경우에는 보통법상의 권리의 법원에 의한 집행도 특정 상황에서는 정부 행위로 인정하였지만, 캐나다는 이를 거부하였고, 보통법은 장전상의 가치와 합치하여야 한다고 하였는데, 이는 장전상의 권리 행사를 제한하는 법에 대한 심사보다 상당히 약한 요건이며, 이는 성문법에 의한 명예훼손은 보통법보다 더 엄격한 심사를 받게 된다는, 원칙에 있어 방어하기 어려운 태도라고 한다.[99]

V. 남아프리카 공화국[100]

1. 과도헌법 당시의 판례

남아프리카 공화국의 각 정파는 인종차별(Apartheid) 체제를 종식시키기로 하면서 1993년 4월에 과도헌법(Interim Constitution)[101]에

---

95) R. v. Salituro, [1991] 3 S.C.R. 675.

96) Saunders(주 10), pp. 199 f.

97) 주 9).

98) 주 38).

99) Eric Barendt, "State Action, Constitutional Rights and Private Actors", in Dawn Oliver & Jörg Fedtke ed.(주 52), pp. 425 f.

100) 남아프리카 공화국은 보통법(common law)뿐만 아니라 로마-네덜란드 법 및 아프리카 관습법이 적용되는 이른바 혼합법계(Mixed legal system)에 속한다. Reinhard Zimmermann and Daniel Visser ed., *Southern Cross, Civil Law and Common Law in South Africa* (Oxford University Press), 1996 참조.

101) 정식 명칭은 Constitution of The Republic of South Africa, Act 200 of 1993이다.

합의하였고, 이 헌법은 1994. 4. 27.부터 시행되었다. 또한 이 과도
헌법은 1996년 12월에 새로운 헌법[102]으로 대치되어 1997. 2. 4.부
터 시행되었다.[103] 그리고 헌법재판소는 위 과도헌법에 의하여 처
음 설치되었다.[104]

   남아프리카 헌법재판소가 과도헌법 당시에 기본권의 수평효
문제를 처음 다룬 것은 1996년의 두 플레시 판결[105]이다. 이 사건
에서는 프리토리아 뉴스라는 신문이 1993년 2월과 3월에, 원고 드
클레르크(Gert De Klerk)와 그가 경영하는 항공사가 앙골라에 무기
를 비밀리에 공급하고 있다는 기사를 실었다. 이에 드 클레르크와
항공사가 위 신문의 발행인과 편집자 등을 대상으로 하여 트랜스
바알 주 법원에 명예훼손 등을 이유로 하는 손해배상청구소송을
제기하였다. 위 소송은 과도헌법이 시행되기 전에 제기되었는데,
과도헌법이 시행되자, 피고측은 위 보도는 과도헌법 제15조가 보장
하는 언론의 자유에 의하여 허용된다고 항변하였다. 주 법원은, 과
도헌법의 규정은 소급적용되지 않고, 또 헌법은 이 사건과 같은 경
우에 수평적으로(horizontally) 적용되지 않는다고 하여 피고측의 항
변을 배척하였다. 그러나 피고가 이에 대하여 상소 허가를 신청하
자, 주 법원은 위 두 가지 쟁점에 대하여 헌법재판소에 판단을 요
청(제청, certification)하였다.

   다수의견을 집필한 켄트리지(Kentridge) 재판관은 우선 과도헌
법이 소급적용되는가에 대하여는, 기본권을 보장하고 있는 과도헌
법 제3장(Chapter 3)은 소급하여 적용되지 않고, 따라서 과도헌법
시행 전에 위법하였던 것이 시행 후에 합법적인 것이 되지는 않는

---

102) Constitution of The Republic of South Africa, 1996.
103) Heinz Klug, *The Constitution of South Africa*, Hart Publishing, 2010 참조.
104) 남아프리카 공화국의 헌법재판소에 대하여는 음선필, "체제전환과 헌법재판소:
     헝가리와 남아공의 경험", 홍익법학 제11권 2호, 2010, 234면 이하 참조.
105) Du Plessis and Others v De Klerk and Another, 1996 (3) SA 850.

다고 하였다.106)

　이 판단만으로 피고측의 상소는 이유 없는 것이 되는데, 그럼에도 불구하고 켄트리지 재판관은 같이 제청된 수평효의 문제는 공적으로 중요하므로 이에 대하여 판단한다고 하였다. 그리하여 우선 미국, 캐나다, 독일과 같은 나라에서의 논의를 살펴보면서, 특히 캐나다 대법원의 돌핀 딜리버리 판결107)과 독일 연방헌법재판소의 뤼트(Lüth) 판결108) 등을 들어, 이들 나라의 법원은 권리장전의 직접적 수평적 적용의 이론을 거부하였다고 보았다.109) 그리고 수평효 문제를 다음과 같은 두 가지로 나누었다. 첫째, 제3장은 보통법에도 적용되는가 아니면 성문법에만 적용되는가. 둘째, 누가 제3장에 의하여 구속되는가, 즉 권리는 정부 행위에 대하여만 보호를 하는가 아니면 사인에 대하여도 주장될 수 있는가. 그리하여 제3장은 보통법에도 적용되지만, 이는 입법부와 행정부에 대하여만 구속력이 있다고 보았다. 이처럼 구속력을 제한하는 주된 근거로서 "이 장은 모든 수준의 정부의 입법기관과 행정기관을 구속한다"고 규정하고 있는 과도헌법 제7조 제1항110)을 들면서, 직접적 수평적 적용과 같은 중요한 문제가 규정되지 않고 암시되는 데만 그쳤다면 이는 놀라운 일이라고 하였다. 그리고 이 조항이 사법부를 빼 놓은 것은 법원의 재판을 정부행위와 동일시하는 것을 배제하고, 미국의 셸리 판

---

106) Paras. 12 ff. 다만 이전에 취득한 권리의 집행이 현재의 헌법적 가치에 비추어 볼 때 매우 부당하고 혐오스러워서 묵인할 수 없는 경우가 있을 수 있지만, 이 사건의 경우는 그러하지 않다고 하였다. Para. 20.

107) 주 75).

108) BVerfGE 7, 198. 이에 대한 간단한 소개로는 디터 그림(Dieter Grimm), 朴胥和 譯, "독일에서의 재판소원 및 헌법재판소와 일반법원의 관계", 서울대학교 법학 제55권 1호, 2014, 365면 이하 참조.

109) Paras. 30 ff.

110) "This Chapter shall bind all legislative and executive organs of state at all levels of government."

결의 이론을 도입하려는 것을 막기 위한 것이라고 하였다.111)

다만 켄트리지 대법관은 헌법 제35조 제3항이 "법률의 해석과 보통법과 관습법의 적용과 발전에 있어서, 법원은 이 장의 정신, 취지와 목적을 적절히 고려하여야 한다"고 규정하고 있는 점112)을 들면서, 이는 의문의 여지없이 사법(private law)에 기본권 조항의 간접적 적용을 도입하는 것이고, 이 조항으로 인하여 수직효/수평효 논쟁의 많은 부분은 의미가 없게 된다고 하였다. 그리하여 제3장은 직접적 수평적으로 적용되지 않지만,113) 사인간의 관계를 규율할 때에는 보통법의 발전에 영향을 미칠 수 있고 미쳐야 한다고 결론을 내렸다.114)

반면 크리글러(Kriegler) 재판관은 기본권은 사인 간에도 직접 적용된다고 주장하였다. 그는 헌법 제3장은 국가와 개인 간의 관계만을 규율한다고 규정하고 있지 않고, 오히려 제4조 제1항은 제3장을 포함하는 전체 헌법은 헌법이 공화국의 최고의 법(supreme law)이며, 제4조 제2항은 헌법이 모든 입법기관, 행정기관 및 사법기관을 구속한다고 규정하고 있고, 제7조 제2항은 이 장이 효력이 있는 모든 법과 이 헌법이 적용되는 기간에 행하여진 모든 행정결정과 처분에 적용된다고 규정하고 있는 점을 강조하였다.115) 또한 제3장이 사인간의 보통법상의 분쟁에도 적용된다면, 헌법 제35조 제3항의 규정이 왜 필요하겠는가 하는 켄트리지 재판관의 지적116)에 대

---

111) Paras. 42 ff.
112) "In the interpretation of any law and the application and development of the common law and customary law, a court shall have due regard to the spirit, purport and objects of this Chapter."
113) 다만 제3장의 다른 규정이 직접적 수평효를 가질 수 있다는 것을 배제할 수는 없으나, 표현의 자유를 규정한 제15조는 그렇지 않다고 하였다.
114) Paras. 60 ff.
115) Paras. 128 ff.
116) Para. 46.

하여는, 이는 제3장이 보호하는 권리에 대한 직접적 침해 또는 직접적 침해의 주장이 없는 경우에 법원이 어떻게 해야 할 것인가를 답변하는 것이라고 하였다.[117)118)]

이 결정은 결국 캐나다 대법원의 돌핀 딜리버리 판결[119)]과 거의 궤를 같이하는 것이다.

2. 1996년 헌법과 판례

(1) 1996년 헌법

1996년 헌법은 제8조에서 기본권의 적용범위를 새로 규정하였다. 즉 권리장전(Bill of Rights)은 모든 법에 적용되고, 입법부, 행정부, 집행부 및 국가의 모든 기관에 적용되며(제1항), 기본권장의 규정은 권리의 성질과 권리에 의하여 부과되는 의무의 성질을 고려하여 적용될 수 있다면, 적용될 수 있는 한도 내에서(if, and to the extent that, it is applicable) 자연인이나 법인을 구속한다고 하였다(제2항). 한편 제3항은 제2항에 따라 권리장전의 규정을 자연인이나 법인에게 적용할 때에는 법원은 장전의 권리에 효력을 부여하기 위하여는 입법이 그 권리에 효력을 부여하지 않은 한도 내에서 보통법을 적용하고 필요하면 발전시켜야 하며, 그 권리를 제한하기 위하여 보통법의 규칙을 발전시킬 수 있다고 규정하고 있다.[120)] 이

---

117) Paras. 140 ff.

118) 한편 마호메드(Mahomed) 재판관은 켄트리지 재판관의 의견에 동조하면서도, 그와 크리글러 재판관의 의견의 실제적인 결과는 실질적으로 같다고 하였다. Paras. 72 f.

119) 주 75).

120) 8 Application

(1) The Bill of Rights applies to all law, and binds the legislature, the executive, the judiciary and all organs of state.

(2) A provision of the Bill of Rights binds a natural or a juristic person if, and to the extent that, it is applicable, taking into account the nature of the right and the nature of any duty imposed by the right.

는 원칙적으로 기본권의 직접적 수평효를 긍정하면서도, 이에 대하
여 우려하는 정당과의 타협의 산물로서 "적용될 수 있는 한도 내에
서"라는 단서를 붙여 이를 제한한 것이다.[121]

이 점에 대하여는 여전히 논쟁이 계속되고 있다. 즉 여전히 기
본권의 간접적 수평효만이 인정된다거나, 또는 간접적 수평효와 직
접적 수평효가 다같이 인정된다는 등의 주장이 제기되고 있다.[122]

(2) 판   례

이 문제에 관한 중요한 판례로는 헌법재판소가 2002년에 선고
한 홀로미사 판결[123]이 있다. 이 사건 원고 홀로미사(Bantubonke
Harrington Holomisa)는 남아프리카의 유명한 정치인인데, 한 신문에
그가 은행강도들과 연루되어 있고, 그로 인하여 경찰의 조사를 받
고 있다는 기사가 실렸다. 그러자 원고가 위 신문사 등을 상대로
하여 명예훼손을 이유로 하는 손해배상소송을 제기하였다. 그러자

---

(3) When applying a provision of the Bill of Rights to a natural or juristic
person in terms of subsection (2), a court –
(a) in order to give effect to a right in the Bill, must apply, or if necessary
develop, the common law to the extent that legislation does not give effect to
that right; and
(b) may develop rules of the common law to limit the right, provided that the
limitation is in accordance with section 36(1).

121) 그 제정 경위에 관하여는 Jörg Fedtke, "From Indirect to Direct Effect in South
Africa: A System in Transition", in Dawn Oliver & Jörg Fedtke ed.(주 52), pp.
371 ff.; Sebastian Seedorf, *Die Wirkung der Grundrechte im Privatrecht in
Südafrika*, Nomos, 2005, S. 150 ff.

122) 간접적 수평효를 지지하는 논자들은 대체로 1996년 헌법 제39조 제2항이 과도
헌법 제35조 제3항의 규정을 이어받았다는 점을 지적하고 있다. 이에 대한 소
개는 Danwood Mzikenge Chirwa, "The horizontal application of constitutional
rights in a comparative perspective", 10 *Law, Democracy & Development*, 38 ff.
(2006); Deeksha Bhana, "The Horizontal Application of The Bill of Rights: A
Reconciliation of Sections 8 and 39 of The Constitution", 29 *South African
Journal on Human Rights*, 354 ff. (2013) 참조.

123) Khumalo and Others v Holomisa, 2002 (5) SA 401.

피고들은 원고의 청구에 위 기사가 허위라는 주장이 없으므로 이
는 허용될 수 없다고 주장하면서, 그 근거로서 표현의 자유를 보호
하는 헌법 제16조가 직접 적용된다는 점과, 그렇지 않더라도 제39
조 제2항에 따라 보통법이 권리장전의 정신, 취지와 목적을 촉진하
도록 발전되어야 한다는 점을 들었다. 당시의 보통법과 남아프리
카 대법원의 판례에 따른다면, 명예훼손적인 보도를 한 자는 그 표
현이 사실이고 이것이 공공의 이익을 위한 것임을 증명하거나, 또
는 사실임을 증명하지 못하더라도 그 보도가 합리적이라는 점을
증명하면 면책될 수 있도록 되어 있었다. 그런데 피고들은 공익적
인 보도에 대하여 원고가 그 보도가 허위임을 주장하고 증명하지
않아도 손해배상을 받을 수 있게 하는 것은 표현의 자유를 규정하
는 헌법에 어긋나고, 그러한 내용의 보통법도 헌법에 어긋난다고
주장하였다. 그리고 과도헌법 하의 두 플레시 판결은 더 이상 적용
될 수 없다고 하였다.

　　그러나 헌법재판소는 이 주장을 받아들이지 않았다. 헌법재판
소는, 제8조 제2항은 위 두 플레시 판결의 논증과 유사하다고 하면
서,[124] 만일 제8조 제1항과 제2항을 함께 읽은 효과가 보통법은 어
느 경우에나 헌법의 직접 적용대상이 된다는 것이라면, 제3항은 아
무런 목적이 없게 되고, 헌법의 규정을 아무런 목적이 없게 만드는
해석은 채택될 수 없다는 것이다. 그런데 표현의 자유가 이 사건에
서 직접 수평적으로 적용된다는 것은 명확하고, 그렇다면 우선 보
통법상의 명예훼손이 표현의 자유를 부당하게 제한하는가를 따져
보아야 하며, 부당하게 제한한다면 제8조 제3항에 따라 보통법을
발전시켜야 한다고 하였다.

　　보통법은 피고가 진술이 사실이고 그것이 공익을 위한 것임을

---

124) Para. 32 fn. 36.

증명하면 그 표현은 적법한 것이 되는데, 보통법은 그 위험을 피고
에게 부담시킴으로써 표현의 자유에 대하여 위축효과(chilling effect)
를 가져오지만, 이러한 위축효과는 대법원이 인정하는, 보도자가
명예훼손적인 진술이 사실임을 증명하지 못하더라도, 그것이 합리
적임을 증명하면 된다는 합리성의 항변에 의하여 줄어들고, 대법원
이 발전시킨 합리적 보도의 항변은 원고와 피고의 이익에 관하여
균형을 잡고 있다고 하였다.[125]

　　그러나 이 판결의 의미에 관하여는 여전히 학자들의 의견이
일치하지 않고 있다.[126]

VI. 영　　국

1. 학자들의 논의

　　영국에서의 기본권의 수평효 논의는 유럽인권협약을 국내법으로
수용하는 내용의 1998년 인권법(Human Rights Act 1998)[127]이 제정되
면서 촉발되었다. 인권법 제6조는 공권력의 주체(a public authority)가
협약상의 권리와 합치되지 않는 방법으로 행동하는 것은 위법하다
고 규정할 뿐이고, 사인에 대하여는 직접 규정하고 있지 않으므로,
얼핏 보면 인권법은 사법관계에는 별다른 영향을 미치지 않는 것

---

125) Paras. 31 ff.
126) 페트케는 이 판결이 제8조 제2항의 적용에 관하여 작동할 수 있는 어프로치를
　　제공하지 못하였다고 비판하고{Fedtke(주 121), p. 375}, 치르와는 이 판결이 제
　　8조와 제39조 제2항의 관계 또는 제8조 제1항과 제2, 3항의 관계를 명확히 하지
　　못하였다고 비판한다{Chirwa(주 121), p. 41}. 바나는 제8조 제1항과 제2항은 기
　　본권의 수평적 적용의 탐구에 있어서 범위(내용)에 관한 것이고, 제8조 제3항과
　　제39조 제2항은 적용의 형식(방법)에 관한 것이라고 주장한다. Bhana(주 122),
　　pp. 366 ff. 독일의 학자인 Seedorf는 이 판결이 종전 판례와 같은 선상에 있는
　　것이라고 본다. Seedorf(주 121), S. 224.
127) 이하 인권법이라고만 한다.

처럼 생각될 수도 있다. 그러나 다른 한편으로 인권법 제6조는 공권력의 주체에 법원과 행정심판기구를 포함시키고 있으므로, 가령 사인간의 분쟁에서 법원이 재판을 함에 있어서도 협약상의 권리를 존중하여야 하는 것이 아닌가 하는 의문이 생긴다. 또한 제3조는 법률은 가능한 한 협약상의 권리와 합치되는 방식으로 해석되고 효력이 부여되어야 한다고 규정하고 있는데, 이것이 불문법인 보통법에도 타당하지 않은가 하는 점이 문제된다. 그리고 인권법 제12조는 사인간의 분쟁에 있어서 언론의 자유가 문제된다는 것을 전제로 하고 있는 것이다. 이에 관한 영국의 학자들의 논의 상황은 대체로 다음과 같이 요약해 볼 수 있다.128)

    첫째, 직접적 수평효설. 이는 웨이드가 처음 주장하였다. 그는 인권법안 제6조가 법원 또는 행정심판기구가 공권력의 주체에 포함되고, 공권력의 주체가 협약상의 권리와 합치되지 않는 방법으로 행동하는 것은 위법하다고 규정한다는 점을 강조하면서, 법원은 협약상의 권리가 문제되는 어떤 사건에서도 이러한 협약상의 권리를 준수하지 않고는 적법하게 재판을 할 수 없다고 한다. 다른 말로 하면 법원은 협약상의 권리를 인정하고 이를 적용하여야 하며, 제2조에 따라 스트라스부르의 기구(유럽인권재판소 및 위원회)의 판례법과 법리를 준수하여야 한다는 것이다. 이러한 규정들의 적용을 공권력의 주체에 대하여 제기된 사건에 대하여만 제한할 근거는 없다고 한다.129)

---

128) 국내의 선행 연구인 尹眞秀(주 4), 7면 이하; 이노홍(주 4), 70면 이하 참조. 또한 최근의 상황은 Alicon Y. Young, "Mapping horizontal effect", in David Hoffmann ed., *The Impact of the UK Human Rights Act on Private law, Cambridge Press*, 2011, pp. 16 ff.도 참조할 것.

129) William Wade, "Human Rights and the Judiciary", (1998) *European Human Rights Law Review* 5 pp. 523 ff. 또한 William Wade, "Horizons of Horizontality", (2000) *Law Quarterly Review*, 116 pp. 217 ff.는 아래에서 살펴볼 벅스턴의 비판에 대하여 재반론을 펼친 글이다.

둘째, 수평효 부인설. 이는 당시 항소법원(Court of Appeal) 판사였던 벅스턴이 주장하였다. 그는 유럽인권협약에 의하여 창설된 권리들이 국가의 정부에 대한 것이라는 것에 대하여는 거의 진지한 의문이 제기된 바 없는데, 이러한 유럽인권협약에 규정된 권리가 인권법에 의하여 "협약상의 권리(Convention right)"가 되었다고 하더라도 그 내용이 바뀌는 것은 아니고, 따라서 이러한 협약상의 권리는 공적 기구들(public bodies)에 대하여만 주장될 수 있다고 한다. 그리고 유럽인권재판소의 판례들에 의하면 유럽인권협약 체약국은 유럽인권협약상의 권리를 침해하지 않아야 할 소극적인 의무를 부담할 뿐만 아니라, 시민이 타인으로부터 그러한 권리를 침해당하지 않도록 보호하여야 할 적극적인 의무를 부담한다고 하고 있는데, 이러한 의무의 근거는 유럽인권협약 제1조에 있으나, 인권법상의 "협약상의 권리"는 이 제1조를 포함하지 않고 있다고 한다.[130]

셋째, 간접적 수평효설. 그런데 이를 지지하는 논자들 가운데에도 강한 간접적 수평효(strong horizontal effect)를 인정하는가, 아니면 약한 간접적 수평효(weak horizontal effect)를 인정하는가에 관하여 의견이 갈린다. 강한 간접적 수평효란, 법원이 보통법을 유럽인권협약상의 권리(Convention rights)와 합치되도록 발전시켜야 할 의무를 부담한다는 것을 말하고, 약한 간접적 수평효란 법원이 보통법을 협약상의 권리를 지지하는 가치(the values underpinning Convention rights)를 반영하도록 발전시켜야 한다는 것을 말한다.[131]

헌트는 강한 간접적 수평효를 지지하면서 다음과 같이 주장한다.[132] 인권법이 채택한 모델은 캐나다나 독일의 경우보다 수평성

---

130) R. Buxton, "The Human Rights Act and Private Law", (2000) 116 L.Q.R. pp. 48 ff.

131) Young(주 128), pp. 39 ff. 참조.

132) Murray Hunt, "The "Horizontal Effect" of the Human Rights Act", (1998) *Public Law*, pp. 424 ff.

의 방향에서 더 나아갔는데, 법원은 단순히 유럽인권협약을 고려할 (consider) 권한을 가지는 데 그치거나, 유럽인권협약의 가치(values) 를 고려할 의무만을 부담하는 것이 아니라, 협약상의 권리와 합치 되게 행동할 명백한 의무를 부담한다. 그러므로 유럽인권협약은 모든 법에 적용되고 따라서 사적 당사자 사이의 소송에서도 잠재 적으로 의미를 가지지만, 직접적인 수평효를 가지지는 못하는데, 왜냐하면 인권법이 협약상의 권리 침해를 이유로 하여 개인에 대 하여 새로운 청구권원(cause of action)을 부여하지는 않기 때문이라 는 것이다. 법원은 시간이 지남에 따라 청구권원을 발전시킬 것이 지만, 아무런 청구권원이 존재하지 않고 따라서 적용될 수 있는 법 이 없는 경우에는 법원은 새로운 청구권원을 만들어낼 수는 없다 고 한다.

　　반면 필립슨은 초기에는 약한 간접적 수평효를 주장하였다.[133] 즉 약한 간접적 수평효를 인정하면 다른 사람의 행동에 의하여 피 해를 입은 사람은 국가가 자신의 권리가 침해당하지 않도록 보호 하는데 실패하였다고 주장할 수는 없고, 다만 캐나다, 남아프리카 공화국, 독일 등에서와 같이 법원으로서는 모든 적용될 수 있는 헌 법적 권리에 나타나 있는 '가치(values)'에 비추어서 현재의 법을 적 용하고 발전시켜야 한다고만 주장할 수 있다고 한다. 그는 드워킨 (Ronald Dworkin)이 말하고 있는 규칙들(rules)과 원리들(principles)의 구별을 도입하여, 강한 간접적 수평효는 협약상의 권리를 전부 아 니면 전무(all or nothing)의 방식으로 다루는 반면, 약한 간접적 수 평효는 경합하는 원리들은 상호간에 형량되어야 하는 강행적인 원 리(mandatory principles)로 다루려고 한다고 설명한다.

　　필립슨은 근래에는 윌리엄즈와 함께 이러한 주장을 좀더 발전

---

133) Gavin Phillipson, "The Human Rights Act, 'Horizontal Effect' and the Common Law: a Bang or a Whimper?" (1999) *Modern Law Review* 62, pp. 824 ff.

시킨 이른바 헌법적 제한 모델(constitutional constraint model)을 제안
하였다.134) 즉 법원은 형평법을 유럽인권협약과 합치되도록 발전
시켜야 하지만, 이는 점진적인 발전(incremental development)에 의하
여 가능할 때에만 그러하다는 것이다. 그들은 인권법 제6조가 법원
을 공적 주체로 지정하는 것에 의하여, 법원이 인권법 시행 전보다
는 협약상의 원리들에 좀더 비중을 둘 것을 요구함으로써 협약 시
행 전의 상황을 바꾸려고 하였다고 한다. 그러나 이는 점진적으로
만 이루어져야 하는데, 이러한 점진주의(incrementalism)라는 제한이
헌법이 부과한 것이라고 하면서, 그 근거로서 의회주권의 형태로
나타난 민주주의, 법의 지배 및 권력분립을 들었다. 민주주의와 관
련하여서는 법원은 선출되지 않은 기구로서, 대규모의 법적 개혁
조치를 취할 수 있는 정당성이 없다고 한다. 그리고 법의 지배와
관련하여서는, 이는 법이 합리적으로 명확하고 상당한 소급적인 효
과를 가지지 않아야 할 것을 요구하는데, 보통법의 발전은 민사책
임의 소급 적용과, 예견할 수 없었던 변화 및 예견불능과 불확실성
의 가능성을 제기하므로, 이러한 발전은 가능한 한 회피하여야 하
고, 이는 실제로는 사법적 변화(judicial change)를 점진적인 것으로
제한함으로써 가능하다고 한다. 마지막으로 권력 분립과 관련하여
서는, 법원은 일반적으로 이러한 입법적인 스타일의 법률 개혁을
하여서는 안 된다고 한다. 그리하여 법원은 보통법을 협약상의 권
리와 합치되도록 발전시켜야 하고, 필요하면 협약과 합치되도록 하
기 위하여 새로운 청구권원을 창조할 수도 있지만, 이는 이러한 발
전이 보통법의 점진적 발전일 때에만 그러하다고 한다.135)

---

134) Gavin Phillipson and Alexander Williams, "Horizontal Effect and the Constitu-
     tional Constraint", (2011) *Modern Law Review* 74, pp. 878 ff. 특히 pp. 886 이
     하 참조.
135) Phillipson and Williams(주 134), p. 901.

2. 판   례

영국의 판례상 인권법의 수평효는 주로 프라이버시의 보호와
관련하여 논의되었다. 종래 영국의 판례는 독일이나 미국 등 다른
나라와는 달리, 사생활의 침해에 대한 일반적인 프라이버시의 권리
를 인정하지 않았고, 다만 의사와 환자, 변호사와 의뢰인, 성직자
와 고해자, 은행과 고객 등 특별한 신뢰관계가 전제로 된 경우에
한하여 비밀의 침해(breach of confidentiality)를 이유로 하는 구제가
인정되었을 뿐이었다.[136] 그러나 이는 당사자들 사이의 특별한 신
뢰관계가 전제되었기 때문에 그 적용범위가 제한되었다. 그런데
인권법 시행 후에 "모든 사람은 그의 사생활, 가정생활, 주거 및 통
신을 존중받을 권리를 가진다"고 규정하고 있는 유럽인권협약 제8
조 제1항에 근거하여 일반적인 프라이버시의 권리를 인정하여야
한다는 주장이 제기되었다. 이 문제가 당시의 상고법원인 귀족원
(House of Lords)에서 본격적으로 다루어진 것은 2004년의 나오미
캠벨 사건이었다.[137] 그러나 이 판결이 있기 전에도 하급심에서 이
문제를 다룬 것으로는 항소법원(Court of Appeal)의 더글라스 대 헬
로! 판결[138]과 고급법원(High Court Family Division)의 베나블스 판
결,[139] 그리고 항소법원의 A v B plc 판결[140]이 있다.[141]

---

136) 이에 대하여 소개한 국내의 문헌으로는 尹眞秀(주 4), 24면; 金水晶, "私生活의
　　 自由와 言論의 自由의 衡量", 민사법학 31호, 2006, 294면; 이노홍(주 4), 77면
　　 이 있다. 그 역사적 발전 과정에 대하여 상세한 것은 Tanya Alpin et al., *Gurry
　　 on Breach of Confidence*, 2nd ed., Oxford University Press, 2012, pp. 12 ff. 참조.
137) Campbell v. MGN Limited, [2004] 2 AC 457.
138) Michael Douglas, Catherine Zeta-Jones, Northern & Shell Plc v. Hello! Limited,
　　 [2001] Q.B. 967.
139) Venables and Thompson v. News Group Newspapers Ltd, Associated
　　 Newspapers Limited and MGM Limited, [2001] Fam. 430.
140) A v B & C, [2002] EWCA Civ 337. 당사자들의 프라이버시 보호를 위하여 이름
　　 이 이니셜로만 표시되었다.

더글라스 대 헬로! 판결에서는 영국의 헬로(Hello!)라는 대중잡
지가 유명한 영화배우인 마이클 더글라스와 캐더린 제타-존스의
결혼식 사진을 이들의 의사에 반하여 게재하려는 것을 이들이 금
지명령(injunction)에 의하여 막을 수 있는가 하는 점이 문제되었다.
항소법원의 판사 3사람 중 브룩(Brooke) 판사와 세들리(Sedley) 판사
는 인권법의 시행에 따라 프라이버시의 권리를 인정하여야 한다고
판시하였다.[142]

베나블스 판결에서는 살인죄로 유죄선고를 받고 복역하고 있
는 소년들의 신원을 보도할 수 있는가 하는 것이 쟁점이 되었는데,
고급법원 가사부(Family Division)의 원장인 버틀러-슬로스 귀부인
(Dame Butler-Sloss)은 보도를 금지하면서, 이 경우에는 인권법의 시
행을 고려한 기존의 청구권원인 비밀의 법리(law of confidence)에
의하면 충분하다고 하였다.

A v B plc 판결에서는 기혼자인 프리미어 리그의 축구 선수
인 원고가 다른 여자들과 부정한 관계를 가진 것을 피고 신문사가
보도하려고 하자, 원고가 그 보도를 금지해 달라는 임시적 금지명
령(interim injunction)을 청구한 사건이었다. 항소법원은 1심법원이
내렸던 금지명령을 취소하였는데, 울프 수석법관(Lord Chief Justice
of England and Wales)은 원고의 청구권원에 대하여 다음과 같이 판
시하였다. 즉 인권법 제6조에 의하여 법원은 공권력의 주체로서 협
약상의 권리와 합치하지 않는 방식으로 행동하지 않으면 안 된다
는 요청을 받는데, 법원은 이러한 요청을 사생활 등의 보호에 관한
협약 제8조 및 표현의 자유를 규정하는 제10조가 보호하는 권리를

---

141) 앞의 두 판결에 대하여 자세한 것은 尹眞秀(주 4), 23면 이하 참조.
142) 그러나 항소법원은 금지명령은 받아들이지 않았다. 그 후속 사건에서는 결국
    비밀의 침해를 근거로 하여 손해배상이 인정되었다. Douglas v Hello! No 2
    [2003] EWHC 786 (Ch)(High Court); OBG Ltd v Allan [2007] UKHL 21 (House
    of Lords).

오랫동안 확립되어 온 비밀침해의 소송에 흡수시킴으로써 달성할
수 있다고 하였다.

　마지막으로 귀족원의 나오미 캠벨 사건에서는 미러(Mirror)라는
신문사가, 유명한 모델인 나오미 캠벨이 약물중독임을 밝히는 기사
를 게재하였는데, 그 기사에서는 캠벨이 약물중독을 극복한 사람들
이 다른 약물중독자의 치료를 돕기 위한 모임에 참석하고 있다는
사실, 그 모임에 관한 상세한 사항 및 캠벨이 그 모임장소를 떠나
는 사진 등이 실려 있었다. 캠벨은 미러 사를 상대로 손해배상청구
소송을 제기하였는데, 제1심인 고급법원은 비밀침해를 이유로 하
여 원고의 청구를 받아들였으나, 항소법원은 비밀침해가 아니라고
하여 원고의 청구를 기각하였다. 그러나 귀족원은 항소법원의 판
결을 파기하고, 제1심 판결을 회복시켰다. 여기서는 원고의 프라이
버시와 피고의 언론의 자유의 형량이 문제되었는데, 대법관들은 미
러 지의 보도 자체는 문제가 없다고 보았으나, 사진을 사용한 것이
위법한가에 대하여 3인의 다수의견143)은 위법하다고 보았고, 2인의
반대의견144)은 위법하지 않다고 하였다.145) 이 글에서 중요한 것은
원고가 가지는 청구권원이 무엇인가 하는 점인데, 니콜스 대법관,
호프 대법관, 헤일 대법관 및 카스웰 대법관은 모두 위 울프 수석
법관의 견해를 인용하면서, 협약 제8조와 제10조가 보호하는 권리
는 비밀침해에 흡수되므로, 비밀침해를 판단함에 있어 사생활의 자
유와 언론 자유의 적절한 형량이 필요하다는 데 의견을 같이하였
다. 호프만 대법관도, 비밀침해의 청구권원이 옛법뿐만 아니라 새
로운 법에도 부합한다고 판시하였다.

　이 판결이 기본권의 수평효 문제에 관하여 어떠한 태도를 취

---

143) 호프 경(Lord Hope), 헤일 여남작(Baroness Hale), 카스웰 경(Lord Carswell).
144) 니콜스 경(Lord Nicholls), 호프만 경(Lord Hoffmann).
145) 상세한 것은 金水晶(주 136) 참조.

하였는지는 반드시 명백하지 않다. 반대의견에 선 니콜스 대법관은 이 사건에서 수평효 문제 자체에 대하여는 판단할 필요가 없다고 한 것처럼 보인다. 즉 협약 제8조와 제10조에 담겨져 있는 가치는 사인들 사이 또는 사인과 신문과 같은 비정부 기구 사이에도 적용될 수 있지만, 이러한 결론을 내리는데 협약 자체가 이러한 광범위한 효과를 가지는지 하는 논란이 많은 문제를 더 따져 볼 필요는 없고, 또 인권법 제6조에 의하여 법원에 부과하는 의무가 관행과 절차와는 구별되는 실체법상의 문제에 관한 것인지를 결정할 필요는 없으며, 다만 협약 제8조와 제10조에 깔려 있는 가치는 개인과 공권력의 주체 사이의 분쟁에 한정되지 않는다는 것을 인정하는 것으로 충분하다고 하였다.146)

반면 헤일 대법관은 강한 간접적 수평효를 인정하는 것으로 이해된다. 그녀는 인권법은 사인들 사이의 새로운 청구권원을 창조하지는 않았지만, 관련되는 청구권원이 적용될 수 있다면, 공권력의 주체인 법원은 양 당사자의 협약상의 권리와 합치되게 행동하여야 하고, 이 사건과 같은 경우에는 관련되는 수단은 비밀침해의 청구라고 하였다.147)

다른 한편 호프만 대법관은, 인권법 제6조에 따른 프라이버시의 보호는 공권력에만 대한 것이기는 하지만, 어떤 사람이 정당한 사유가 없는 개인적 정보의 보도에 관하여 국가에 대하여보다 개인에 대하여 덜 보호를 받아야 할 논리적 근거를 찾을 수 없다고

---

146) Paras. 17, 18. 이에 대하여는 니콜스 대법관이 수평효에 의하여 제기된 문제가 이 사건에서 관련이 없다고 한 것은 매우 의문이라고 하는 비판이 있다. Gavin Phillipson, "Clarity Postponed: horizontal effect after *Campbell*", in Helen Fenwick et al., ed., *Judicial Reasoning under the UK Human Rights Act*, Cambridge University Press, 2007, p. 162.

147) Para. 132. Young(주 128), p. 43; Phillipson(주 146), p. 158도 이를 강한 간접적 수평효를 따르는 것으로 이해한다.

보았다.[148]

　그러므로 이 판결은 수평효 부정설이나 직접적 수평효 인정설
은 배제하였지만, 어떤 형태의 간접적 수평효를 인정할 것인가에
관하여는 명확히 하지 않은 것으로 이해된다.[149]

VII. 결　　론

1. 전체적 고찰

　이상의 서술로부터 우선 보통법 국가에서도 헌법이 사법관계
에 중요한 영향을 미치고 있음을 알 수 있다. 이는 역설적으로 원
칙적으로는 기본권의 수평효를 부정하고 있는 미국의 판례가 잘
보여준다. 예컨대 셸리 판결[150]은 특정 인종의 부동산 사용 등을
배제하는 제한적 협약 자체는 유효하다고 하면서도, 법원이 그 집
행을 명하는 것은 기본권 침해라고 하였다. 그러나 수평효를 인정
한다면, 그러한 제한적 협약 자체가 평등원칙에 어긋나는 것으로서
무효라고 하면 되고, 굳이 법원의 집행을 문제삼을 필요가 없다.
결국 위 판결도 실질적으로는 기본권의 수평효를 인정하면서도, 이
를 정부행위 이론에 의하여 설명하고 있을 뿐이다. 그러므로 사법
관계에서 헌법을 전혀 고려하지 않는다는 것은 현실적으로 가능하
지 않다고 할 수 있다.

　그리고 기본권이 법원을 구속하는가 아닌가 하는 점이 논란이
되고 있으나, 과연 이것이 실제에 있어서 차이를 가져오는지는 의

---

148) Paras. 49, 50. Phillipson(주 146), pp. 164 ff.는 인권법이나 협약에 의존하지 않
　　고도 수평효를 받아들인 것으로 본다. 반면 Young(주 128), p. 41은 호프만 대
　　법관이 약한 간접적 수평효를 지지하는 것으로 이해한다.

149) Garvin Phillipson, "Privacy: the development of breach of confidence－the
　　clearest case of horizontal effect?", in Hoffmann ed.(주 128), p. 146.

150) 주 9).

문이다. 기본권이 법원을 구속하는 것은 당연하지만, 문제의 핵심
은 법원이 재판을 하는 근거가 되는 법률이나 보통법 또는 당사자
들 사이의 계약이 헌법에 위반되는가 하는 점을 먼저 따져 보아야
하고, 이는 문제 삼지 않은 채 법원이 기본권에 구속되는지 여부만
을 따지는 것은 많은 경우에 부적절하다.

　다른 한편 보통법 국가의 법원이 헌법을 근거로 하여 보통법
을 수정하는 데 신중한 태도를 보이는 것은, 이들 나라의 법원이
가지는 점진주의(incrementalism) 때문으로 여겨진다.

2. 시 사 점

　이러한 고찰이 우리에게 시사해 줄 수 있는 점은 무엇일까?
우선 기본권이 사인들 사이의 법률관계에 영향을 준다는 것은 부
정할 수 없는 사실이다. 그런데 이에 대하여는 회의적인 시각이 존
재한다. 가령 네덜란드의 스미츠는, 기본권 논의가 보충적인 의미
만을 가지고, 기본권이 충분한 안내를 제공하지 않으며, 사인은 기
본권에 구속되지 않는다고 하여, 기본권 논의는 제한적인 의미만을
가진다고 한다. 다만 그도 기본권이 무엇이 정의로운 사회인가에
대하여 영감을 제공하고, 인간의 존엄이 중요하다는 데 대하여 경
고 표시가 될 수 있다고 하여, 결국 간접적 효력설을 지지한다.[151]
국내에도 비슷한 취지의 주장이 있는데, 기본권의 수평효에 관한
이론들이 결과등가적이라고 한다면, 기본권은 민사관계에서 전혀
효력을 미치지 아니한다는 이론도 결과등가적이고, 법원이 전혀 기
본권의 효력을 의식하지 않고서도 민사법리의 적용 및 적절한 이
익형량만으로 동일한 결과에 도달할 수 있음은 거의 부정하기 어

---

151) Jan Smits, "Private Law and Fundamental Rights: A Skeptical View", in Tom
　　Barkhuysen and Siewert Lindenbergh ed., *Constitutionalisation of Private Law*,
　　Martinus Nijhoff Publishers, 2006, pp. 9 ff.

렵다고 한다. 그렇지만 그도 기본권의 효력이 사법에서 고려되는
모델로서는 간접적 수평효 즉 간접적용설에서 출발하는 것이 적절
하다고 한다.[152]

　그러나 이러한 주장에는 찬동하기 어렵다. 물론 종전에 민사분
쟁에서 기본권이 원용되는 경우에, 이를 원용하지 않고서도 동일한
결론에 이를 수 있었던 경우가 없지는 않을 것이다. 그러나 반대로
기본권을 원용하지 않고서는 도저히 합리적인 결론에 도달할 수
없는 경우가 존재한다.[153] 예컨대 종중 구성원의 자격을 성년 남자
만으로 제한하는 종래의 관습법의 효력을 부정한 대법원 2005. 7.
21. 선고 2002다1178 전원합의체 판결이나, 서울기독교청년회(서울
YMCA)가 여성 회원을 총회원에서 배제한 것은 불법행위가 된다고
한 대법원 2011. 1. 27. 선고 2009다19864 판결을 헌법적인 논의를
배제하고 설명하기는 어려울 것이다.[154] 오히려 명시적인 헌법적
근거를 밝히지 않은 채로 신의칙이나 공서양속을 원용하는 것이야
말로 법관이 실제로 무엇을 고려하였는지를 숨기는 바람직하지 못
한 결과를 가져온다.[155]

　또 다른 시사점은, 위 두 플레시 판결에서 마호메드 재판관이

---

152) 김형석, "사적 자치와 기본권의 효력", 비교사법 제26권 1호, 2017, 75면, 78면
　　　이하. 또한 白慶一, "헌법규정이 사적 법률관계에서 고려될 수 있는 한계", 안
　　　암법학 43권, 2014, 137면 이하 참조.
153) Chantal Mak, *Fundamental Rights in European Contract Law*, Wolters Kluwer,
　　　2008, p. 170 참조.
154) 尹眞秀, "變化하는 사회와 宗中에 관한 慣習", 民法論攷 6, 2015(처음 발표
　　　2007), 48면 이하는 앞의 판결을 기본권의 제3자적 효력이라는 관점에서 분석
　　　하였다.
155) Chantal Mak(주 153), p. 307. 그는 기본권에 의한 논증이 전통적인 계약법적
　　　판결을 능가할 잠재력을 가지는데, 이는 법관으로 하여금 자신들의 결정의 정
　　　치적 측면을 인식하게 하고, 그리하여 자신들의 이데올로기적 견해가 특별한
　　　사례에 관하여 선택된 규칙에 의한 해결에 대해 가지는 영향을 인식할 수 있게
　　　한다고 주장한다. 위 책 p. 308.

지적하고 있는 것처럼,[156] 이른바 직접적 수평효와 간접적 수평효
가 그것만으로 결과에 있어서 차이를 가져오는 것은 아닌 것으로
보인다는 점이다. 이 점은 근래 여러 사람들에 의하여 지적되고 있
다.[157] 그런데 이 점은 어떻게 보면 당연한 것이다. 직접적 수평효
를 지지하건, 간접적 수평효를 지지하건, 대립하는 두 당사자의 이
익을 다같이 고려하려면 어떤 형태로든 이익을 형량하지 않을 수
없는 것이다. 직접적 효력설에 대한 비판론은 직접적 효력설이 이
러한 이익형량을 하지 않는 것을 전제로 하고 있는 것처럼 보이지
만, 이는 타당하지 않다.[158]

  그러면 이러한 이익형량의 문제를 어떻게 설명할 것인가? 필
자로서는 이는 이른바 국가의 기본권 보호의무 이론에 의하여 가
장 잘 설명할 수 있다고 본다.[159] 그리고 이는 구체적으로는 한
사인의 기본권을 보호하기 위하여 다른 사인의 기본권을 어떻게
제한할 것인가의 문제로 귀착되므로, 결과적으로는 기본권의 제한
에 관한 비례의 원칙에 의하여 충분히 해결할 수 있다고 생각한

---

156) 주 117).

157) Kumm and Ferres Comella(주 44), pp. 241 ff.; 김형석(주 152), 73면 이하 등.
   또한 로베르트 알렉시, 이준일 역, 기본권이론, 한길사, 2007, 608면 이하도 참
   조. 쿰과 페레스 코멜라는 독일에서는 이는 학문적 경계에 관한 영역 다툼(turf
   battle)과 깊이 연관되어 있고, 직접적 수평효는 사법을 다루는 법률가들로부터
   저항을 받는다고 지적한다. Kumm and Ferres Comella, 위 글, p. 250.

158) 두 플레시 판결에서 직접적 수평효를 주장한 크리글러 재판관은, 직접적 수평효
   는 막강한 국가가 모든 사적인 관계를 통제하는 오웰적(Orwellian)인 사회를 초
   래할 것이라는 오해가 있다고 지적한다. Du Plessis and Others v De Klerk and
   Another, 1996 (3) SA 850, para. 120.

159) Claus-Wilhelm Canaris, *Grundrechte und Privatrecht*, De Gruyter, 1999. Johan
   van der Walt, *The Horizontal Effect Revolution and The Question of
   Sovereignty*, Walter de Gruyter, 2014, p. 231; Christoph Busch, "Fundamental
   Rights and Private Law in the EU Member States", in Christoph Busch, Hans
   Schulte-Nölke ed., *EU Compendium Fundamental Rights and Private Law*,
   Sellier, 2011, pp. 14 ff.는 이러한 카나리스의 이론을 지지한다.

다.160) 이 점은 여기서 더 이상 상세히 다루기는 어렵고, 차후의
과제로 남기고자 한다.

---

160) Van der Walt(주 159), pp. 361 이하도 종래의 비례의 원칙(proportionality)에
   의하여 기본권의 수평효 문제를 해결할 수 있다고 본다.

▨ 참 고 문 헌

1. 국내문헌

(단행본)

로베르트 알렉시, 이준일 역, 기본권이론, 한길사, 2007.

(논문)

金水晶, "私生活의 自由와 言論의 自由의 衡量", 민사법학 31호, 2006.

김형석, "사적 자치와 기본권의 효력", 비교사법 제26권 1호, 2017.

박종보, "미국헌법상 정부행위이론의 법리와 그 대안", 강원법학 제50권, 2017.

白慶一, "헌법규정이 사적 법률관계에서 고려될 수 있는 한계", 안암법학 43권, 2014.

尹眞秀, "英國의 1998년 人權法(Human Rights Act 1998)이 私法關係에 미치는 영향", 民法論攷 1, 2007.

尹眞秀, "變化하는 사회와 宗中에 관한 慣習", 民法論攷 6, 2015.

음선필, "체제전환과 헌법재판소: 헝가리와 남아공의 경험", 홍익법학 제 11권 2호, 2010.

李魯弘, "미국헌법상 국가행위(STATE ACTION)에 관한 연구", 이화여자 대학교 법학박사학위 논문, 2002.

이노홍, "영국 기본권의 수평적 효력이론에 관한 고찰", 홍익법학 제15권 1호, 2014.

林智奉, "州行爲理論과 美國聯邦大法院", 미국헌법연구 제21권 제1호, 2010.

張永喆, "基本權의 第3者的(對私人的) 效力에 관한 理論的 研究", 공법연 구 제37집 3호, 2009.

디터 그림(Dieter Grimm), 朴胥和 譯, "독일에서의 재판소원 및 헌법재판소와 일반법원의 관계", 서울대학교 법학 제55권 1호, 2014.

2. 외국문헌

(단행본)

Tanya Alpin et al., Gurry on Breach of Confidence, 2nd ed., Oxford University Press, 2012.

Erwin Chemerinsky, Constitutional Law, Fifth ed., Wolter Kluwer, 2015.

Chantal Mak, Fundamental Rights in European Contract Law, Wolters Kluwer, 2008.

Sebastian Seedorf, Die Wirkung der Grundrechte im Privatrecht in Südafrika, Nomos, 2005.

Joseph William Singer, Introduction to Property, Aspen Law and Business, 2001.

Verica Trstenjak and Petra Weongerl ed., The Influence of Human Rights and Basic Rights in Private Law, Springer, 2016.

Reinhard Zimmermann and Daniel Visser ed., Southern Cross, Civil Law and Common Law in South Africa, Oxford University Press, 1996.

(논문)

Sibo Banda, "Taking Indirect Horizontality Seriously In Ireland: A Time to Magnify the Nuance", 31 *Dublin University Law Journal* (2009).

Ahron Barak, "Constitutional Human Rights and Private Law", in Daniel Friedmann and Daphne Barak－Erez ed., Human Rights in Private Law, Hart Publishing, 2001.

Eric Barendt, "State Action, Constitutional Rights and Private Actors", in Dawn Oliver & Jörg Fedtke ed., Human Rights and the

Private Sphere, Routledge—Cavendish, 2007.

Deeksha Bhana, "The Horizontal Application of The Bill of Rights: A Reconciliation of Sections 8 and 39 of The Constitution", 29 South African Journal on Human Rights (2013).

William Binchy, "Meskell, the Constitution and Tort Law", 33 *Dublin University Law Journal*, 350 f. (2011).

Christoph Busch, "Fundamental Rights and Private Law in the EU Member States", in Christoph Busch, Hans Schulte—Nölke ed., EU Compendium Fundamental Rights and Private Law, Sellier, 2011.

Claus—Wilhelm Canaris, Grundrechte und Privatrecht, De Gruyter, 1999.

Erwin Chemerinsky, "Rethinking State Action", 80 *Northwestern University Law Review* (1985).

Danwood Mzikenge Chirwa, "The horizontal application of consti—tutional rights in a comparative perspective", 10 Law, Denocracy & Developnent (2006).

Jörg Fedtke, "From Indirect to Direct Effect in South Africa: A System in Transition", in Dawn Oliver & Jörg Fedtke ed., Human Rights and the Private Sphere, Routledge—Cavendish, 2007.

Stephen Gardbaum, "The structure and scope of constitutional rights", in Tom Ginsburg and Rosalind Dixon ed., Comparative Constitutional Law, Edward Elgar, 2011.

Murray Hunt, "The "Horizontal Effect" of the Human Rights Act", (1998) *Public Law*.

Heinz Klug, The Constitution of South Africa, Hart Publishing, 2010.

Mathias Kumm and Victor Ferres Comella, "What is So Special about Constitutional Rights in Private Litigation?" in András Sajó and Renáta Uitz ed., The Constitution in Private Relations: Expanding

Constitutionalism, Eleven International Publishing, 2005.

Frank I. Michelman, "The Bill Of Rights, the Common Law, and the Freedom—Friendly State", 58 *U. Miami L. Rev.* (2003).

Colm O'Cinneide, "Taking Horizontal Effect Seriously: Private Law, Constitutional Rights and the European Convention on Human Rights", 4 *Hibernian Law Journal* (2003).

Colm O'Cinneide, "Irish Constitutional Law and Direct Horizontal Effect—A successful Experiment?", in Dawn Oliver & Jörg Fedtke ed., Human Rights and the Private Sphere, Routledge—Cavendish, 2007.

Colm O'Cinneide and Manfred Stelzer, "Horizontal effect/state action", in Mark Tushnet, Thomas Fleiner and Cheryl Saunders ed., Routledge Handbook of Constitutional Law, Routledge, 2013.

Gavin Phillipson, "The Human Rights Act, 'Horizontal Effect' and the Common Law: a Bang or a Whimper?" (1999) *Modern Law Review* 62.

Gavin Phillipson, "Clarity Postponed: horizontal effect after Campbell", in Helen Fenwick et al., ed., Judicial Reasoning under the UK Human Rights Act, Cambridge University Press, 2007.

Garvin Phillipson, "Privacy: the development of breach of confidence —the clearest case of horizontal effect?", in Hoffmann ed., The Impact of the UK Human Rights Act on Private law, Cambridge Press, 2011.

Gavin Phillipson and Alexander Williams, "Horizontal Effect and the Constitutional Constraint", (2011) *Modern Law Review* 74.

Mark D. Rosen, "Was Shelley v. Kraemer Incorrectly Decided? Some New Answers", 95 *California Law Review* (2007).

Cheryl Saunders, "Constitutional Rights and the Common Law", in András Sajó and Renáta Uitz ed., The Constitution in Private

Relations: Expanding Constitutionalism, Eleven International Publishing, 2005.

Jan Smits, "Private Law and Fundamental Rights: A Skeptical View", in Tom Barkhuysen and Siewert Lindenbergh ed., Constitutionali—sation of Private Law, Martinus Nijhoff Publishers, 2006.

Johan van der Walt, The Horizontal Effect Revolution and The Question of Sovereignty, Walter de Gruyter, 2014.

William Wade, "Human Rights and the Judiciary", (1998) *European Human Rights Law Review* 5.

William Wade, "Horizons of Horizontality", (2000) *Law Quarterly Review* 116.

Lorraine E. Weinrib and Ernest J. Weinrib, "Constitutional Values and Private Law in Canada", Friedmann and Daphne Barak—Erez ed., Human Rights in Private Law, Oxford and Portland, Hart Publishing, 2001.

Alicon Y. Young, "Mapping horizontal effect", in David Hoffmann ed., The Impact of the UK Human Rights Act on Private law, Cambridge Press, 2011.

제2장

프라이버시 보호의 정당성, 범위, 방법

권 영 준

I. 서 론

현대 사회는 고도의 정보 기반 사회이다. 현대 사회의 화두로 등장한 이른바 4차 산업혁명은 대량 정보의 수집, 축적, 활용 없이는 불가능하다. 실제로 4차 산업혁명을 대변하는 핵심어인 인공지능, 클라우드 컴퓨팅, 빅데이터, 자율주행자동차, 지능형 로봇 등을 떠올려보라. 이들은 하나같이 대량 정보의 수집, 축적, 활용에 기반을 두고 있다. 이러한 대량 정보 처리 역량이 사회의 모습을 바꾸어 나간다. 과거 물이 흐르는 곳에서 공동체가 번영하였듯이 이제는 정보가 흐르는 곳에서 공동체가 번영한다.

하지만 고도의 정보 기반 사회에서는 프라이버시 침해에 대한 우려도 높아진다. 이러한 사회에서는 개인의 사적 영역에 속한 정보도 대량으로 수집, 축적, 활용되기 때문이다. 그만큼 프라이버시 보호의 필요성도 높아진다. 그런데 프라이버시 보호 수위를 마냥 올릴 수만은 없다. 이러한 정보의 도움 없이는 지금 누리는 삶의 편리함을 상당 부분 포기해야 하기 때문이다. 막상 우리는 그러한 사태에 직면할 마음의 준비가 되어 있지 않다. 따라서 현대의 프라이버시는 보호와 이용의 요청이 공존하고 갈등하는 이중적 상황에서 논의된다. 스마트폰은 개인의 삶을 외부 세계와 긴밀하게 연결시키는 도구이면서, 개인의 삶의 내밀한 흔적들을 고스란히 담고 있는 프라이버시의 보고(寶庫)이기도 하다. 인공지능 비서는 나의 세세한 습관과 성향까지 파악하여 맞춤형 서비스를 제공하는 도구이면서, 심지어는 나 자신도 알지 못하는 나의 사적인 행태 정보가 상시적으로 수집·분석되는 통로이기도 하다. 이러한 이중성은 종래 우리가 알지 못했던 새롭고 복잡한 프라이버시 문제를 양산한다.

새롭고 복잡한 문제에 대한 해결은 그 전선(戰線)에서 즉각적으로 이루어질 수도 있으나, 한 걸음 물러나 문제의 근본을 돌아봄으로써 촉진될 수도 있다. 프라이버시 보호 문제도 예외가 아니다. 프라이버시 보호 문제의 '근본'이라고 할 만한 사항은 세 가지이다. 첫째, 프라이버시를 왜 보호하는가? (프라이버시 보호의 정당성) 둘째, 프라이버시를 어디까지 보호하는가? (프라이버시 보호의 범위) 셋째, 프라이버시를 어떻게 보호하는가? (프라이버시 보호의 방법) 이처럼 근본적인 물음에 대한 지속적 성찰은 프라이버시 보호를 둘러싸고 등장하는 새롭고 복잡한 문제들에 대한 체계적 접근에 궁극적으로 도움을 줄 것이다. 이러한 문제의식 아래 이 글에서는 프라이버시 보호의 정당성, 범위, 방법에 관하여 차례대로 살펴보고자 한다.

II. 기초 논의

1. 프라이버시의 개념

프라이버시의 본질을 탐구하는 출발점은 프라이버시의 개념을 탐구하는 것이다. 그런데 프라이버시 논의에서 최대 난제는 프라이버시를 정의하는 것이다.[1] 누구나 프라이버시를 말하지만, 누구도

---

1) 우리 헌법 제17조는 "사생활의 비밀과 자유"에 대해 규정하고 있으므로 '프라이버

프라이버시를 확실하게 정의하지 못한다. 프라이버시의 개념을 구
체적으로 확정하려고 할수록 프라이버시의 개념은 오히려 멀어져
간다.[2] 혹자는 프라이버시의 의미가 히드라(hydra)의 머리만큼이나
많다고도 한다.[3] 그래서인지 프라이버시는 일의적(一義的)으로 정
의할 수 없고,[4] 또 실용주의적 관점에서 보면 그럴 필요도 없다는
입장이 유력하다.[5] 이처럼 프라이버시의 엄밀한 개념 정의를 포기
하는 현상이야말로 프라이버시 논의가 착종(錯綜)되는 원인의 하나

시'라는 표현 대신 '사생활'이라는 표현을 쓰는 쪽이 우리 법제에는 더욱 적합할
지 모른다. 하지만 일상 속에서 프라이버시라는 표현은 사생활이라는 표현 못지
않게 많이 사용되고 있고 어떤 면에서는 더 뛰어난 전달력을 지닌다. 법학 문헌
에서도 이 용어는 널리 사용되고(민법 문헌만 들어보더라도 梁彰洙, "情報化社會
와 프라이버시의 保護-私法的 側面을 중심으로-", 民法研究 第1卷(박영사,
1991); 김재형, "言論의 事實報道로 인한 人格權 侵害-프라이버시 침해를 중심
으로-", 언론과 인격권(박영사, 2012) 등), 판례에서도 종종 사용된다(대법원
2008. 2. 15. 선고 2006다26243 판결; 대법원 2012. 6. 18. 선고 2011두2361 전원
합의체 판결; 대법원 2016. 7. 1.자 2014마2239 결정 등). 따라서 이 글에서는 프
라이버시라는 용어를 쓰기로 한다. 다만 이 용어에 사생활과 다른 의미를 부여하
려는 의도가 있는 것은 아니다.

2) 미국에서도 Roscoe Pound, Paul Freund, Erwin Griswold, William Prosser,
  Laurence Tribe 등 저명한 법학자들이 프라이버시의 개념을 밝히고자 하였지만
  결국 어떤 의견도 공감대를 일구어내는 데에 실패하였다. 미국의 프라이버시 개
  념사에 대해서는 Ken Gormley, "One Hundered Years of Privacy", 1992 *Wis. L.
  Rev.* 1335 (1992) 참조.

3) Diane Leenheer Zimmerman, "False Light Invasion of Privacy: The Light That
  Failed", 64 *N.Y.U.L. Rev.* 364, 364 (1989).

4) William M. Beaney, "The Right to Privacy and American Law", 31 *Law &
  Contemp. Probs.* 253, 255 (1966); Robert C. Post, "Three Concepts of Privacy",
  89 *Geo. L. J.* 2087 (2001).

5) Daniel J. Solove, "Conceptualizing Privacy", 90 *Cal L. Rev.* 1087 (2002), pp.
  1126-1128에서는 프라이버시 개념의 경계를 명확히 하고 그 공통 분모들을 찾는
  노력을 기울이기보다는 프라이버시의 다양한 유형들을 있는 그대로 그 맥락 속에
  서 관찰하는 쪽이 더 실용적인 접근 방법이라고 한다. 유럽인권재판소도 프라이
  버시가 완전한 정의가 어려운 포괄적 용어임을 반복하여 밝힌 바 있다. Peck v.
  United Kingdom (2003) 36 E.H.R.R. 41 at 57; Niemietz v. Germany (1992) 16
  E.H.R.R. 97 at 29; Pretty v. United Kingdom (2002) 35 E.H.R.R. 1 at 61.

인지 모른다. 하지만 프라이버시 개념을 구성하는 핵심 요소들을 추출해 보는 작업은 여전히 가능하고 프라이버시 논의에서 중요한 의미를 가진다.[6] 아래에서는 프라이버시 개념의 어원(語源)과 형성 과정을 통하여 그 개념 요소들을 추출해 보고자 한다.

　프라이버시 개념의 역사는 인류의 역사만큼이나 길다.[7] 하지만 프라이버시라는 용어는 15세기 영국에서 처음 사용된 것으로 알려져 있다.[8] 프라이버시는 'private'라는 형용사에 'cy'라는 어미가 부가되어 형성된 단어이다.[9] 'private'의 어원은 라틴어 'privatus'이다. 'privatus'는 "사적인, 개인적인, 공식적이지 않은"이라는 의미를 가진다.[10] 이러한 어원에서도 알 수 있듯이 프라이버시는 공적 영역과 대비되는 사적 영역과 밀접한 관련성을 가지는 개념이다.[11] 프라이버시는 법학에서 중요한 의미를 가지는 공(公)과 사(私)의 구분 문제, 나아가 각 영역을 표상하는 대표적 가치인 후견과 자율의 관계 설정 문제와 긴밀하게 연결된다.

　아리스토텔레스는 사적 영역과 공적 영역의 구별을 최초로 체계화한 철학자로 알려져 있다. 그는 저서 「정치학」에서 삶의 영역을 ① 정치적 행동과 결부된 공적 영역(영어 polis/그리스어 πόλις)과

---

6) 이와 유사한 접근으로 Bernardo Periñán, "The Origin of Privacy as a Legal Value: A Reflection on Roman and English Law", 52 *Am. J. Leg. Hist.* 183, 187 (2012).

7) Alan Westin, *Privacy and Freedom*, IG (1967), p. 5.

8) J. Holvast, "History of Privacy", *IFIP Advances in Information and Communication Technology*, Vol. 298 (2009), p. 18.

9) http://www.etymonline.com/index.php?allowed_in_frame=0&search=privacy (2017. 7. 10. 최종 방문).

10) https://en.wiktionary.org/wiki/privatus (2017. 7. 10. 최종 방문).

11) Jack Hirshleifer, *Privacy: Its Origin, Function, and Future*, UCLA Department of Economics *Working Paper* #166 (1979/11), p.3 (http://www.econ.ucla.edu/workingpapers/wp166.pdf)(2017. 7. 10. 최종 방문)는 privacy의 어원을 라틴어 privus에서 찾는데 privus의 의미도 privatus의 의미와 크게 다르지 않다.

② 가족이나 생물학적 삶과 결부된 사적 영역(영어 oikos/그리스어 o
ἶκος)으로 나누었다.[12] 이러한 공(公)과 사(私)의 구분은 서양 사상
사, 나아가 법학 전반에 큰 영향을 미쳤다. 근대법이 그 뿌리를 두
고 있는 로마법은 공동체에 대비되는 의미의 개인을 중시하는 법
문화를 가지고 있었다.[13] 인격침해소권(actio iniuriarum)으로 개인의
신체(corpus)뿐만 아니라 개인의 존엄(dignitas), 명예(fama) 등을 보
호하였고,[14] 이로써 무형의 정신(animus)도 보호하고자 하였다.[15]
개인의 주거 공간도 대표적인 사적 영역으로 법적 보호의 대상이
었다.[16] 개인에게 속하는 신체, 공간, 비밀에 대한 법적 보호는 그
후 여러 법권(法圈)에서 이루어져 왔다.[17] 개인을 절대 우위에 올
려놓는 시발점이 된 프랑스 혁명과 인권선언 이후에는 법적 가치
로서의 프라이버시를 자유주의적 관점에서 승인하는 경향이 뚜렷

---

12) J. Roy, "'Polis' and 'Oikos' in Classical Athens", *Greece & Rome,* Vol 46, No.
    1 (1999), pp. 1-18 참조.

13) Periñán(주 6), p. 196.

14) Stephan Balthasar, *Der Schutz der Privatsphäre im Zivilrecht,* Mohr Siebeck
    (2006), S. 15 ff; David S. Clark (ed), *Encyclopedia of Law & Society,* Vol. 3
    (2007) 1181; Periñán(주 6), 183, pp. 193-198. 로마법상 인격침해소권에 대한 국
    내 문헌으로는 李昌鉉, "人格權侵害의 救濟手段에 대한 法制史的 考察", 서강법
    학 제12권 제1호(2010. 6), 442면 이하 참조.

15) R. Zimmermann, *The Law of Obligations: Roman Foundations of the Civilian
    Tradition,* Oxford University Press (1996), p. 1052.

16) Dig. 47.2.21.7. James Gordley, *Foundations of Private Law,* Oxford University
    Press (2006), p. 258에서 재인용.

17) 중세에도 사익(private interest)에 대한 보호의 일환으로 사적 주거 공간과 명예,
    고해성사의 비밀 등에 대한 법적 보호가 일반적으로 인정되었다. Periñán(주 6),
    p. 198 ; Balthasar(주 14), S. 20 ff; Mats G. Hansson, *The Private Sphere— An
    Emotional Territory and Its Agent,* Springer (2008) p. 109. 보통법(common law)
    상 토지에 대한 침해(trespass to land)에 관한 법리도 사적 영역을 보호하는 법리
    의 일종이다. 또한 프랑스나 독일은 성문 민법이 제정되기 전부터 개인의 비밀
    또는 공개되지 않은 사적 사항에 대한 법적 보호를 인정하였다. Balthasar(주 14),
    p. 203.

해졌다.[18] 이러한 역사적 발전 과정은 오늘날 프라이버시 보호론의 법제사적 기초를 형성하게 되었다.

근대에 이르러 개인정보에 대한 관념이 형성되면서 법적으로 보호되는 사적 영역의 범주가 더욱 확장되어, 개인정보도 그 범주에 들어가게 되었다. 미국에서는 1790년 최초의 인구 센서스를 시행할 때 개인정보 수집에 대한 반발이 있었고,[19] 1840년에는 인구 센서스를 통해 수집한 개인정보를 비밀로 취급하는 지침이 제정되었다.[20] 독일에서도 연방헌법재판소가 일반적 인격권 개념을 토대로 사적 영역(Privatsphäre)에 대한 법적 보호를 승인하여 오다가,[21] 1983년 이른바 인구조사판결(Volkszählungsurteil)[22]에 이르러서는 정보자기결정권(informationelles Selbstbestimmungsrecht)을 명시적으로 인정하였다. 오늘날 개인정보는 프라이버시와 밀접한 관련성을 가지는 정보로서[23] 다양한 입법 형태로 보호되고 있다.[24] 이처럼 공적 영역에 대비되는 사적 영역에 대한 법적 보호는 처음에는 주로 신체, 주거, 감정 등에 초점을 맞추다가 개인에 관한 정보로 그 외연을 점차 확장하여 왔다.

---

18) Periñán(주 6), p. 188.

19) Holvast(주 8), p. 18.

20) Holvast(주 8), p. 18.

21) BVerfGE 35, 202, 220; BVerfGE 27, 1; BVerfGE 54, 148.

22) BVerfGE 65, 1.

23) 물론 모든 개인정보가 프라이버시와 밀접한 관련성을 가지는 것은 아니다. 가령 우리 개인정보 보호법은 개인정보를 '살아 있는 개인에 관한 정보로서 성명, 주민 등록번호 및 영상 등을 통하여 개인을 알아볼 수 있는 정보(해당 정보만으로는 특정 개인을 알아볼 수 없더라도 다른 정보와 쉽게 결합하여 알아볼 수 있는 것을 포함한다)'로 정의하는데, 이에 따르면 개인의 성명, 직업, 경력 등과 같이 사적 영역보다 공적 영역에 가까운 정보도 개인정보로 보아야 하기 때문이다.

24) 개인정보는 대체로 개인정보에 관한 특별법 형태로 보호되는 것이 세계 각국의 일반적인 경향이나 2017년 3월 15일 제정되어 2017년 10월 1일부터 시행될『중화인민공화국 민법총칙』제111조는 개인정보 보호에 관한 명문 규정을 두고 있어 흥미롭다.

　　개인의 신체, 주거, 감정에서 개인에 관한 정보로 프라이버시
의 무게 중심이 옮겨오면서,25) 프라이버시를 정보 프라이버시(infor-
mational privacy)의 차원에서 정의하려는 경향이 강해졌다.26) 미국
의 Alan Westin이 정의한 프라이버시 개념이 가장 널리 인용되는
점도 이러한 경향을 잘 보여준다.27) 그는 프라이버시를 "언제 어떻
게 어디까지 자신에 관한 정보가 타인에게 전달될 수 있는지를 스
스로 결정할 수 있는 개인, 집단, 기관의 권리(the claim of individuals,
groups, or institutions to determine for themselves when, how, and to
what extent information about them is communicated to others)"라고 정
의하였다.28) 프라이버시의 본질이 정보 통제에 있다고 본 것이다.
프라이버시의 핵심을 꿰뚫은 통찰력 있는 관찰이다. 이처럼 정보
와 프라이버시를 하나의 개념 안에서 강력하게 결합하는 사고방식
은 이른바 데이터 프라이버시(data privacy) 법제의 출발점이기도 하
다.29) 이처럼 정보 프라이버시가 프라이버시의 핵심으로 떠올랐고
그것이 오늘날 가장 중요한 프라이버시의 모습이지만, 이것이 프라
이버시의 전부라고 할 수는 없다. 정보와 직접 관련되지 않은 프라

---

25) Richard Posner, *The Economics of Justice*, Harvard University Press (1981), p.
　　271.
26) P. M. Schwartz, "Internet Privacy and the State", 32 *Conneticut L. Rev.* 815
　　(2000), p. 820.
27) 다소 과장된 것이겠지만 어떤 문헌에서는 1967년 이후 Alan Westin의 정의를 인
　　용하지 않는 문헌은 거의 찾아보기 어렵다고 서술하기도 한다. Holvast(주 8), p.
　　16.
28) Westin(주 7), p. 5.
29) 2015년 기준으로 데이터 프라이버시와 관련된 법을 가진 나라의 숫자는 109개에
　　이른다. Greenleaf, Graham, Global Data Privacy Laws 2015: 109 Countries,
　　with European Laws Now a Minority (January 30, 2015). (2015) 133 Privacy
　　Laws & Business International Report, February 2015; UNSW Law Research
　　Paper No. 2015-21. Available at SSRN: https://ssrn.com/abstract=2603529 (2017.
　　7. 10. 최종 방문).

이버시도 여전히 존재하기 때문이다. 예컨대 신체에 대한 프라이버시(bodily privacy)나 공간에 대한 프라이버시(territorial privacy)는 역사적으로 중요한 프라이버시 유형이었고 지금도 그러하다. 요컨대 정보 프라이버시는 프라이버시의 핵심 유형이지만 프라이버시와 그 외연이 완전히 일치하는 것은 아니다. 그렇다면 정보 프라이버시와 그 외의 프라이버시를 모두 관통하는 공통 개념 요소들은 무엇일까?

첫 번째 요소는 '사적 영역'이다. 프라이버시는 공(公)과 사(私)의 구별을 전제하고, 그 중 사적 영역에 대한 보호를 핵심으로 한다. 그러한 점에서 '사적 영역'은 프라이버시의 정체성을 가장 잘 표상하는 개념 요소이다. 그러므로 프라이버시 보호론에서는 후술하는 것처럼 '사적 영역'을 어떻게 파악하는가가 가장 핵심적인 문제가 된다. 간단히 말하자면 여기에서의 '사적 영역'은 합리적인 관점에서 볼 때 '타인에게 알려지기를 원하지 않는 사적 영역'을 의미한다고 할 수 있다. 사적 영역은 신체 프라이버시나 공간 프라이버시처럼 물리적 요소와 연결되기도 한다. 그러나 프라이버시가 상정하는 영역은 궁극적으로 관념적 영역이다. 우리의 벗은 몸을 관음하거나 우리의 주거 공간에 침입하는 것이 프라이버시 침해가 되는 이유는 우리의 몸이나 주거 공간 그 자체가 침해되었기 때문이 아니라 이를 통해 우리에게 관념적으로 확보되어야 마땅할 사적 영역이 침해되었기 때문이다.

두 번째 요소는 '타자(他者) 관련성'이다. 프라이버시는 언제나 국가 또는 다른 사람에 대한 관계에서 의미를 가진다. 만약 이 세상에 혼자만 존재한다면 홀로 있을 권리(right to be let alone)[30]를

---

30) '홀로 있을 권리(right to be let alone)'라는 개념은 Thomas Cooley 판사의 1888년 저서인 *Law of Torts* (2d ed.)에서 처음 언급되었고, 1890년 Samuel D. Warren과 Louis D. Brandeis의 기념비적 논문인 "The Right to Privacy"에서 프라

중핵으로 삼는 프라이버시는 애당초 필요하지 않을 것이다. 이러
한 개념 요소는 개인의 프라이버시가 역설적으로 공동체와의 관계
속에서 논의되어야 한다는 점을 보여준다.

　세 번째 요소는 '통제 가능성'이다. 프라이버시는 개인이 타인
의 간섭을 받지 않고 오직 자신의 의사에 기초하여 사적 영역을 통
제할 수 있다는 가능성을 핵심 요소로 한다. 이처럼 개인의 통제
아래 있어야 할 사적 영역에 대한 침해는 침해금지청구나 손해배
상청구와 같은 법적 보호 수단으로 연결된다.

　이러한 공통 개념 요소에 기초하여 일단 이 글에서는 프라이
버시를 "타자(他者)의 관여로부터 통제할 수 있는 삶의 사적 영역"
이라고만 해 두기로 한다. 이는 프라이버시를 다른 개념과 명확하
게 구분지울 수 있을 정도의 완결적 개념이라기보다는 프라이버시
의 기초가 되는 공통 개념 토대만을 제시하는 개방적 서술에 가깝
다. 이처럼 프라이버시 개념을 포괄적이고 개방적인 모습으로 두
는 편이 시대와 문화와 기술과 사안 맥락에 민감한 프라이버시 개
념의 생명력을 유지하는 길인지도 모른다.

2. 프라이버시권의 문제

(1) 프라이버시권

　프라이버시에 대해 개인이 가지는 권리를 프라이버시권이라고
한다. 풀어쓰면, 프라이버시권은 "타자(他者)의 관여로부터 외부에
알려지기를 원하지 않는 삶의 사적 영역을 통제할 수 있는 권리"이
다. 이는 국가에 대한 공권(公權)이자 다른 개인에 대한 사권(私權)
의 성격도 가진다. 이 글의 목차 Ⅳ(프라이버시 보호의 범위) 이하에
서는 주로 사권(私權)으로서의 프라이버시권을 염두에 두고 서술할

───────────

　이버시의 중심 개념 요소로 인용된 뒤(195면) 그 다음 해 미국 연방대법원 판결인
　Union Pac. Ry. Co. v. Botsford (141 U.S. 250, 251 (1891)에서도 언급되었다.

예정이나, 그 이전 부분에서는 논의의 필요에 따라 양자의 문제를
함께 서술하고자 한다.

   독자적 권리로서의 프라이버시권을 조명하고 역설한 세계 최
초의 법학 문헌은 미국의 Samuel Warren과 Louis Brandeis의 1890
년 논문인 "The Right to Privacy"[31]일 것이다.[32] 이 문헌의 저자들
은 보통법의 기존 법리로도 프라이버시를 보호하는 결과를 달성할
수는 있으나, 기술 발전으로 프라이버시에 대한 위협이 커지고 있
으므로 프라이버시권이라는 독자적 권리를 구성하여 그 위협에 대
응할 필요가 있다고 주장하였다. 이러한 주장은 서서히 미국의 판
례와 입법에 영향을 미쳤다.[33] 그 후 저명한 불법행위법 학자
William Prosser가 그의 논문 "Privacy"[34]에서 프라이버시에 관한
판례와 입법을 집대성하여 유형화하였다.[35] 이러한 분류 방법이
불법행위에 관한 리스테이트먼트(Restatement)[36]에도 수용됨으로써

---

31) Samuel D. Warren & Louis D. Brandeis, "The Right to Privacy", 4 *Harv. L. Rev.*
   193, 195 (1890).
32) Samuel Warren은 1883년에 당시 상원의원이던 Thomas Bayard의 딸로서 언론에
   도 잘 알려져 있던 Mabel Bayard와 결혼하였다. 언론은 당시 일반화되어가던 최
   신 사진 기술을 이용하여 Mabel Bayard에 접근하여 촬영하곤 하였는데, Warren
   은 이 문제를 Brandeis와 상의하다가 프라이버시권을 정립하는 기념비적인 논문
   집필에 이르게 되었다고 한다. Amy Gajda, "What if Samuel D. Warren Hadn't
   Married a Senator's Daughter?: Uncovering the Press Coverage That Led to 'The
   Right to Privacy'", 2008 *Mich. St. L. Rev.* 35 (2008), p. 36.
33) 이 논문이 바로 미국 법리의 변화를 가져온 것은 아니었다. 이 논문 발표 50년
   후인 1940년에 이르기까지도 불법행위법상 프라이버시권을 인정한 주는 12개 주
   에 불과하였고, 이에 관한 성문법을 제정한 주는 2개 주에 불과하였다. Neil M.
   Richards & Daniel J. Solove, "Prosser's Privacy Law: A Mixed Legacy", 98 *Cal.
   L. Rev.* 1887, 1895 (2010).
34) William L. Prosser, "Privacy", 48 *Cal. L. Rev.* 383 (1960).
35) Prosser는 프라이버시 관련 불법행위를 ① 사적 영역에 대한 침입, ② 알려지기
   원하지 않는 사적 사항의 공표, ③ 공중에게 개인에 대한 잘못된 인식을 심어주
   는 행위, ④ 성명 등 동일성 표지의 도용의 네 가지 유형으로 나누어 설명하였다.
36) Restatement of Torts, Second, §652A (1977).

미국에서는 사권(私權)으로서의 프라이버시권이 확고한 토대를 갖
추게 되었다. 오늘날 미국 대부분의 주(州)가 프라이버시권을 인정
한다.[37] 미국 연방 헌법은 프라이버시권에 관한 명문 조항을 두고
있지는 않지만 미국 연방대법원의 Griswold v. Connecticut 판결[38]
에 이르러 프라이버시는 헌법상 권리로도 승인되었다.

  그 외에 많은 국가들이 프라이버시권을 인정하고 보호하고 있
다.[39] 독일은 일반적 인격권(Allgemeines Persönlichkeitsrecht)으로부터
사적 영역(Privatsphäre)에 대한 법적 보호의 당위를 이끌어냄으로써
이를 인격권의 차원에서 해결하고 있다.[40] 프랑스는 이미 19세기
중반부터 판례를 통해 프라이버시의 보호를 인정하여 왔고,[41] 1970
년 민법 개정 시 제9조에 프라이버시 보호를 명문으로 규정하기에
이르렀다.[42] 영국은 프라이버시권의 독자적 권리성을 부정하여 왔
으나 1998년 인권법(Human Rights Act) 제8조에서 프라이버시에 대
한 법적 보호 가능성을 열어 놓았다.[43] 일본에서도 1964년 동경지

---

37) *Prosser and Keeton on Torts*, 5th ed., West Group (1984), 850-851.
38) 381 U.S. 479.
39) 세계 각국 헌법을 모아놓은 한 웹사이트에서 검색한 결과에 따르면 영문판 기준
    으로 privacy를 언급하는 헌법은 111개에 이른다. https://www.constituteproject.
    org/search?lang=en&q=privacy (2017. 7. 10. 최종 방문).
40) 이를 이른바 일반적 인격권의 내면화(Verinnerlichung)라고 부를 수 있다. Peter
    Schwerdtner, *Das Persönlichketsrecht in der deutschen Zivilrechtsordnung:
    offene Probleme einer juristischen Entdeckung*, Berlin: Schweitzer, 1977, S. 79.
    Urlich Amelung, *Der Schutz der Privatheit im Zivilrecht*, Mohr Siebeck (2002),
    S. 8에서 재인용.
41) James Q. Whitman, "The Two Western Cultures of Privacy: Dignity Versus
    Liberty", 113 *Yale. L. J.* 1151, 1175 (2004).
42) 이 조항은 단순한 금지청구나 손해배상청구를 넘어서서 법원이 프라이버시 침해
    를 예방하거나 중지시킬 수 있는 적극적 조치를 명할 수 있도록 규정하고 있다는
    특징을 가진다. 한편 같은 해 프랑스 형법 제368조 이하에서는 사생활의 침해에
    대한 범죄들을 신설하여 규정함으로써 민법과 형법 양 측면에서 동시에 프라이버
    시 보호를 꾀하였다.
43) 영국은 불법행위의 소권(cause of action)으로서 독자적인 프라이버시권을 인정하

방재판소가 도지사 선거에 나섰다가 패배한 유력 정치인 부부의
이야기를 다룬 소설 '잔치의 흔적(宴のあと)' 사건에서 프라이버시
권을 명시적으로 인정한 뒤44) 학설과 판례를 통하여 프라이버시권
에 관한 법리를 발전시켜 왔다.45) 우리나라에서도 헌법 제17조가
사생활의 비밀과 자유를 명시적으로 규정하고 있고, 사권(私權)으
로서의 프라이버시권을 인격권의 일종으로 인정하는 데에 별 이견
이 없다.46)

국제규범도 프라이버시권을 널리 인정한다. 유엔 세계인권선
언(Universal Declaration of Human Rights) 제12조, 유엔 시민적 및 정
치적 권리에 관한 국제규약(International Covenant on Civil and Political
Rights) 제17조, 유럽인권협약(European Convention on Human Rights)
제8조는 프라이버시권을 인권의 차원에서 규율하고 있다.

한편 프라이버시를 권리로 보호하는 것에 회의적인 시각도 있
다. 가령 법경제학자인 Richard Posner는 정보의 자유로운 유통
이 사회의 효율성을 높인다는 전제 위에서 개인의 프라이버시 보
호가 사회의 총 효용을 감소시킬 수 있다는 주장을 하였다.47) 여

는 데에 이르지는 않았으나(Wainwright v Home Office [2003] UKHL 53) 여전히
breach of confidence와 같은 다른 소권들을 통하여 실질적으로 프라이버시를 보
호하고 있다.

44) 東京地裁 1964. 9. 28. 判決(判例時報 385호 12면). 이는 일본에서 최초로 프라
이버시권을 인정한 판례이고(靜岡縣弁護士會(編), 情報化時代の名譽毁損・プ
ライバシー侵害をめぐる法律と實務, ぎょうせい (2010), 56면), 이를 계기로 일
본에서 프라이버시권을 둘러싼 논의가 본격화되기 시작하였다(升田 純, 現代社
會におけるプライバシーの判例と法理―個人情報保護型のプライバシーの登
場と展開, (靑林書院, 2009), 18면).

45) 최고재판소의 판결로는 最高裁 2002. 9. 24. 判決(判例時報 1802호 60면); 最高
裁 2003. 3. 14. 判決(判例時報 1825호 63면); 最高裁 2003. 9. 12. 判決(判例タ
イムズ 1134호 98면) 참조.

46) 대법원 1998. 9. 4. 선고 96다11327 판결.

47) Richard Posner, "The Right of Privacy", 12 Ga. L. Rev 393, 403, 404 (1978). 이
에 대한 반박으로 Edward J. Bloustein, "Privacy is Dear at Any Price: A

성학자인 Catharine MacKinnon은 프라이버시의 법적 보호는 가
정이라는 사적 영역 내에서 자행되는 여성 학대를 조장하거나 방
치하는 결과를 가져와 여성의 지위를 열악하게 만든다고 주장하였
다.[48] 여성주의적 관점에서 볼 때 전통적으로 사회적 활동이 많은
남성에게는 가정이 공적 영역에서 물러나 쉴 수 있는 은신처이지
만, 가정이 곧 일터였던 여성에게는 가정이 은신처가 아니라 노동
의 장소였을 뿐이다.[49] 따라서 은신처로서의 가정을 프라이버시라
는 이름 아래 강하게 보호하는 것은 남성 편향적이라는 것이다. 물
론 이러한 주장들이 프라이버시의 보호 필요성을 완전히 부정하는
것은 아니다. 하지만 이러한 주장들은 프라이버시 보호의 당위성이
자명하지만은 않다는 점을 일깨워준다.

    그런데 위 주장들이 담고 있는 문제의식의 타당성에는 한계가
있다. 장기적 관점에서 보면 정보의 자유로운 유통이 언제나 사회
의 효율성을 높인다고 할 수는 없다. 예컨대 개인의 내밀한 영역에
속하면서 공익과는 무관한 정보의 유통은 타인의 부질없는 호기심
을 충족시킬 뿐 사회의 효율성을 높이지 않는다. 오히려 이러한 정
보 유통은 개인의 행동의 자유를 위축시켜 그 행동으로부터 파생
되는 효율성의 싹을 짓밟을 수도 있다. 또한 여성 학대는 프라이버
시 보호 자체를 부정하여 해결할 문제가 아니라 여성 학대를 방지
하거나 제재하는 법제나 법리를 통하여 해결할 문제이다. 결국 이

Response to Professor Posner's Economic Theory", 12 *Ga. L. Rev.* 429 (1978)
참조.

48) Catharine MacKinnon, *Toward a Feminist Theory of the State,* Harvard
University Press (1989), p. 191. 한나 아렌트도 그리스 시대의 가정과 폴리스를
대립적으로 보면서 가정은 불평등의 장소, 폴리스는 평등의 장소라고 평가하였
다. 이는 가정에서 여성이나 노예들이 종속적 존재였음을 염두에 둔 설명이다.
한나 아렌트, 이진우·태정호 옮김, 인간의 조건(한길사, 1996), 84-85, 126면.

49) 안옥선, "프라이버시, '프라이버시권 보호' 이념의 비도덕성, 그리고 비도덕성의
근본원인", 대동철학 제4집(1999. 6), 7면.

러한 주장들에는 귀 기울일 여지가 있으나 프라이버시를 권리로
보호하는 것 자체를 부정하는 강력한 논거가 될 수는 없다. 더구나
사생활의 비밀과 자유에 대해 독자적인 헌법 조항을 두고 있는 우
리 법질서 내에서는 그 독자적 권리성을 부정하기 어렵다.

물론 우리나라의 경우 프라이버시권이 독자적 권리인지 여부
는 논의의 실익이 그리 크지 않다.50) 사적 영역에 대한 권리를 인
정하는 데에는 거의 이견이 없고, 그 권리를 프라이버시권으로 이
름 붙일 것인지 혹은 무명(無名)의 인격권으로 다룰 것인지가 개인
의 사적 영역에 대한 보호의 범위와 방법에는 별 영향을 미치지 않
기 때문이다. 그러나 이를 프라이버시권이라는 개별적 인격권으로
파악하여 일반적 인격권이 가지는 포괄성과 무정형성을 구체성과
체계성으로 전환시켜 나가는 것은 해당 법률관계에 정밀한 법적
규율을 제공한다는 의미가 있다.

(2) 프라이버시권과 다른 권리의 관계

사적 영역에 대한 법적 보호는 외부적으로는 경계를 확장하면
서 내부적으로는 분화의 과정을 거쳤다. 이러한 확장과 분화의 과
정은 법계와 나라마다 다른 모습을 띠고 있다. 따라서 프라이버시
권과 인접 권리의 관계도 나라마다 다르다. 그렇다면 우리 법제에
서 프라이버시권은 다른 권리와 어떠한 관계를 맺고 있는가? 가령
프라이버시권과 개인정보 자기결정권, 초상권, 명예권과의 관계는
각각 어떠한가? 또한 이는 이른바 소송물 이론의 틀에서 어떻게
이해될 수 있는가?

---

50) 권태상, "개인정보 보호와 인격권-사법(私法) 측면에서의 검토-", 법학논집 제
    17권 제4호(이화여자대학교 법학연구소, 2013. 6), 93-94면. 대법원 2011. 9. 2.
    선고 2008다42430 전원합의체 판결이 "일반적 인격권이나 사생활의 비밀과 자유
    를 정하고 있는 헌법의 기본권 규정 역시 민법의 일반규정 등을 통하여 사법상
    인격적 법익의 보장이라는 형태로 구체화될 것"이라고 판시한 것도 참조.

현재의 일반적 이해에 따르면 프라이버시권은 개별적 인격권의 하나이다. 개인의 프라이버시에 속하는 사항이 상품화되기도 하는 엄연한 현실 속에서 프라이버시권을 인격권으로 보는 것이 타당한가,[51] 이 역시 이른바 초상영리권 또는 퍼블리시티권(right of publicity)처럼 재산권적 속성을 지닌 인격권으로 파악할 수 없는가[52]에 대한 의문도 진지하게 다룰 가치가 있긴 하다. 다만 적어도 지금까지 일반적으로 받아들여지는 법리에 따르면 프라이버시권이 인격권임을 부정하기 어렵다. 한편 인격권은 포괄성과 애매성이라는 특성을 가지는 유동적 권리 개념이다.[53] 이러한 특성 때문에 인격권의 체계는 재산권의 체계처럼 명료하지 않다. 하지만 이러한 특성 때문에 경직된 법체계와 유연한 사회체계가 상호작용하면서 구체적 인격권 유형들을 창설해 낼 수 있었다. 이러한 구체적 인격권 유형은 상호 구별되기도 하고 상호 중첩되기도 한다.

프라이버시권과 개인정보 자기결정권이 그러하다. 개인정보

---

51) 다만 어떤 객체가 시장(market)에서 실제로 거래되고 있다는 현실로부터 바로 그 객체가 재산권의 보호 대상이 되어야 한다는 당위가 당연히 도출되는 것은 아니다. 가령 현실적으로 성(性)이 거래 대상으로 되고 있다고 하여 성적 자기결정권이 재산권의 보호대상이 된다는 결론으로 바로 이어지지 않는다.

52) 이른바 퍼블리시티권의 법적 성격에 대해서는 치열한 논란이 전개되어 왔는데, 이를 재산권적 속성을 지닌 인격권으로 파악하는 견해가 유력하게 주장되어 왔다. 이러한 입장으로 안병화, "인격권의 재산권적 성격－퍼블리시티권 비판 서론", 민사법학 제45-1호(2009. 6); 권태상, 퍼블리시티권의 이론적 구성－인격권에 의한 보호를 중심으로－(경인문화사, 2013) 등 참조. 한편 개인정보에 관한 제반 권리를 개인정보권으로 규정한 뒤 여기에는 인격권적 요소와 재산권적 요소가 혼합되어 있다고 하는 견해도 있다. 임건면, "개인정보의 의의와 귀속관계: 민사법적인 관점에서", 중앙법학 제7집 제4호(2005. 12), 239면; 송오식, "개인정보 침해에 대한 합리적 구제방안: 사권으로서 개인정보권의 정립을 위한 시론", 법학논총 제36권 제1호(전남대학교 법학연구소, 2016. 3), 750-751면; 최경진, "초연결 고도정보화 사회에서의 개인정보와 민사법", 2017년 한국민사법학회 하계학술대회 『사회변화에 따른 민법학의 과제』(2017. 6. 9) 자료집, 152면.

53) 양천수, "인격권의 법철학적 기초－인격권의 구조·성장·분화", 法과 政策研究 第11輯 第3號(2011. 9), 4면.

자기결정권은 자신에 관한 개인정보가 언제 누구에게 어느 범위까지 알려지고 이용되도록 할 것인지를 정보주체가 스스로 결정할 수 있는 권리이다.[54] 그리고 개인정보 보호법에 따르면 개인정보는 "살아 있는 개인에 관한 정보로서 성명, 주민등록번호 및 영상 등을 통하여 개인을 알아볼 수 있는 정보(해당 정보만으로는 특정 개인을 알아볼 수 없더라도 다른 정보와 쉽게 결합하여 알아볼 수 있는 것을 포함한다)"이다(제2조 제1호). 오늘날 개인정보 논의는 프라이버시 논의를 뒤엎을 정도로 풍성하다.[55] 하지만 양자의 관계가 무엇인지는 불명확하다. 미국에서는 개인정보의 문제를 프라이버시의 문제로 파악한다.[56] 우리나라에도 그러한 이해가 없지 않지만,[57] 개인정보 자기결정권과 프라이버시권은 상호 관련성이 있으나 각각 독자성을 가지는 권리라고 보아야 한다.[58] 가령 프라이버시 영역에 속하지 않는 공개된 개인정보나 비식별화된 개인정보는 프라이버

---

54) 헌법재판소 2005. 5. 26. 선고 99헌마513 결정; 헌법재판소 2005. 7. 21. 선고 2003헌마282 결정; 대법원 2014. 7. 24. 선고 2012다49933 판결.

55) 이주연 외 2, "키워드 네트워크 분석을 통해 살펴본 최근 10년 법학연구 동향", 아주법학 제8권 제4호(2015. 2), 530면에 따르면 2004년부터 2013년까지 최근 10년간 법학논문에 최다 출현한 키워드는 개인정보(개인정보보호도 여기에 포함시킬 경우)이다.

56) Daniel Solove, *The Digital Person: Technology and Privacy in the Information Age*, New York University Press (2004), p. 75에서는 정보 프라이버시를 프라이버시권의 스핀 오프(spin-off)라고 표현한다.

57) 박경신, "사생활의 비밀의 절차적 보호규범으로서의 개인정보보호법리", 공법연구 제40집 제1호(2011. 10), 148-149면은 표현의 자유를 중시하는 의미에서, 프라이버시권이 존재하는 범위에서 개인정보 자기결정권이 보호될 수 있다고 주장한다.

58) 헌법재판소 2005. 5. 26. 선고 99헌마513, 2004헌마190 결정은 사생활의 비밀과 자유에 관한 헌법 제17조를 개인정보 자기결정권의 헌법적 근거 중 하나로 거시하면서도 개인정보 자기결정권은 '독자적' 기본권이라고 한다. 우리나라 개인정보 자기결정권의 개념 형성에 지대한 영향을 미친 독일의 인구조사판결(BVerfGE 65, 1)도 사적 영역과의 관련성을 거의 언급하지 않은 채 정보 자기결정권을 인정함으로써 프라이버시권과 정보 자기결정권의 차별성을 은연중에 부각시키고 있다.

시권의 보호 대상이 아니지만 개인정보 자기결정권의 보호 대상이
다.[59] 반면 사적인 주거 공간이나 개인 간 통신, 비밀스러운 가족
사 등은 개인정보에 해당하지 않아 개인정보 자기결정권의 보호
대상은 아니지만 프라이버시권의 보호 대상이 될 수는 있다.[60] 한
편 개인정보 자기결정권은 인간의 존엄과 가치, 행복추구권에 관한
헌법 제10조와 사생활의 비밀과 자유에 관한 헌법 제17조에 바탕
을 두고 있는 권리이므로[61] 프라이버시권과 광범위한 교집합을 가
지고 있다.[62] 특히 우리 사회가 정보화 시대로 접어들면서 프라이
버시 문제가 대체로 정보 프라이버시의 문제로 환원되었고 개인정
보 자기결정권과 프라이버시권의 교집합은 더욱 확장되었다. 2011.
3. 29. 법률 제10465호로 제정된 개인정보 보호법 제1조는 법의 목
적을 "개인정보의 수집·유출·오용·남용으로부터 사생활의 비밀
등을 보호함으로써 국민의 권리와 이익을 증진하고…"라고 규정함
으로써 개인정보 보호법의 1차적 목적이 프라이버시 보호임을 천
명한 바 있다.[63] 예컨대 개인의 내밀한 영역에 속하는 정보 ― 가령

---

59) 대법원 2014. 7. 24. 선고 2012다49933 판결 참조. 비식별화된 개인정보라도 재식
    별 가능성이 있다면 여전히 개인정보로 보호받을 수 있다는 점도 참조.

60) 대법원 2012. 6. 18. 선고 2011두2361 전원합의체 판결은 개인식별정보에 해당하
    지 않더라도 그 정보 공개로 개인의 사생활을 침해할 위험성이 있는 정보라면 정
    보공개법 제9조 제1항 제6호 본문 소정의 비공개대상에 해당한다고 판단하였는
    데, 이 역시 양자를 구별하는 전제 위에서 내려진 판단이다.

61) 헌법재판소 2005. 7. 21. 선고 2003헌마282 결정 등.

62) 헌법재판소 2005. 5. 26. 선고 99헌마513, 2004헌마190(병합) 결정에서도 프라이
    버시권과 개인정보자기결정권의 보호영역이 중첩되는 범위가 있을 수 있다는 점
    을 언급하고 있다. 다만 이창현, 사생활의 자유에 관한 비교법적 연구(집문당,
    2014), 238-239면은 사생활의 자유의 내용으로 개인정보 자기결정권을 인정해서
    는 안 된다는 견해를 취한다.

63) 흥미롭게도 2013. 8. 6. 법률 제11990호로 개정된 개인정보 보호법 제1조는 법의
    목적을 "개인정보의 처리 및 보호에 관한 사항을 정함으로써 개인의 자유와 권리
    를 보호하고…"라고 바꾸어 표현하였다. 법의 목적 조항에서 프라이버시로부터의
    개념적 독립을 선언한 것이다. 그러나 그렇다고 하여 개인정보와 프라이버시의

질병정보나 성생활에 관한 정보 등 민감정보—는 개인정보 자기결정권뿐만 아니라 프라이버시권의 전형적 보호 대상이다. 주소나 전화번호와 같은 비민감 개인정보도 프라이버시권의 보호 범위 내에 들어와 있다.[64]

  프라이버시권은 초상권과도 밀접한 관계가 있다.[65] 초상권은 사람이 자신의 얼굴 기타 사회통념상 특정인임을 식별할 수 있는 신체적 특징에 관하여 가지는 인격권이다.[66] 초상권 역시 프라이버시권과 그 보호범위가 정확히 일치하지는 않는다. 예컨대 대중 연설을 하거나 공개 발표를 하는 등 전형적인 공적 영역에서 이루어지는 활동 중에는 프라이버시권 침해가 발생하기 어렵지만 초상권 침해는 여전히 발생할 수 있다.[67] 반면 타인의 사적 공간을 의도적·지속적으로 주시하거나 특정인을 계속하여 미행하는 것만으로는 초상권 침해가 발생하지 않지만 프라이버시권 침해가 발생할 수는 있다.[68] 한편 초상권과 프라이버시권 사이에도 교집합이 있다. 예컨대 모자이크 처리 등 적절한 조치를 취하지 않은 채 사생활에 대한 방송을 내보낸 경우[69]나 지속적으로 미행하며 사진을

연관성이 부정되는 것은 아니다.

64) 일본의 最高裁判所 2003. 9. 12. 선고 판결[平14(受)1665]은 와세다 대학의 강연에 참가신청을 한 학생들의 이름, 주소, 전화번호 등이 기재된 명단을 동의 없이 경찰서에 제출한 행위를 사생활 침해로 인한 불법행위로 판단하였다.

65) 국내에서는 1960년대에 미국 프라이버시권 개념 소개에 수반하여 초상권에 대한 소개가 이루어지다가 어느 순간 초상권을 사생활권과 독자적인 인격권으로 인식하기 시작하였다고 한다. 이에 대한 일반적 설명으로 심석태, "한국에서 초상권은 언제 사생활권에서 분리되었나 – 학설과 판례에서의 초상권의 독립적 인격권 인정 과정과 그 영향", 언론과 법 제13권 제1호(2014. 6) 참조.

66) 대법원 2006. 10. 13. 선고 2004다16280 판결; 대법원 2013. 6. 27. 선고 2012다31628 판결.

67) 권영준, "초상권 및 사생활의 비밀과 자유, 그리고 이익형량을 통한 위법성 판단", 민사판례연구 31권(2009. 2), 533면.

68) 권영준(주 67), 533면.

69) 대법원 1998. 9. 4. 선고 96다11327 판결.

촬영한 경우[70)]에는 초상권과 프라이버시권의 침해가 동시에 문제
된다.

이처럼 상호 구별과 상호 중첩의 병존 현상은 프라이버시권과
명예권 사이에서도 발견된다.[71)] 프라이버시권은 명예권과 달리 제
3자에 대한 전달 또는 공표나, 인격주체에 대한 사회적 평가 저하
라는 요소를 요구하지 않는다. 한편 명예훼손은 프라이버시권과
달리 자연인뿐만 아니라 법인에게도 인정되고, 꼭 사적 영역에 속
하는 사항에 관한 것이 아니라도 인정된다. 그 점에서 프라이버시
권은 명예권과 비교할 때 한층 더 순수한 인격권적인 성격을 가진
다.[72)] 그러므로 양자는 구별되어야 할 독자적 권리들이다. 그러나
사적 사항을 공개하여 프라이버시권과 명예권을 동시에 침해하는
경우처럼 양자가 상호 중첩하는 영역도 존재한다. 예를 들어 사적
영역에서 은밀하게 주고받은 대화를 제3자에게 공개하여 대화 당
사자의 명예를 훼손한 경우에는 프라이버시권과 명예권이 동시에
침해될 수 있다.[73)]

요컨대 사적 영역에 관한 구체적 인격권 유형들이 분화, 발전
하는 과정에서 프라이버시권은 새로운 권리를 분가시키기도 하
고,[74)] 신체, 주거, 초상, 명예, 개인정보에 이르는 여러 영역의 인

---

70) 대법원 2006. 10. 13. 선고 2004다16280 판결.

71) 프라이버시권과 명예권의 비교에 관하여는 梁彰洙(주 1), 513-515면; 梁彰洙, "私
生活 秘密의 保護－私法的 側面을 중심으로", 民法研究 第8卷(2005), 67-70면;
전원열, "언론에 의한 명예훼손과 프라이버시 침해의 비교", 民事法研究 第13輯
第2號(2005. 12), 81-86면 참조.

72) 梁彰洙(주 71), 68면.

73) 예컨대 대법원 2006. 12. 22. 선고 2006다15922 판결은 명예훼손과 프라이버시
침해가 함께 문제되는 사안에 관한 것이다. 이에 관한 상세한 설명은 김시철, "인
격권 침해의 유형과 사생활의 비밀의 보호영역(2006. 12. 22. 선고 2006다15922
판결: 공2007상, 206), 대법원판례해설, 63호(2007), 201-208면 참조.

74) 미국에서 인정되는 퍼블리시티권(right of publicity)은 프라이버시권에서 분가하
여 나온 권리이다. Prosser 교수는 1960년 논문 "privacy"에서 피고의 이익을 위

접 권리들과 서로 두루 걸치며 교집합을 창출하기도 한다. 이러한 인접 권리들은 프라이버시권과 느슨하게나마 연합 관계를 형성한다. 프라이버시권은 이들을 두루 덮어주는 우산과 같은 권리로서 이들에게 규범적 자양분을 제공한다.[75] 가령 최근 개인정보에 대한 관심이 높아지면서 개인정보 자기결정권이 우리 사회에서 상당한 존재감을 자랑하고 있으나, 개인정보의 외연이 불명확하여 개인정보 자기결정권의 문제로 환원시키기 어려운 정보(가령 개인식별정보의 범주를 넘어서는 개인 행태 관련 정보)에 대해서는 여전히 프라이버시권의 역할이 요구된다. 한편 공(公)과 사(私)를 구별하여 후자를 보호의 대상으로 삼는 프라이버시 보호론의 기본 체계는 인접 권리들의 과도한 팽창을 적절하게 제어하는 논리를 제공하기도 한다. 가령 프라이버시권은 개인정보 자기결정권에 규범적 토대를 제공하면서도,[76] 프라이버시와 무관한 공개된 개인정보의 유통에 대한 지나친 통제를 제어하는 숨은 논리를 제공하기도 한다.[77]

해 원고의 인격 표지를 도용하는 것을 프라이버시 침해 유형의 하나로 보고, 광고에 타인의 인격 표지를 무단 이용한 행위가 문제되었던 판결들을 그 예로 들었다. 나아가 Prosser 교수는 위와 같은 프라이버시 침해 유형의 경우 정신적 이익보다는 재산적 이익을 침해하는 측면이 강하다고 보았다. Prosser(주 34), pp. 401-407. 이러한 프라이버시권의 넓은 외연은 퍼블리시티권의 분화와 구체화로 이어졌다. Perińan(주 6), p. 188.

75) Daniel J. Solove, *Understanding Privacy*, Harvard University Press (2008), pp. 45-46에서는 프라이버시를 우산 용어(umbrella term)라고 표현한다. 사생활 보호에 관한 기본권을 넓게 파악하면 고전적인 주거의 보호나 직업상 비밀에도 미친다고 설명한 성낙인, 헌법학, 제15판(법문사, 2015), 1221면이나 "이제 프라이버시권은 명예권 및 성희롱으로부터 자유로울 권리를 제외한 인격권의 나머지를 모두 포괄하는 개념"이라고 한 양천수(주 53), 1143면도 유사한 인식에 기초한 문헌이라고 생각된다.

76) 헌법재판소와 대법원은 모두 개인정보 자기결정권의 규범적 토대의 하나로 인간의 존엄과 가치에 관한 헌법 제10조와 함께 사생활의 비밀과 자유에 관한 헌법 제17조를 들고 있다. 헌법재판소 2005. 7. 21. 선고 2003헌마282 결정; 대법원 1998. 7. 24. 선고 76나42789 판결.

77) 공개된 개인정보의 영리적 이용을 허용한 대법원 2016. 8. 17. 선고 2014다

Ⅲ. 프라이버시 보호의 정당성

1. 개   관

프라이버시 보호의 정당성을 규명하는 작업은 프라이버시 보호론 전체에 심대한 영향을 미친다. 프라이버시 보호 정당성의 근거가 무엇인지에 따라 프라이버시 보호의 방향성이 결정된다. 또한 프라이버시 보호 정당성의 강도는 프라이버시 보호의 범위에 영향을 끼친다. 정당성의 근거를 찾기 위해 노력하는 과정에서 프라이버시 개념의 본질에 더 가깝게 접근할 수도 있다. 그렇다면 프라이버시 보호의 정당성은 어디에서 찾을 수 있는가? 즉 프라이버시는 왜 보호되어야 하는가? 자유, 다양성, 완충성이라는 세 가지 관점에서 살펴보고자 한다.

2. 자   유

프라이버시 보호의 첫 번째 정당성 근거는 자유이다. 프라이버시는 공적 영역으로부터 사적 영역을 지켜내려는 자유주의적 의도를 담고 있는 개념이다.[78] '사생활의 자유'라는 표현은 프라이버시와 자유의 관계를 시사한다. 헌법재판소는 사생활의 자유를 "사회공동체의 일반적인 생활규범의 범위 내에서 사생활을 자유롭게 형성해 나가고 그 설계 및 내용에 대해서 외부로부터의 간섭을 받지 아니할 권리"라고 설명한다.[79] 이처럼 사적 영역에서 외부의 간섭을 받지 않을 자유는 프라이버시 보호의 대상이자 존립 근거이다. 이 점에서 프라이버시 보호는 이데올로기적으로 개인주의 내지 자

235080 판결 참조.

78) Clark (ed)(주 14), p. 1181 참조.

79) 헌법재판소 2001. 8. 30. 선고 99헌바92 결정.

유주의와 연결된다.

 프라이버시 보호의 맥락에서 말하는 자유는 좀 더 정확히 말
하자면 '자신일 수 있는 자유'이다. 프라이버시가 보호되는 영역에
서 사람들은 타인의 간섭과 시선 및 이를 의식한 자기 검열에서 해
방된다. 이는 마치 신체가 노동으로부터 잠시 물러나 휴식을 취하
듯 인격이 공동체로부터 잠시 물러나 휴식을 취하는 시간이다. 따
라서 프라이버시는 우리를 사회적 질식으로부터 자유롭게 한다.[80]
이러한 해방 공간에서 사람은 자기의 정체성에 따라 진정한 자아
를 표출한다.[81] 우리는 사무 공간과는 달리 주거 공간에서 더 자유
롭게 말하고 행동한다. 튀는 옷도 입어보고, 옷을 벗기도 하며, 남
들 앞에서는 절대 추지 않을 춤을 추기도 한다. 평범하지 않은 상
상의 나래를 홀로 펼친다. 이는 비자발적인 외로움(loneliness)과 구
별되는 자발적인 고독(solitude)의 공간이다.[82] 동거(同居)의 공간과
구별되는 은거(隱居)의 공간이다. 타인의 간섭과 시선으로부터의
소극적 자유뿐만 아니라 사적 영역에서 한껏 자아를 발현할 수 있
는 적극적 자유의 공간이기도 하다. 그 곳에서 진정한 자기 결정과
자아 표현이 이루어진다.[83] 이러한 자유의 공간은 신체 그 자체와
신체에서부터의 일정한 거리,[84] 주거지 등 실제 공간으로부터 SNS

---

80) Tugendhat & Christie, *The Law of Privacy and the Media*, Oxford University
    Press (2002), ix ("We all need privacy. Without it we do not feel free").
    Periñán(주 6), p. 184에서 재인용.
81) Heinrich Hubmann, *Das Persönlichkeitsrecht*, 2. Aufl., Böhlau (1967), S. 320.
82) 이진우, 프라이버시의 철학(돌베개, 2009), 192면.
83) Joel Feinberg, "Autonomy, Sovereignty, and Privacy: Moral Ideals in the
    Constitution?", 58 *Notre Dame L. Rev.* 445, 454 (1983)는 선택하고 결정할 권리
    (right to make choices and decisions)를 자율(autonomy)의 중핵(kernel)이라고
    표현한다.
84) 프라이버시의 확보에 필요한 신체적 거리는 문화마다 다르다. 타인의 몸과 부딪
    히거나 접촉한 상태로 있더라도 그다지 개의치 않는 문화가 있는가 하면, 줄을
    설 때에도 다른 사람과 일정한 거리를 유지하는 것이 미덕인 문화도 있다.

나 이메일 계정, 전자게시판[85] 등 가상공간에 이르기까지 다양한
형태로 존재한다. 이러한 의미의 자유를 확보하는 것이야말로 프
라이버시를 보호하는 이유이다. 바꾸어 말하면 프라이버시에 대
한 보호 확장은 자유의 확장을, 보호 축소는 자유의 축소를 의미
한다.[86]

3. 다 양 성

프라이버시 보호의 두 번째 정당성 근거는 다양성이다. 다양성
은 자유와 밀접한 관련성을 가진다. 타인의 간섭과 시선으로부터
자유로운 공간에서 개인은 자신만의 생각을 하고, 자신만의 언어를
구사하며, 자신만의 행동을 한다. 대법원이 사생활의 자유를 "자신
만의" 삶을 구상하고 이를 자유로이 형성해 나갈 자유로 표현하는
것도 같은 사고방식의 연장선상에 있다.[87] 이 공간에서 개인은 타
인과의 조화, 더 나아가 획일화의 요청에 속박되지 않은 채 자유롭
고 창의적으로 자신을 배양한다. 타인의 비판적 시선이나 이로 인
한 당혹스러움으로부터 해방되어 타인과 사회에 길들여졌던 자신
의 사고방식을 성찰하고 바꿀 수 있는 기회를 향유한다. 이러한 생
각의 인큐베이터 공간에 있던 개인들이 정체성과 창의성으로 무장
한 채 사회공동체의 공간으로 나아오게 되면 이 사회가 가지는 다
양성의 폭이 증가한다. 이러한 다양성은 합리적으로 조정되는 한
건강한 사회를 구성하는 원리이고, 건강한 민주주의의 토대이다.

우리 헌법질서가 예정하는 인간상은 "사회와 고립된 주관적

---

85) 전자게시판은 표현의 자유가 표출되는 공간이지만 익명에 의한 표현의 자유에 이
    르러서는 사생활의 자유와 조우하게 된다. 따라서 표현의 자유가 언제나 사생활
    의 자유와 대척관계에 있는 것은 아니다.

86) Anita L. Allen, "Coercing Privacy", 40 *WM. & Mary L. Rev.* 723, 734, 755
    (1999).

87) 대법원 2012. 6. 18. 선고 2011두2361 전원합의체 판결.

개인이나 공동체의 단순한 구성분자가 아니라, 공동체에 관련되고 공동체에 구속되어 있기는 하지만 그로 인하여 자신의 고유 가치를 훼손당하지 아니하고 개인과 공동체의 상호연관 속에서 균형을 잡고 있는 인격체"이다.[88] 프라이버시는 이러한 인간상 구현에 이바지한다. 이렇게 본다면 프라이버시는 단지 개인의 문제만이 아니라 공동체의 문제가 된다. 프라이버시는 개인을 고립된 공간에 홀로 방치하는 데에 그치지 않고 개인이 자아를 형성하거나 회복한 뒤 다양한 모습으로 공동체에 나아오도록 충전(充塡)해 준다. 적정한 격리가 오히려 활발한 참여와 이를 통한 다양성의 증진에 밑거름이 되는 것이다. 이처럼 민주주의의 토대를 이루는 다양성의 배양은 공동체의 관점에서 프라이버시를 정당화하는 하나의 중요한 이유이다.[89] 프라이버시는 역사적으로나 현실적으로 공동체로부터 숨겨진 어두운 영역으로 관념되어 왔으나,[90] 프라이버시에게 도피와 격리, 통제와 남용이라는 부정적 평가만 던질 것은 아니다.[91] 프라이버시는 공동체의 다양성을 배양하는 토대이기 때문이다.[92]

4. 완 충 성

프라이버시 보호의 세 번째 정당성 근거는 완충성이다. 사전적

---

88) 헌법재판소 2003. 10. 30. 선고 2002헌마518 결정.

89) Martina Ritter, *Die Dynamik von Privatheit und Öffentlichkeit in modernen Gesellschaften*, VS Verlag für Sozialwissenschaften (2008), S. 126 f.

90) 한나 아렌트(주 48), 126면.

91) Daniel J. Solove, "I've Got Nothing to Hide' and Other Misunderstandings of Privacy", *San Diego Law Review*, Vol. 44 (2007), p. 745; GWU Law School Public Law Research Paper No. 289. Available at SSRN: https://ssrn.com/abstract=998565.

92) 프라이버시 침해를 전체주의(totalitarianism)와 연관시키는 것도 프라이버시의 억압이 곧 다양성의 억압으로 이어지기 때문이다. Jed Rubenfeld, "The Right of Privacy", 102 *Harv. L. Rev.* 737, 784 (1989) 참조.

(辭典的)으로 보면 완충(緩衝)은 "대립하는 것 사이에서 불화나 충돌을 누그러지게 하는 것"을 의미한다.[93] 프라이버시는 개인과 공동체 사이의 불화나 충돌을 미리 방지하고 누그러뜨리는 기능을 수행한다. 프라이버시가 보호되는 공간에서 사람들은 타인의 간섭과 시선으로 인한 자기 검열의 압박에서 벗어나 자유로워진다. 또한 그 공간에서 사적(私的)으로 대할 수 있는 친밀한 사람들과의 애정관계 및 신뢰관계를 형성하고 배양한다.[94] 이러한 일련의 과정을 통해 공적 영역에서 압박받고 위축된 자아를 회복하여 다시 온전한 모습으로 공적 영역에 나간다. 상처받고 압박받는 개인이 공동체에 조성할 수 있는 긴장관계를 누그러뜨린다. 이러한 긴장관계 완화는 개인이 다시금 공동체로부터 상처받을 위험성도 감소시킨다. 이처럼 늘 조이는 것보다 가끔씩 풀어주는 것이 장기적으로는 공동체에 더 유익한 것이다.

　또한 프라이버시는 개인이 공적 영역에 유통시키고 싶지 않은 비밀을 보장해 준다. 이러한 비밀 보장은 프라이버시라는 용어가 풍기는 음습함과 결부되어 종종 부정적인 느낌을 주기도 한다. 하지만 프라이버시에는 모든 것이 발가벗겨지기 쉬운 투명사회 또는 감시사회에서 개인이 숨 쉴 여지를 제공해 주는 긍정적인 기능도 있다. 물론 투명성(transparency)은 중요한 가치이다. 그러나 투명해져야 하는 것은 사회의 공적 영역이지 개인의 사적 영역이 아니다. 그러한 점에서 사적 영역의 보호, 특히 사생활의 비밀 보호는 현대 사회에서 일종의 소도(蘇塗)[95]이자 완충지대이다. 이 완충지대는 사회로 나아오면 안 되는 잠재된 부정적 에너지를 사회에 가장 덜

---

93) 네이버 국어사전(http://krdic.naver.com) 중 "완충" 항목 참조.
94) Charles Fried, "Privacy", 77 *Yale L.J.* 475, 477-478 (1966-1967).
95) 소도(蘇塗)는 삼한 시대에 천신에게 제사를 지내던 성지(聖地)로서, 죄인이 이곳으로 도피하면 잡을 수 없었기 때문에 피난처로 활용되기도 하였다.

해악을 끼치는 방향으로 배출하는 영역이기도 하다. 이 영역에서 사람들은 긴장을 해소하고 분노를 배설한다. 때로는 허물없이 프라이버시를 공유할 수 있는 사람들의 원(일종의 '연장된 자아' 또는 '연장된 사적 영역') 안에서 함께 상호작용하면서 부정적 감정을 중화시키기도 한다. 이러한 공간마저 박탈되면 그 부정적 에너지는 해소되지 못한 채 사회의 해악으로 전환될 수 있다. 이 점에서 프라이버시는 마치 표현의 자유가 그러하듯 사회의 안전밸브(safety valve)로서의 기능을 수행한다.[96) 이를 통해 삶의 사적 영역과 공적 영역, 개인과 공동체 사이에 화해가 이루어진다.

Ⅳ. 프라이버시 보호의 범위

1. 개   관

위와 같이 자유, 다양성, 완충성에 근거하여 프라이버시 보호의 정당성이 인정되더라도 그 보호가 무제한 확장될 수는 없다. 사람은 이중적 존재이다. 자유롭기를 원하면서도 편리하기를 원한다. 혼자만의 시공간을 원하면서도 남에게 의지하고 남과 어울리기를 원한다. 자기만의 색깔을 추구하면서도 남과 색다른 존재가 되는 것을 두려워한다. 자기 것은 감추면서도 남의 것은 알고자 한다. 이러한 이중성은 프라이버시 보호가 마냥 확장되는 것이 개인에게 언제나 좋은 것만은 아님을 시사한다. 프라이버시 보호의 무제한적 확장이 공동체에 유익하지 않은 것은 더욱 자명하다. 공동체가 존속하는 한 그 공동체 내의 개인에게 허용되는 자유와 권리는 타인의 자유와 권리와의 관계에서 내재적 한계를 가지고 있다. 결국 프라이버시 보호의 정당성에 대한 논의는 "프라이버시는 보호되어야

---

96) 표현의 자유가 가지는 안전밸브로서의 기능은 Whitney v. California, 274 U.S 357 (1927) 중 Louis Brandeis 대법관의 의견에서 언급된 것이다.

한다"라는 명제 외에는 프라이버시 보호 범위에 대해 실체적인 가이드라인을 제시해 주지 못한다. 따라서 프라이버시가 어느 정도까지 보호되어야 하는가에 대해서는 별도의 논의가 필요하다.

그렇다면 프라이버시를 어디까지 보호할 것인가? 이 물음은 바로 프라이버시 보호론의 핵심이다. 하지만 물음은 단순해도 답은 단순하지 않다. 이는 프라이버시에 국한된 문제만은 아니다. 앞서 언급하였듯이 프라이버시권은 인격권의 일종으로 이해되고 있다.[97] 인격권은 그 권리의 내포(內包)와 외연(外延)에 불명확성이 크다.[98] 토지 소유권과 비교하여 보면 그 불명확성이 더욱 잘 드러난다. 권리 객체로서의 토지는 가시적이고 특정 가능하다. 권리 내용으로서의 토지 소유권은 전면적 지배권으로서 명쾌하고 강력하며 권리의 객체와 귀속이 등기부에 의하여 공시된다. 그러나 권리 객체로서의 인격은 비가시적이고 특정이 어렵다. 권리 내용으로서의 인격권은 절대권의 탈을 쓰고 있으나 다른 인격권과의 관계에서 그 권리 범위가 모호하며 권리의 객체와 귀속이 대외적으로 공시되지도 않는다. 토지 소유권이 규칙(rule)의 적용을 받는다면, 인격권은 기준(standard)의 적용을 받는다. 또한 토지 소유권이 배제(exclusion)에 친하다면, 인격권은 형량(balancing)에 친하다. 프라이버시권은 이러한 인격권의 불명확한 성격을 고스란히 지니고 있다. 프라이버시 보호에 관한 국제 공조와 국제 표준을 갈망하면서도 자유(liberty)와 존엄(dignity) 각각의 관점에서 프라이버시를 상이하게 바라보는 미국과 유럽의 미묘한 입장 차이는 문제를 더욱 복잡하게 만든다.[99] 따라서 프라이버시 보호 범위에 대해 고도로 정

---

97) 우리나라를 비롯하여 독일, 일본 등 여러 대륙법계 국가들의 일반적인 이해이다. Warren과 Brandeis도 프라이버시가 재산권이 아니라 "침해될 수 없는 인격(inviolable personality)"에 관한 원리라고 보았다. Warren & Brandeis(주 31), 205.

98) 양창수·권영준, 민법 II: 권리의 변동과 구제(박영사, 2015), 699면.

99) Whitman(주 41), pp. 1160-1161.

제된 하나의 답변을 제공하는 것은 애당초 이러한 프라이버시권의 특성과는 맞지 않는지도 모른다. 그렇다면 프라이버시 보호 범위에 대한 논의에서는 획일적이고 고정적인 기준을 제시하려 애쓰기보다는 프라이버시의 존재 영역을 구분하여 그 보호의 강도를 단계별로 조정해 나가는 한편, 이익형량 작업을 통하여 체계적이고 세밀하게 조정 작업을 마무리하는 것이 더욱 중요하다.

이러한 점들을 염두에 두고 아래에서는 주로 사권(私權)으로서의 프라이버시권과 관련하여 다음 두 가지 물음에 답변하는 형태로 프라이버시 보호 범위에 관한 논의를 전개하고자 한다. 첫째, 프라이버시의 존재 영역은 어디까지인가? 둘째, 프라이버시 침해행위의 위법성은 어떻게 판단하는가? 이 두 가지 물음은 모두 "프라이버시를 어디까지 보호해야 하는가"에 대한 답변을 하기 위한 이론적 도구들이다.

영역론은 삶의 영역이 지니는 속성에 따라 프라이버시 보호 여부와 정도를 판단하는 이론이다. 그러나 영역의 속성만으로 프라이버시 보호 범위를 최종적으로 확정할 수는 없다. 다른 이익들―특히 프라이버시 주체 외에 다른 인격 주체의 재산적, 인격적 이익이나 프라이버시 주체가 속한 공동체의 공익―과의 본격적인 무게 비교, 즉 세밀한 이익형량과정을 거쳐야 한다. 물론 영역론도 이러한 이익에 대한 고려를 함축하는 이론이므로 영역론이 이익형량과 완전히 단절된 것은 아니다. 그러나 영역론의 적용만으로 프라이버시 보호 여부와 정도에 대한 최종적인 답변이 도출되지는 않는다. 각 영역 간의 구분이 명쾌하지 않을 뿐만 아니라, 같은 영역 내에서도 사안별로 좀 더 세분화된 고찰이 필요하기 때문이다. 결국 영역론은 최종적인 답변으로 나아가기 위한 하나의 틀을 제공할 뿐이다. 그러한 점에서 영역론은 프라이버시 보호 범위론의 중요한 출발점이지만 종착점이라고 할 수는 없다. 영역론이 프라이버시 보호 판단에 필요한 기본적인 틀을 제공한다면, 이익형량론은 그 틀 위에서 관련 요소들을 망라하여 최종적인 마무리 판단을 하는 역할을 수행한다고 할 수 있다.

프라이버시 보호 범위는 최종적으로 프라이버시 침해로 의심되는 행위에 대한 위법성 판단으로 확정된다. 이 단계에서 판단 주체는 1차적으로 위법성 판단 준거가 되는 법률 규정에 따르되, 구체적인 관련 규정이 없거나 규정이 있더라도 해석의 여지가 있는 경우에는 궁극적으로 이익형량을 통하여 위법성 판단을 한다. 그러므로 프라이버시 보호 범위론은 이익형량론과 밀접한 연관성을 지닌다. 이러한 개별 사건에서의 이익형량은 위법성 판단의 과정 또는 방식이므로 사전(事前)에 우리에게 특정한 결과를 제공하는 기능은 수행하지 않는다. 그러나 이익형량을 구조화·체계화하는 작업은 프라이버시 보호 범위 확정의 합리성과 예측 가능성을 높일 수 있다. 요컨대 프라이버시 보호 범위론은 프라이버시가 보호되어야 하는 영역을 확정하고 그 영역 내에서 관련 이익들을 형량하는 작업 과정에 관한 논의이다.

2. 프라이버시의 존재 영역

프라이버시는 사적 영역을 의미하고, 프라이버시권은 개인의 사적 영역을 보호하는 권리이다. 그러므로 프라이버시권의 보호 대상인 사적 영역을 확정하는 문제는 곧 프라이버시권이 보호 범위를 확정하는 문제이기도 하다. 그런데 우리 삶의 영역은 공적 영역과 사적 영역으로 분절되어 있지 않다. 오히려 우리 삶은 가장 공적인 영역에서 가장 사적인 영역에 이르는 다양한 채도의 색띠와도 같다. 물론 가장 공적인 영역에서는 프라이버시권의 보호 대상인 프라이버시 자체가 존재하지 않는다. 그러나 가장 공적인 영역에서 조금씩 사적인 영역으로 이동할수록, 프라이버시는 점차 존재

감을 드러낸다. 이 지점에서 공적 영역과의 관계에서 사적 영역을
구체화·유형화하는 작업이 요구된다. 그리고 그 유형화된 영역에
따라 보호의 강약을 조절하여야 한다.

(1) 영역론의 내용

이에 대해서 독일의 영역론(Sphärentheorie)은 참고할 가치가 있
다. 독일의 영역론은 삶의 영역(Lebensbereich)을 세분화하여 그 영
역의 특성에 따라 법적 보호 여부와 정도를 결정하는 이론이다.[100)
삶의 영역은 크게 사적 영역과 공적 영역으로 나눌 수 있다. 그런
데 종래 독일에서는 이러한 이분법을 넘어서서 좀 더 다양하게 삶
의 영역을 세분화하고자 하는 이론적 시도가 있었다.[101) 예컨대 인
격권에 대한 연구로 잘 알려진 Heinrich Hubmann은 사적 영역을
세분화하여 이를 개인영역(Individualsphäre), 사사(私事)적 영역(Privat-
sphäre),[102) 비밀 영역(Geheimsphäre)의 세 가지 영역으로 구분하였
다.[103) 언론법 연구로 잘 알려진 Karl Ebgert Wenzel은 삶의 영역
을 포괄적으로 고찰하여 ① 내밀영역(Intimsphäre) ② 비밀영역
(Geheimsphäre), ③ 사사(私事)적 영역(Privatsphäre), ④ 사회적 영역
(Sozialsphäre), ⑤ 공개적 영역(Öffentlichkeitssphäre)의 다섯 가지 영역
으로 구분하였다.[104) 이러한 영역론에서 유형화하고 있는 영역 간

---

100) 이처럼 "영역"에 따라 사생활 보호 정도를 달리하는 태도는 우리나라에서도 받
    아들여지고 있다. 헌법재판소 2001. 8. 30. 선고 99헌바92 결정; 헌법재판소
    2003. 10. 30. 선고 2002헌마518 결정 등 .
101) 박용상, 명예훼손법(현암사, 2008), 445-508면에서는 다양한 영역론을 상세하게
    설명하고 있다.
102) 이는 직역하면 사적 영역이지만, 이 글에서는 사적 영역을 프라이버시가 존재하
    는 모든 영역을 의미하는 용어로 이미 사용하고 있으므로 이와 구별하기 위해
    사사적 영역으로 번역한다.
103) Hubmann(주 81), S. 268 ff.
104) Wenzel/Burkhardt, *Das Recht der Wort-und Bildberichterstattung*, 5. Aufl.,
    Verlag Dr. Otto Schmidt, Köln (2003), S.156ff. 김재형(주 1), 108-110면에서도
    Wenzel의 영역론을 소개하고 있다.

경계가 언제나 명확한 것은 아니다.[105] 영역론 자체에 대한 회의적 입장도 존재한다.[106] 하지만 적어도 영역별로 공적 요소와 사적 요소의 배합이 달라져가는 삶의 현실을 법적 틀로써 담아내려고 한 시도는 그 자체로 프라이버시 보호 범위의 실체적 판단에 상당한 도움을 준다.[107] 아래에서는 Wenzel의 영역론을 중심으로 영역별 특징을 살펴본다.[108]

① 내밀영역은 인간적 자유의 최종적인 국면으로서 타인이 개입할 수 없는 은밀한 삶의 영역을 말한다. 성적 관계, 성적 습관, 신체적 질병, 건강상태 등이 여기에 속한다. 내밀영역은 절대적 보호를 받는다. 다만 어떤 영역이 내밀영역에 속하는지는 그 반대편에 있는 이익을 고려하여 신중하게 결정하여야 한다.[109] 이는 내밀영역에 대한 권리자의 포기 여부를 판단하는 때에도 그러하다. 내밀영역은 가장 전형적인 프라이버시 보호 영역이다.

② 비밀영역은 이성적으로 평가할 때 비밀로 유지되어야 할 삶의 영역을 말한다.[110] 예컨대 서신·전신·전화 등의 통신내용이

---

105) Münchener Kommentar zum BGB/Rixecker, 7. Auflage, C.H.Beck (2015), § 12, Anhang zu Das Allgemeine Persönlichkeitsrecht, Rn. 12; Spindler/Schuster, *Recht der elektronischen Medien*, 3. Auflage, C.H.Beck (2015), BGB § 823, Rn. 36. 이는 영역론에 대한 주요 비판점이다. Carmen Keckeis, *Privatheit und Raum-zu einem wechselbezüglichen Verhältnis, in Räume und Kulturen des Privaten*, Springer (2017), S. 23.

106) Bernd Wölfl, *Sphärentheorie und Vorbehalt des Gesetzes*, NVwZ (2002), 49.

107) 독일에서는 영역론 외에도 사람이 다양한 환경에서 수행하는 상이한 역할의 특성에 따라 사생활의 보호 정도가 달라진다는 역할이론(Rollentheorie)과 다른 사람과의 소통의 맥락 속에서 보호 정도가 달라진다는 소통이론(Kommunikationstheorie)도 주장된다. Triantafyllos Zolotas, *Privatleben und Öffentlichkeit*, Carl Heymanns Verlag (2010), S. 28ff 참조.

108) 이하 주로 Wenzel/Burkhardt(주 105), S. 160ff 참조.

109) Münchener Kommentar zum BGB/Rixecker, 7. Auflage, C.H.Beck, 2015, § 12, Anhang zu Das Allgemeine Persönlichkeitsrecht, Rn. 107.

110) 사회적 영역에 관한 것이기는 하나 대법원 2006. 12. 22. 선고 2006다15922 판

나 직업적 또는 영업적 비밀이 속하는 영역이 여기에 해당한다. 내
밀영역은 당해 사항의 내용 그 자체가 가지는 속성 때문에 공개할
수 없는 영역이고, 비밀영역은 당해 사항을 둘러싼 맥락 때문에 법
적으로 비밀로 보호받는 영역이라는 점에서 구별된다. 비밀영역
역시 프라이버시로서 보호되는 영역이다.

③ 사사적 영역은 내밀영역과 비밀영역 외의 사적 영역으로서
인격 주체가 허용할 때에만 타인의 접근이 허용되는 영역이다. 이
영역은 기본적으로 내밀영역과 비밀영역 외에 사적 영역에서 이루
어지는 삶의 모든 과정과 진술을 포괄한다. 가정 또는 가족과 관련
된 사항이나 사적 대화, 종교에 대한 신념이나 귀속, 종교적 회합
등이 이 영역에 속하는 대표적인 사항이다. 이 영역은 원칙적으로
프라이버시 보호가 주어지는 영역이지만, 표현의 자유 등 프라이버
시의 반대편에 있는 가치와의 관계에서 절대적으로 보호되는 영역
이라고는 할 수 없다.

④ 사회적 영역은 개인이 공동체의 구성원으로서 활동하는 영
역이다. 즉 사회적인 활동 또는 직업적인 활동이 이루어지는 영역
이다. 이 영역에서는 친밀한 관계가 없는 타인에게도 삶의 한 부분
이 노출되므로, 타인은 그 개인의 활동을 관찰할 수 있다. 사회적
영역은 공적 영역에 더 가깝다. 그러나 여기에서도 사적 영역으로
서의 특성이 완전히 제거되지는 않는다. 사생활에 대한 합리적 기
대가 존재하는 공개된 장소는 '사적인 공적 영역(Bereich der Privat-
öffentlichkeit)'으로서 여전히 프라이버시가 존재한다.[111]

결은 사생활의 비밀 침해가 위법한지는 일반인의 감수성을 기준으로 판단하여
야 한다고 판시하고 있는데, 이것은 위 독일 논의의 "이성적 평가"에 상응하는
것이라고 생각된다.
111) 다만 이창현(주 62), 253면은 인격권 일반에 의하여 보호하면 족하다고 하여 이
를 프라이버시의 문제로 다루는 것에 반대한다.

⑤ 공개적 영역은 공공에 개방된 곳으로서 개인도 그 공개를 당연히 받아들이고 의식하는 영역이다. 예컨대 정치가의 대중연설이나 의회 참석, TV 프로그램의 퀴즈 출연, 배우의 영화 출연, 변호사의 공개변론, 운동선수의 경기 출장 등이 이 영역에 해당한다. 이 영역은 전형적인 공적 영역이므로 프라이버시에 대한 합리적 기대가 더 이상 존재하지 않는다. 따라서 프라이버시의 보호가 주어지지 않는다.

이처럼 프라이버시를 삶의 영역 문제로 환원하는 사고방식은 우리나라에도 영향을 미쳤다. 프라이버시에 관한 여러 국내 문헌들이 Wenzel의 영역론을 소개하고 있다.[112] 영역론적 사고방식은 헌법재판소의 결정이나 대법원 판결에도 나타난다. 헌법재판소는 "사람의 육체적·정신적 상태나 건강에 대한 정보, 성생활에 대한 정보와 같은 것은 인간의 존엄성이나 인격의 내적 핵심을 이루는 요소"로서 질병명을 "내밀한 사적 영역에 근접하는 민감한 개인정보"라고 판시하였다.[113] 반면 자동차를 운전하는 행위가 "더 이상 사생활 영역의 문제가 아니므로" 운전자의 안전띠 착용 의무는 사생활의 비밀과 자유를 침해하는 것이 아니라거나,[114] "공직자의 자질·도덕성·청렴성에 관한 사실"은 "순수한 사생활의 영역"에 있지 않다거나,[115] 인터넷 게시판에서 정당 후보자에 대한 글을 게시하는 행위는 단순한 의견 등의 표현행위에 불과하여 "사생활 비밀의 자유에 의해 보호되는 영역"이 아니라고 판시하였다.[116] 대법원도 "국민의 사생활 영역"에 관계된 증거 제출의 허용 여부와 증거능력

---

112) 영역론을 소개하는 많은 문헌들이 있으나 일단 김재형(주 1), 108-110면만 들어두기로 한다.
113) 헌법재판소 2007. 5. 31. 선고 2005헌바1139 결정.
114) 헌법재판소 2003. 10. 30. 선고 2002헌마518 결정.
115) 헌법재판소 2013. 12. 26. 선고 2009헌마747 결정.
116) 헌법재판소 2010. 2. 25. 선고 2008헌마324, 2009헌바31 결정.

인정 여부를 다룬 바 있다.[117] 물론 이러한 사법부 나름의 '영역론'
이 꼭 독일의 영역론을 따른 것인지는 불분명하다. 그러나 어떤 사
항이 삶의 어떤 영역에 속하는지가 프라이버시 보호 여부와 범위
를 정하는 데에 중요한 역할을 수행한다는 점만큼은 분명하다. 그
점에서 영역 구분의 중요성, 그리고 이에 기초한 영역론의 중요성
은 부정할 수 없다.

(2) 영역 구분의 상대성

이처럼 프라이버시 보호론의 핵심적 도구인 영역론은 각 영역
이 구분된다는 전제 위에 서 있다. 그러나 일반적인 삶의 모습이
그러하듯 삶의 영역도 언제나 명확하게 구분되지는 않는다. 그러한
점에서 영역론은 단절적이기보다는 점증적이다. 이러한 점증적 스
펙트럼의 양 극단에서의 프라이버시 판단은 쉽다. 예컨대 내밀영역
이나 비밀영역에서는 프라이버시를 보호해야 한다거나 공개적 영
역에서는 프라이버시를 보호할 필요가 없다는 것은 명확하다. 그런
데 중간 단계인 사사적 영역이나 사회적 영역에서는 더욱 세밀한
판단이 필요하다.

우선 사회적 영역은 공적 영역으로서의 속성이 강하지만 사적
영역으로서의 속성도 지닌다. 이와 관련하여 '사적인 공적 영역
(Bereich der Privatöffentlichkeit)'이 문제되기도 한다. '사적인 공적 영
역'에는 공중전화박스처럼 공적 영역 내에 물리적으로 섬처럼 고립
된 사적 영역도 있을 수 있고,[118] 일반 도로나 공영 주차장처럼 물
리적으로는 공적 영역에 속하는 곳이지만 통상적인 시선을 넘어서
는 감시와 미행과 기록이 이루어진다면 사적 영역처럼 취급되는

---

117) 대법원 2010. 9. 9. 선고 2008도3990 판결; 대법원 2013. 11. 28. 선고 2010도
12244 판결.
118) Helen Nissenbaum, *Privacy in Context*, Stanford University Press (2010), p.
115.

영역도 있다.[119] 즉 공개된 장소에서도 사생활에 대한 합리적 기대가 존재하고, 그 범위 내에서는 공적 영역에서도 프라이버시 보호 문제가 생길 수 있다.

한편 사사적 영역은 사적 영역으로서의 속성이 더 강하지만 공적 영역과 연결되는 경우도 있다. 이를 '사적인 공적 영역'에 대비하여 '공적인 사적 영역'이라고 부를 수 있을 것이다. 가령 홀로 운전하며 이동하는 자가용 내부는 전통적 관점에 따르면 사사적 영역으로 분류될 수 있다. 그런데 자율주행자동차 시대가 도래하면서 자동차 운행 및 탑승자에 대한 정보를 실시간으로 수집, 공유, 분석하는 것이 가능해졌다. 이는 실시간 정보에 기초하여 인지, 판단, 제어 기능을 수행하는 자율주행자동차의 특성상 불가피할 뿐만 아니라, 주변에 있는 다른 자율주행자동차 및 도로 관제 시스템과의 실시간 정보 소통, 사고 원인 규명, 보험료 산정, 위치에 따른 부가 서비스 제공 등 다양한 측면에서도 필요하기 때문이다. 다시 말해 자가용 안의 사적 공간도 더 이상 순수하게 사적일 수만은 없는 것이다. 이는 정보기술이 공적 영역과 사적 영역의 경계를 흐리게 만든 하나의 예에 불과하다. 우리가 거의 매 순간 몸에 지니고 다니는 스마트폰은 공적 영역과 사적 영역의 혼재 현상을 불러왔다.[120] 다양하게 공개 범위를 설정할 수 있는 SNS 매체들은 이러한 혼재 현상을 가중시켰다. 사람과 사물이 인터넷으로 연결되고 그 연결망을 통해 정보가 실시간으로 유통되는 현실에서 프라이버시는 완전히 다른 의미를 가지게 된다. 개인을 추적 관찰하며 분석하는 기술이 진보한 오늘날, 물리적 장소는 과거처럼 프라이버시의 존부를 절대적으로 좌우하는 기준이 될 수 없다. 이는

---

119) 대법원 2006. 10. 13. 선고 2004다16280 판결의 사안이 그러하다.

120) Thomas Christian Bächle, *Das Smartphone, ein Wächter, Räume und Kulturen des Privaten,* Springers (2017), S. 137.

앞으로 이른바 공적인 프라이버시(public privacy) 논의에 주목해야
할 이유이기도 하다.[121]

요컨대 영역 구분에 따른 보호 범위는 분절적이라기보다는 연
속적이고, 절대적이라기보다는 상대적인 것이다. 이러한 영역 구분
의 상대성은 사적 영역과 공적 영역을 쉽게 넘나들며 양자를 연결
시키는 과학기술로 인하여 더욱 심화된다. 이러한 점에서 영역론은
현대적으로 재해석되고 재음미되어야 한다. 바로 이 점에서 다음
에 살펴 볼 이익형량의 중요성이 더욱 커지는 것이다.

3. 프라이버시 침해의 위법성 판단

(1) 이익형량

㈎ 이익형량의 중요성

프라이버시 침해는 프라이버시의 존재 영역에서 일어난다. 그
런데 프라이버시 침해가 언제나 위법한 것은 아니다. 일단 침해 사
실만 인정되면 특별한 사정이 없는 한 위법성이 인정되는 소유권
과 달리 프라이버시권과 같은 인격권의 경우에는 좀 더 복잡하고
세심한 위법성 판단이 필요하다. 이러한 위법성 판단은 결국 이익
형량의 문제로 귀착된다.[122] 이는 프라이버시를 둘러싼 모든 권리
와 의무에 대하여 배분(distribution)과 절충(compromise)이 이루어져
야 함을 의미한다.

이익형량은 비단 프라이버시와 같은 인격권에서만 문제되는
것은 아니지만, 재산권과 비교하면 이익형량은 인격권의 영역에서
더욱 중요하다. 재산권의 체계는 자체적인 우열 기준을 가지고 있
다. 일반적으로 물권은 채권에 앞선다. 궁극적으로 소유권은 점유

---

121) 공적 프라이버시에 대해 논의한 최근 미국 문헌으로는 Joel R. Reidenberg,
  "Privacy in Public", 69 *U. Miami L. Rev.* 141 (2014) 참조.
122) 金載亨, "人格權 一般", 民事判例研究 21권(박영사, 1999), 633면.

권에 앞선다. 물권 사이에서는 먼저 성립한 권리가 우선한다. 이러
한 원칙에 대한 예외들도 촘촘하게 설정되어 있다. 집행과 도산 관
계로 나아가면 재산권 사이의 줄 세우기는 정교함의 극치를 이룬
다. 재산권 간의 비교는 이처럼 미리 정교하게 정해진 틀 안에서
이루어진다. 하지만 인격권의 체계는 자체적인 우열 기준이 불명확
하다. 생명, 신체, 성적 자기결정, 명예, 성명, 개인정보 등 다양한
형태의 인격적 이익이 모두 인격권이라는 테두리 안에 혼재하고
있다. 이들 인격적 이익 사이에 일반적 우열이 전혀 없는 것은 아
니다. 일반적으로 생명이나 신체에 관한 인격권은 다른 인격권보다
중하다. 성적 자기결정에 관한 인격권은 성명에 관한 인격권보다
중하다. 그러나 이러한 우열관계는 미리 법률로 정해져 있는 것이
아니다. 이 같은 일반적인 우열 관계도 인격적 이익의 구체적 침해
태양과 정도에 따라 뒤집힐 수 있다. 그래서 인격권의 영역에서는
이익형량의 역할, 나아가 구체적 사건을 매개로 이익형량의 틀을
구체화하는 판례의 역할이 더욱 중요해진다.

⑷ 이익형량의 구조

대법원 2006. 10. 13. 선고 2004다16280 판결은 사권으로서의
초상권이나 프라이버시권 침해에 대한 이익형량의 구조를 아래와
같이 제시하고 있다.[123)]

> 초상권이나 사생활의 비밀과 자유를 침해하는 행위를 둘러싸고 서
> 로 다른 두 방향의 이익이 충돌하는 경우에는 구체적 사안에서의 사
> 정을 종합적으로 고려한 이익형량을 통하여 위 침해행위의 최종적인
> 위법성이 가려진다. 이러한 이익형량과정에서, 첫째 침해행위의 영
> 역에 속하는 고려요소로는 침해행위로 달성하려는 이익(이하 '침해

---

123) 대법원 2013. 6. 27. 선고 2012다31628 판결도 이러한 이익형량 구조를 그대로
차용하였다.

법익'이라 한다)의 내용 및 그 중대성, 침해행위의 필요성과 효과성, 침해행위의 보충성과 긴급성, 침해방법의 상당성 등이 있고, 둘째 피해이익의 영역에 속하는 고려요소로는 피해법익의 내용과 중대성 및 침해행위로 인하여 피해자가 입는 피해의 정도, 피해이익의 보호가치 등이 있다. 그리고 일단 권리의 보호영역을 침범함으로써 불법행위를 구성한다고 평가된 행위가 위법하지 않다는 점은 이를 주장하는 사람이 증명하여야 한다.

이 판결은 초상권이나 프라이버시권 침해에 대한 위법성 판단은 이익형량을 통하여 이루어진다는 점을 분명히 하였다. 또한 권리 보호영역을 침범하는 행위가 위법하지 않다는 점에 대한 증명책임은 행위자에게 있다고 하여, 이익형량의 저울이 권리자에게 살짝 유리하게 기울어져 있다는 점을 제시하였다. 이 판결의 이익형량 구조를 이익과 행위의 양 측면으로 재구성하여 단순화하면 아래 표와 같다.[124] 참고로 혼란을 피하기 위해 위 판결의 "침해법익"은 "반대이익"으로, "피해법익" 내지 "피해이익"은 "보호이익"으로 용어를 바꾸었다.

요건	내용	2004다16280 판결의 해당 항목
관련 이익 사이의 균형성	반대이익과의 관계에서 보호이익의 보호가치가 우월한 것인가? (이익 측면)	- 침해법익의 내용 및 중대성 - 피해법익의 내용 및 중대성 - 피해의 정도 - 피해이익의 보호가치
행위의 필요성과 상당성	침해행위가 반대이익을 보호하기 위하여 꼭 필요하고 상당한 행위인가? (행위 측면)	- 침해행위의 필요성과 효과성 - 침해행위의 보충성과 긴급성 - 침해방법의 상당성

124) 권영준(주 67), 544면의 이익형량표를 약간 변형한 것이다.

첫째, 관련 이익 사이의 균형성은 결과불법의 측면을 강조한 요건이다. 보호이익의 내용과 중대성은 보호 영역의 특성에 좌우된다. 프라이버시권의 경우 사적인 색채가 강한 삶의 영역일수록 보호이익은 무거워지고, 여기에 공적인 색채가 더해질수록 보호이익은 가벼워지며, 더 나아가 프라이버시의 존재 영역을 벗어나면 위법성 판단이 필요하지 않게 된다. 반대이익은 표현의 자유, 정당한 관심사에 대한 알 권리,[125] 범죄 예방과 처벌에 관한 공익, 소송에서 진실을 발견할 이익, 정보 유통의 자유, 예술의 자유, 영업 이익 등 다양한 형태로 존재한다. 이러한 반대이익의 관철에 대한 요구의 강도에 따라 구체적 사건에서 위법성이 결정된다. 즉 관련 이익에 대한 평가는 절대평가가 아니라 상대평가이다. 가령 동일한 보호영역에서도 공인(公人) 또는 공적 인물의 프라이버시가 사인(私人)의 프라이버시보다 한 걸음 뒤로 후퇴할 수 있는 것은 공인 또는 공적 인물에 대한 표현의 자유나 알 권리가 사인에 대한 경우보다 더욱 중대하기 때문이다.[126] 또한 피의사실 보도나 피의자의 실명 공개라는 동일한 문제에 대해서도 피의사실이 중대하고 공공의 이해와 관련되어 공중의 정당한 관심사가 된 경우에 피의자의 프라이버시가 한 걸음 뒤로 후퇴할 수 있는 것은 피의사실이 사회에

---

125) 대법원 1998. 9. 4. 선고 96다11327 판결. 다만 이 판결의 사안에서는 피고가 공개한 원고의 사생활에 관한 사항이 공중의 정당한 관심의 대상이 되는 사항이 아니라고 보았다.

126) 대법원 2013. 6. 27. 선고 2012다31628 판결에서는 언론매체가 유명 여배우와 결혼하였다가 이혼하였던 유명 재벌 그룹의 부회장의 재혼과 관련하여 상견례와 데이트 등을 잠복 촬영한 행위가 문제되었다. 대법원은 공중의 정당한 관심의 대상이 된 사생활 영역인지 여부에 따라 책임 판단을 달리 한 원심 판결을 유지하였다. 한편 대법원 2016. 5. 27. 선고 2015다33489 판결은 청소년 성범죄를 소재로 한 사회고발영화를 연출한 영화감독으로 일반의 관심을 끌었더라도 그의 가정 내부 문제를 다룬 언론매체 기사는 공적인 관심 사안이라기보다는 주로 원고 가정 내부의 사적 영역에 속하는 일을 다룬 것으로서 공익성을 갖추지 못하여 위법성이 있다고 판단한 원심 판결을 유지하였다.

미치는 영향이 커서 알 권리가 커지기 때문이다.[127] 주거지라고 하
는 사사적 영역에 대한 무단 촬영이 이루어진 사안에서 수사기관
이 범행이 행하여지거나 행하여진 직후 증거보전의 필요성 및 긴
급성 때문에 상당한 방법으로 촬영을 한 행위는 위법하지 않다고
본 판결[128]이나 간통 사건 피고인의 남편인 고소인이 피고인이 실
제상 거주를 종료한 주거에 침입하여 필수 증거를 수집한 사안에
서 그 증거를 목적물로 한 감정의뢰회보의 증거능력을 인정한 판
결,[129] 민사소송절차의 정당한 변론과정에서 이루어진 주장·증명
행위가 상대방의 프라이버시를 침해하더라도 위법성이 없다고 본
판결[130]도 이러한 사익 대 공익의 형량구도에서 이해할 수 있다.

　　둘째, 행위의 필요성과 상당성은 행위불법의 측면을 강조한 요
건이다. 이익형량을 통한 위법성 판단은 단지 보호이익과 반대이익
간의 평면적 비교로 끝나지 않는다. 반대이익이 크더라도 그 이익
을 관철시키기 위하여 덜 침익적(侵益的)인 수단을 선택할 수 있었
는데 그렇게 하지 않았거나, 그 이익을 관철시키는 행위의 방법이
상당하지 않았다면 이는 최종적인 형량과정에서 고려되어야 한다.
아울러 행위 방법의 상당성을 평가할 때에는 그 행위자의 주관적
의도나 그 행위의 전체적인 맥락도 고려하여야 한다. 대법원도 이
러한 행위불법의 측면을 고려하여 위법성을 판단한다. 가령 대법
원은 보험회사 직원들이 교통사고 후유증을 주장한 원고들을 8일
간 미행하거나 추적하여 사진을 촬영한 것은 필요성과 상당성의

---

127) 대법원 2009. 9. 10. 선고 2007다71 판결.
128) 대법원 1999. 9. 3. 선고 99도2317 판결.
129) 대법원 2010. 9. 9. 선고 2008도3990 판결. 한편 대법원 2013. 11. 28. 선고
　　 2010도12244 판결은 단지 형사소추에 필요한 증거라는 사정만을 들어 곧바로
　　 형사소송에서의 진실발견이라는 공익이 개인의 인격적 이익 등의 보호이익보다
　　 우월한 것으로 섣불리 단정하여서는 안 된다고 한다.
130) 대법원 2008. 2. 15. 선고 2006다26243 판결.

범위를 벗어났다고 판단하였다.[131] 또한 대법원은 사생활과 관련된 사항의 공개가 위법하지 않기 위한 요건 중 하나로 "그 표현내용·방법 등이 부당한 것이 아닐 것"을 제시하였다.[132] 결국 이익형량은 이익 그 자체에 대한 평가뿐만 아니라 이익을 관철시키는 행위에 대한 총체적인 평가를 수반하는 작업이다.

다만 이러한 이익형량의 틀도 여전히 추상적인 것이어서 과연어떤 경우에 프라이버시권 침해의 위법성이 종국적으로 인정될 것인지는 반드시 명확하지 않다. 이러한 불명확성은 이익형량의 속성, 아니 추상적 문언으로 표현될 수밖에 없는 법의 속성상 불가피한 것이다. 그러나 인접 권리인 명예권이나 개인정보 자기결정권과비교할 때 프라이버시권 침해 판단의 불명확성은 상대적으로 더욱크다. 명예권의 경우 형법 제310조에서 위법성 판단에 관한 틀을제공하고 이에 기초하여 판례와 학설을 통해 세부적인 법리가 전개되어 불명확성을 다소나마 감소시킨다. 개인정보 자기결정권의경우 개인정보 보호법에서 개인정보 처리를 원칙적으로 금지하면서 그 원칙에 대한 세세한 예외들을 구체적으로 규정하고 있어 그범위 내에서는 불명확성이 줄어든다. 프라이버시권에 대해서도 이러한 불명확성을 줄이기 위한 입법적 노력이 필요하다.

⑴ 입법적으로 선재(先在)하는 이익형량

실제로 어떤 경우에는 입법자가 전형적인 이익 충돌 상황을가정하고 미리 이익형량을 행한 뒤 그 이익형량 결과를 입법을 통해 확정적 법규범으로 제시하기도 한다. 예컨대 『성폭력범죄의 처벌 등에 관한 특례법』 제24조는 성폭력 피해자의 인적 사항과 사진 등을 다른 사람에게 누설하거나 방송 또는 정보통신망을 통하

---

131) 대법원 2006. 10. 13. 선고 2004다16280 판결.
132) 대법원 1996. 4. 12. 선고 94도3309 판결; 대법원 1998. 9. 4. 선고 96다11327 판결 등 참조.

여 공개할 수 없도록 규정하고 있다. 이는 성폭력 피해자의 프라이버시를 보호할 이익이 압도적으로 크기 때문에 어떠한 경우에도 이를 침해할 수 없도록 입법 차원에서 이익형량을 먼저 마친 것이다. 한편 대법원규칙인 『법정 방청 및 촬영 등에 관한 규칙』은 법정에서 재판장의 허가 없이 이루어지는 녹음, 녹화, 촬영, 중계방송 등의 행위를 금지한다(제3조 제1호). 재판장의 허가를 받고 촬영등 행위를 하는 경우에도 소년에 대하여는 당해 본인임을 알아볼 수 있을 정도로 촬영등 행위를 해서는 안 된다는 제한이 따른다(제5조 제1항 제5호). 이는 소년의 프라이버시를 보호할 이익이 공중의 알 권리 등 프라이버시의 반대편에 있는 이익보다 크다는 이익형량 결과를 법규범으로 제시한 것으로 이해될 수 있다.

이처럼 입법적으로 선재(先在)하는 이익형량 결과는 중시되어야 한다. 물론 입법을 통하여 제시된 법규범조차도 해석 가능성에서 자유롭지는 않다. 법규범을 구성하는 텍스트는 다의적인 경우가 많고 이때에는 궁극적으로 해석 주체가 일정한 재량을 가지고 그 텍스트의 의미를 확정하게 되기 때문이다. 해석 주체는 해석 과정에서 텍스트의 의미를 둘러싼 제반 이익들에 대한 고려를 행함으로써 숨겨진 이익형량을 하게 된다. 즉 입법자가 입법의 형태로 1차적 이익형량을 한 경우에도 사법부가 해석의 형태로 2차적 이익형량을 해야 하는 경우가 있다.

한편 입법적으로 이익형량이 이루어져 법 규정이 마련되었더라도 추가적이고 포괄적인 이익형량이 허용되는 경우가 있다. 대법원 2016. 8. 17. 선고 2014다235080 판결의 사안도 이러한 차원에서 접근해 볼 수 있다.[133] 이 사안에서는 학교 홈페이지나 교원명부 등을 통해 공개된 공립대 교수의 개인정보를 그의 동의 없

---

133) 이하 이 판결의 분석은 권영준, "2016년 민법 판례 동향", 민사법학 제78호 (2017. 2), 509-512면을 간략하게 요약한 것이다.

이 영리 목적으로 이용한 법률 데이터베이스 회사의 불법행위 책임이 문제되었다. 피고의 행위는 개인정보 보호법 시행 전후에 걸쳐 있었는데, 개인정보 보호법은 정보주체의 사전적이고 명시적이며 개별적인 동의를 위법성 조각사유로 열거하고 있었다. 대법원은 이미 정보주체의 의사에 따라 공개된 개인정보는 공개 당시 정보주체가 그 수집 및 제공 등에 대하여 일정한 범위 내에서 동의를 한 것으로 볼 수 있다고 보아 피고의 책임을 부정하였다. 이는 묵시적 동의의 개념을 통해 프라이버시와 동떨어진 공개된 개인정보의 이용을 자유롭게 하려는 시도로서, 지나치게 경직되어 있는 우리나라 개인정보 보호법에 숨 쉴 공간을 마련하는 해석론이다.

　　그런데 묵시적 동의 개념을 동원하지 않고 개인정보 보호법 제20조 제1항의 해석을 통하여 같은 결론에 이를 수도 있었을 것이다. 개인정보 보호법 제20조 제1항은 "개인정보처리자가 정보주체 이외로부터 수집한 개인정보를 처리하는 때에는 정보주체의 요구가 있으면", "개인정보의 수집 출처"와 "개인정보의 처리 목적" 및 "개인정보 처리의 정지를 요구할 권리가 있다는 사실"을 정보주체에게 알리도록 규정하고 있다. 이러한 고지 의무 규정을 반대해석하면 개인정보처리자가 정보주체 이외로부터 개인정보를 수집하는 때에는 사전에 정보주체로부터 명시적 동의를 얻도록 요구되지는 않고 사후에 정보주체에게 고지하여 그의 뜻을 따르면 충분하다고 볼 수 있다. 공개된 정보의 수집은 "정보주체 이외의 자로부터 수집"하는 경우에 해당하므로 이러한 해석을 끝까지 밀고 나가 위와 같은 결론에 도달할 수 있었을 것이다.

　　대법원은 이러한 해석론을 취하는 대신 정보 주체가 개인정보의 수집 및 제공 등에 묵시적으로 동의하였다고 하여 피고의 책임을 부정하였으나 묵시적 동의는 개인정보 보호법에서 정하는 동의의 형태가 아니다.134) 그러므로 원고가 개인정보 이용에 묵시적으로 동의하였더라도 여전히 개인정보 보호법 위반의 문제가 남는다. 보다 근본적으로는 이 사건에서 원고가 개인정보의 영리적 이용에 대해서까지 묵시적으로 동의하였는지는 의문스럽다. 오히려 여러 정황에 비추어 보면 원고는 개인정보의 영리적 이용에 반대하였을 가능성이 크다. 다른 한편, 공개된 개인정보의 이용을 금한다는 명시적인－그러나 결코 합리적이지 않은－정보주체의 의사표시가 있다는 이유만으로 그 이용이 곧바로 금지되는 것인지도 의문이다. 그러므로 이 사건에서는 개인정보 이용의 위법성 판단을 정보 주체의 주관적 의사에 의존하기보다는 개인정보 보호법 시행 전처럼 객관적 이익형량에 맡기는 쪽이 더 자연스럽다. 개인정보 보호법 상 동의 제도가 종전에 적용되던 이익형량의 틀을 완전히 축출하였다고 볼 것은 아니기 때문이다. 그렇다면 앞서 살펴 본 개인정보 보호법 제20조 제1항의 해석론과 별도로 이익형량론을 통하여서도 이 판결과 같은 결론에 이를 수 있었을 것이다. 근본적으로 이는 정보의 유통과 통제에 대해 유연한 균형 설정 가능성을 충분히 수용하지 못한 개인정보 보호법을 입법적으로 개선하여 해결할 문제이다.135)

---

134) 이 점에서 동의가 명시적인지 묵시적인지를 묻지 않는 일반적인 인격권 침해의 경우와 다르다.

135) 참고로 독일 연방정보보호법(Bundesdatenschutzgesetz) 제28조 제1항 제3호나 유럽연합(EU)의 일반정보보호규칙(GDPR)(2016/679) 제9조 (e) (f)는 개인정보 처리를 둘러싼 복잡한 이익형량 필요성을 입법으로 신축성 있게 수용한 예들이다. 우리나라 개인정보 보호법 제15조 제1항 제6호는 "개인정보처리자의 정당한 이익을 달성하기 위하여 필요한 경우로서 명백하게 정보주체의 권리보다 우선하는 경우" 정보주체의 동의 없이도 개인정보를 수집·이용할 수 있다고 하여 이러한 이익형량의 길을 열어놓았으나, 개인정보처리자의 정당한 이익 외에도 공익 등 다른 형량 요소들까지 망라하여 더욱 유연하고 포괄적으로 이익형량을 할 수 있도록 허용하는 쪽이 바람직하다. 일반적 이익형량 규정의 필요성에 대해서는 최경진, "개인정보보호 관련법의 해석에 있어서 이익형량론

㈔ 이익형량 기준의 상대성

　이익형량은 경합하는 개별 이익의 무게를 재는 작업이다. 그런데 개별 이익의 무게는 나라마다 다르게 나타난다. 이익형량의 저울은 문화와 역사와 법의식의 영향을 받기 때문이다. 프라이버시권을 둘러싼 이익형량도 마찬가지이다. 프라이버시에 대한 보호는 국가와 문화를 불문하고 널리 이루어져 왔다. 그러한 점에서 프라이버시는 보편적 문제이다. 그러나 어떤 상황에서 어느 정도 프라이버시를 보호할 것인가는 국가와 문화에 따라 달라진다. 그러한 점에서 프라이버시는 상황 의존적인 문제이다.[136]

　일반적으로 유럽의 대륙법계 국가들은 미국보다 프라이버시 보호에 더 무게를 두는 경향을 보인다.[137] 인간의 존엄성에 관한 뚜렷한 법적 관념이나 인격권에 관한 법리 체계, 표현의 자유에 대한 문화적 차이 등의 영향을 받은 것이다. 그러나 미국의 프라이버시 개념이 유럽 국가들의 그것보다 더 넓은 외연을 가지고 있다는 면에 주목하면, 미국은 프라이버시를 더욱 광범위하고 비중 있게 활용한다고도 볼 수 있다. 예를 들어 낙태나 동성애를 허용할 것인가와 같이 넓은 의미의 자기결정권 문제도 미국에서는 프라이버시 문제로 환원하여 이야기한다.[138] 개인이 사적으로 누려야 할 자유의 문제를 프라이버시의 범주에 포함시키는 것이다. 이처럼 프라이버시 개념은 정교한 인격권 개념을 갖추지 못한 미국에서 탄력적으로 운용되어 왔다.

과 일반적 이익형량 규정의 필요성에 관한 고찰", 사법 40호(2017. 6), 117-118면 참조.

136) 한 외국 문헌의 다음 표현은 프라이버시의 이중성을 잘 집약하고 있다. "프라이버시: 인류학적으로 보편적이나 문화사적으로는 의존적임(Privatheit: Anthropologisch universell, aber kulturhistorisch kontingent)", Keckeis(주 105), S. 25.

137) Whitman(주 41), pp. 1155-1156.

138) Whitman(주 41), p. 1158.

　　중국은 한편으로는 예(禮)와 체면을 중시하는 유교 문화139) 때문에 프라이버시 보호를 중시하지만, 다른 한편으로는 공개적으로 창피함을 주어 사회적 제재를 가하는 문화 때문에 프라이버시권이 경시되는 문화적 이중성을 보인다.140) 이러한 문화적 이중성은 우리나라에서도 발견된다. 예(禮)와 체면을 중시하는 유교 문화의 잔향은 프라이버시 보호의 당위성을 높이는 데 일조하나, 다른 사람들의 사적 정보에 대해 과도하게 엿보고 평하는 한편 가까운 사람들과 자신의 사적 정보를 거리낌 없이 공유하는 분위기는 사적 영역에 개방적인 태도를 보여준다. 이러한 태도는 인터넷이나 언론, 인사청문회 등에서 특정인, 더 나아가 그 가족들을 둘러싸고 횡행하는 이른바 신상털기 문화에서도 나타난다. 하지만 프라이버시와 광범위한 교집합을 구축하고 있는 개인정보에 관하여는 세계적으로도 손꼽히는 강력한 보호 법제를 갖추고 있어 문화와 제도 사이의 간극을 보여주기도 한다. 요컨대 우리나라는 프라이버시에 대한 의식이나 문화가 다소 혼란스러운 상태이며, 프라이버시 침해 행위의 위법성 판단에 반영할 만한 뚜렷한 경향성을 발견하기는 쉽지 않은 상황이다.

　　그러나 프라이버시와 이를 둘러싼 제반 이익에 대하여 그 나라의 국민들이 합리적으로 기대하는 수준을 모색하는 작업은 중요

---

139) 유가(儒家)의 경전 중 하나인 예기(禮記) 곡례(曲禮)편에서는 "남을 만나서 숙소를 마련해줄 수 없으면 그가 어디에서 머무르는지를 묻지 말아야 한다. 물건을 남에게 내려줄 때에는 와서 가져가라고 말하지 말아야 한다. 남에게 무엇을 줄 때는 그가 그것으로 무엇을 하려고 하는지를 묻지 않는다"라는 구절이 있는데, 이는 예(禮)라는 맥락에서 이루어지는 프라이버시 보호이다. 엄연석, "인권 및 프라이버시와 유가철학의 규범체계로서 禮 사이의 통약가능성 문제", 동양철학 제35집(2011), 25면.

140) Tiffany Li & Zhou Zhou, *Chiniese Privacy Law: A Practitioner's Guide to Current Regulations, Future Trends & Busniess Applications*, International Association of Privacy Professionals Privacy Advisor (2015), 8-9면(https://papers.ssrn.com/sol3/Papers.cfm?abstract_id=2704131).

한 의미를 가진다. 이익형량은 결국 그 사회에서 합리적으로 기대
되는 프라이버시 보호 범위가 어디까지인가를 확정하기 위한 도구
적 작업이다. 앞서 살펴 본 영역론도 궁극적으로는 합리적 기대 수
준을 찾기 위한 도구이다. 그런데 이러한 작업을 법관에게 완전히
일임하기보다 실증적으로 모색할 수는 없는 것일까? 이와 관련하
여 미국에는 최근 흥미로운 연구결과가 있었다.[141] 미국 연방헌법
수정 제4조는 국민들을 비합리적인 압수 수색으로부터 보호한다.
이 조항의 목적 중 하나는 국민들의 프라이버시를 보호하기 위한
것이다. 프라이버시 보호 정도는 프라이버시에 대한 통상인의 합
리적 기대에 따라 결정된다. 이러한 합리적 기대는 궁극적으로 법
관의 판단을 통하여 표출된다. 그런데 이 연구에서는 1,200명을 상
대로 18가지 수사관행과 프라이버시의 기대에 대한 설문조사를 하
였다. 그 결과 법관들이 생각하는 합리적 기대 수준과 일반인들이
생각하는 합리적 기대 수준에 의미 있는 차이가 있음이 밝혀졌다.
이 연구는 법관이 합리적 기대 수준을 결정할 때 사회과학적 증거
들을 고려할 필요가 있다는 점을 제시한다. 이는 특정한 문화와 사
회 속에서 형성되는 프라이버시에 대한 합리적 기대는 문헌의 홍
수나 법관의 머리에서만 찾을 것이 아니라 지속적인 실증조사를
통하여 모색해야 한다는 시사점을 제공한다.

(2) 동　　의

지금까지 살펴 본 영역론과 이익형량론을 통해 인정되는 프라
이버시 침해의 위법성은 다른 사유에 기해 뒤집어질 수 있다. 그

---

141) Chao, Bernard and Durso, Catherine S. and Farrell, Ian P. and Robertson,
Christopher T., "Why Courts Fail to Protect Privacy: Race, Age, Bias, and
Technology" (February 23, 2017). *California Law Review* (Forthcoming); U
Denver Legal Studies Research Paper No. 17-03; Arizona Legal Studies
Discussion Paper No. 17-02. Available at SSRN: https://ssrn.com/abstract=
2924744.

대표적 위법성 조각사유가 바로 피해자의 승낙 또는 동의이다. 그런데 프라이버시의 상당 영역을 포괄하는 개인정보 보호 법제가 동의를 개인정보 자기결정권 실현의 핵심 장치로 채택하면서 오늘날 정보주체의 동의는 프라이버시 침해의 적법과 위법의 경계를 가르는 중요한 분수령이 되고 있다.

현대적 형태의 프라이버시 침해는 타인의 주거에 침입하거나 타인의 비밀을 파헤치는 비일상적인 행위보다는 인터넷 쇼핑을 하고 휴대전화로 소통하며 생체정보로 회사에 출입하는 일상적인 삶의 과정에서 이루어지는 경우가 많다. 정보의 대량 축적과 분석을 통해 나보다 남이 나를 더 잘 파악하는 시대가 온 것이다.[142] 나 자신도 충분히 의식하지 못하는 나의 모습이 타인에 의해 파악되고 나아가 데이터 형태로 유통되기도 한다. 빅데이터라는 이름으로 특정 집단의 특성을 파악하여 그 집단을 차별적으로 취급하는 숨은 근거가 되기도 한다.[143] 그런데 이처럼 일견 정보주체의 이익에 반하는 것으로 보이는 정보 처리행위들을 정당화해 주는 제도가 바로 개인정보 보호법제의 동의 제도이다. 이는 정보 수집 주체의 입장에서 보면 정보 이용에 앞서 넘어야 할 벽이기도 하지만, 동의 이후 일어날 이용에 대한 면책 도구이기도 하다.

동의의 비중이 무거워질수록 형량의 비중은 줄어든다. 동의를 정보 이용의 원칙적인 모습으로 설정하고 동의가 있었는지 여부에 따라 그 정보 이용의 위법성을 판단하게 되면, 이익형량에 기초한 위법성 판단이 설 자리는 줄어든다. 한편 동의에 관한 판단은 비교적 단순하다. 정보주체가 동의를 하였는지, 혹은 하지 않았는지만 가려내면 되기 때문이다. 그러나 이익형량에 관한 판단은 상대적으

---

142) Nissenbaum(주 118), 36.
143) Linnet Taylor et al (ed.), *Group Privacy: New Challenges of Data Technologies*, Springers (2017), p. 2.

로 복잡하다. 정보 이용을 두고 서로 충돌하는 정보주체의 이익과
정보 이용 주체의 이익을 가려내고, 두 이익 가운데 어느 이익이
더 강하게 보호되어야 하는지 판단하며, 정보주체와 정보 이용 주
체가 놓인 특정한 상황과 맥락에 비추어 그러한 판단이 타당한지
고찰하여야 하기 때문이다. 그러므로 동의의 비중이 무거워질수록
강고하고 경직된 규율의 비중이 늘어나고, 유연하고 세밀한 규율의
비중이 줄어든다. 동의와 형량의 비중은 영역에 따라 달리 설정될
필요도 있다. 가령 내밀영역이나 비밀영역과 같이 프라이버시권 보
호의 필요성이 압도적이어서 다른 이익과의 형량 필요성이 가벼워
지는 영역에서는 동의의 비중이 무거워져야 마땅하다.

   그런데 이처럼 현대적 프라이버시를 좌우하는 동의 제도에는
두 가지 한계가 있다.

   첫 번째 한계는 이처럼 엄청난 위력을 가지는 동의가 사실은
형식적으로 이루어지고 있다는 점이다.[144] 동의의 법적 의미가 커
지면서 동의에 선행하여 읽고 숙지해야 할 정보의 양도 늘어나고
있다. 이는 충분히 알고 하는 동의(informed consent)의 가능성을 높
이기 위한 것이다. 그러나 역설적으로 정보 양이 늘어날수록 그 정
보를 읽거나 숙지할 가능성은 낮아진다. 제공되는 정보량의 증가
는 프라이버시를 둘러싼 불명확한 법률관계의 불명확성을 의미 있
게 감소시키지 못한다. 설령 그 정보를 찬찬히 읽고 숙지하는 데에
성공하더라도 그 결과 정보주체가 동의 여부에 대한 판단을 바꿀
가능성도 낮다. 이러한 상황에서 정보주체의 입장에서는 시간을
들이지 않고 형식적으로 동의하는 것이 가장 합리적인 선택이 된

---

144) 정남철, "개인정보보호법제의 법적 문제점 및 개선과제-특히 개정 개인정보보
    호법에 대한 비판을 겸하여-", 법조 통권 제700호(2015), 154면; 권영준, "개인
    정보 자기결정권과 동의 제도에 대한 고찰", 法學論叢 第36卷 第1號(전남대학
    교 법학연구소, 2016. 3), 703-708면 참조.

다. 충분한 정보를 제공해야 더 확실하고 강력한 동의가 이루어지는데, 더 충분한 정보를 제공하도록 규제할수록 오히려 동의가 형식화되는 모순적인 현상이 발생하는 것이다. 동의가 형식적으로 이루어지면 동의를 통한 프라이버시 침해의 면책 토대는 취약해진다.

두 번째 한계는 동의 제도를 관철시키는 것이 비현실적이거나 비효율적인 영역이 늘어나고 있다는 점이다. 사물인터넷 시대 또는 초연결 사회에서는 정보가 실시간으로 수집, 이용되고 이를 기반으로 일상생활이 이루어진다. 이러한 환경에서는 개인정보 보호법제가 요구하는 사전적, 개별적, 명시적 동의를 얻도록 요구하는 것은 거의 불가능하다. 이는 개인정보 보호법제의 연장선상에 있는 위치정보 보호법제에서도 마찬가지이다. 가령 자율주행자동차의 운행을 위해서는 자동차와 자동차, 자동차와 도로 사이의 실시간 정보수집과 공유가 필수적이다. 그런데 『위치정보의 보호 및 이용 등에 관한 법률』 제15조 제1항은 누구든지 개인 또는 소유자의 동의를 얻지 아니하고 당해 개인 또는 이동성이 있는 물건의 위치정보를 수집·이용·제공해서는 안 된다고 규정한다. 그러나 위치정보를 수집·이용·제공할 때마다 일일이 자동차에 탑승한 개인 또는 자동차 소유자의 동의를 얻어야 한다면 자율주행자동차의 정상적 운행은 거의 불가능할 것이다.

이러한 한계는 프라이버시 내지 개인정보 보호체계를 떠받치는 동의의 현대적 역할에 대한 고민을 요구한다. 앞서 언급한 문제들을 극복하기 위해서는 ① 프라이버시 침해에 대한 동의에 앞서 동의 주체가 충분한 정보의 토대 위에서 동의의 의사표시를 할 수 있도록 정보제공을 단순화·실질화하는 방법, ② 동의의 형식화를 어느 정도 불가피한 현상으로 솔직히 받아들이고 동의의 의사표시가 추정되는 영역에서는 옵트 아웃(opt-out) 제도를 도입하되 동의

철회권 등 사후적 통제권을 강화하는 한편 프라이버시 규제로 보호의 공백을 메워나가는 방법 등을 생각할 수 있다.

Ⅴ. 프라이버시 보호의 방법

1. 개　　관

프라이버시 보호의 정당성이 인정되고 그 보호 범위가 확정된 뒤에도 이를 어떻게 보호할 것인가의 문제가 남는다. 아래에서는 프라이버시 보호의 방법을 법적인 보호와 기술적인 보호로 나누어 설명한다. 법적인 보호는 전통적이고도 궁극적인 프라이버시 보호의 모습이다. 그런데 프라이버시는 기술의 발전과 여러 측면에서 조우하여 왔다. 정보에 관한 한 아찔한 속도로 기술이 급변하는 현대 사회에서 프라이버시의 의미와 취급 방법을 재조명할 필요가 있다. 이는 특히 보호 방법론의 핵심 과제이다. 이 점에서 프라이버시의 기술적 보호가 특히 중요한 의미를 가지게 된다. 향후 프라이버시 보호 방법에 관한 법학적 논의는 이러한 기술적 보호가 가지는 법적 함의를 발견하고 이를 적절하게 지원하거나 통제하는 방향으로 전개되어야 할 것이다.

2. 법적 보호

프라이버시에 대한 법적 보호는 규제법과 책임법에 의한 보호로 나누어지고, 책임법에 의한 보호는 형사법적 보호와 민사법적 보호로 나누어진다. 이 글에서는 민사법적 보호에 대해서만 간단하게 언급한다.

(1) 금지에 의한 보호

프라이버시권은 인격권의 일종이므로 프라이버시권에 대한 민사법적 보호는 인격권에 대한 민사법적 보호의 내용과 일치한다. 우리 민법에는 인격권 침해에 대한 금지청구권을 규율하는 명문 규정은 없지만, 판례는 인격권의 절대권적 성격에 착안하여 인격권 침해행위를 금지하거나 예방할 수 있음을 인정하고 있다.[145] 이러한 권리는 본안절차에서 행사하거나 이를 피보전권리로 삼아 보전절차에서 행사할 수 있다. 『언론중재 및 피해구제 등에 관한 법률』 제14조, 제15조의 정정보도 청구권이나 개인정보 보호법 제36조의 개인정보 정정·삭제 요구권, 제37조의 개인정보 처리정지 등 요구권도 넓게 보면 인격권에 기한 금지청구권의 속성을 가진다.[146] 프라이버시권 침해에도 동일한 법리가 적용된다. 다만 이러한 금지청구가 표현의 자유와 충돌함으로써 표현행위의 사전 억제의 문제가 발생할 때에는 금지청구의 허용 여부를 신중하게 판단하여야 한다.[147]

(2) 손해배상에 의한 보호

프라이버시권 침해로 인하여 발생한 손해에 대해서는 손해배상청구권을 행사할 수 있다. 이때 손해배상의 대상인 손해에는 재산적 손해도 포함될 수 있으나 정신적 손해가 문제되는 경우가 대부분이다. 따라서 프라이버시권 침해로 인한 손해배상청구 사건에서는 원고에게 정신적 고통이 발생하였는지, 그 정신적 고통에 대한 손해액을 어떻게 산정할 것인지가 쟁점이 된다. 과연 어느 정도의 정신적 고통이 수반되어야 비로소 그 고통이 개인적으로 감수해야만 하는 불쾌감을 넘어서서 법적인 손해가 되는지의 경계선이

---

145) 대법원 1996. 4. 12. 선고 93다40614, 40621 판결.
146) EU에서 인정되는 이른바 잊힐 권리(right to be forgotten)는 새로운 제도 도입의 문제로 논의되지만, 기존 민법 법리, 즉 금지청구권의 차원에서 논의해볼 수도 있을 것이다.
147) 梁彰洙(주 1), 526면.

명확하지 않기 때문이다.

대법원 2012. 12. 26. 선고 2011다59834, 59858, 59841 판결은 개인정보 유출로 인하여 정보주체에게 위자료로 배상할 만한 정신적 손해가 발생하였는지 여부를 다루었다. 이 판결에서는 개인정보 유출 사실을 인정하면서도 그 유출 범위가 공범과 언론관계자 등에 국한되었다는 점에 주목하여 정보주체들에게 위자료로 배상할 만한 정신적 손해가 발생하지는 않았다고 보았다. 일단 개인정보가 정보주체의 동의 없이 유출되었다면 개인정보 자기결정권은 침해된 것이다. 그러나 대법원은 이러한 인격권 침해에도 불구하고 정신적 손해는 발생하지 않았다고 판단함으로써 양자가 개념적으로 구별된다는 점을 명확히 하였다.

대법원 2012. 4. 26. 선고 2011다53164 판결은 국가가 북한이탈주민의 사적 정보를 공개함으로써 북한이탈주민들에게 위자료로 배상할 만한 정신적 손해가 발생하였는지 여부를 다루었다. 북한이탈주민들은 탈북 후 조사과정에서 신원비공개 요청을 하였는데도 강원지방경찰청이 언론에 이들의 인적 사항과 탈북경로, 인원 구성, 탈북 수단, 북한 내 지위 등 관련 자료를 제공하여 보도되도록 하였다. 이들은 자신들의 신원이 밝혀지고 북한에 있는 가족들이 피해를 볼 수 있다는 죄책감에 시달리다 그 중 일부는 미국으로 망명하기도 하였다. 대법원은 정보공개를 통해 얻는 공익을 감안하더라도 보호해야 할 북한이탈주민들의 이익이 무겁다고 보아 국가의 위자료 지급책임을 인정하였다. 또한 실제 북한 가족들에게 피해가 발생하였는지 등에 대한 증명이 없더라도 그 발생 가능성을 위자료 참작사유로 삼을 수 있다고 판시하였다. 이처럼 프라이버시권 침해로 인하여 위자료로 배상해야 할 정신적 손해가 발생하였는지는 사안별로 판단하는 수밖에 없다.

(3) 계약을 통한 보호

프라이버시권은 계약을 수단으로 하여 보호될 수도 있다. 실제로 수많은 약관이 개인정보 혹은 프라이버시 보호에 관한 규정을 두고 있고, 사업자와 고객이 이에 합의함으로써 개인정보 혹은 프라이버시 보호가 계약의 내용으로 편입된다. 그에 따라 프라이버시 보호에 관한 많은 쟁점들은 실제로는 약관으로 규율되고 있다. 개인정보 처리에 관한 동의와 마찬가지로, 약관에 관한 편입합의는 프라이버시 침해를 면책시키는 중요한 수단으로 활용되고 있다. 문제는 고객이 약관의 각 조항에 대하여 사업자와 일일이 교섭하는 것이 실제로 거의 불가능하다는 점이다. 즉 고객에게는 사업자가 일방적으로 작성하고 제시하는 약관의 내용을 받아들이거나, 계약 체결 자체를 거부하는 것 외에 다른 선택지가 주어지지 않는다.[148] 더구나 약관은 개인정보에 관한 동의와 마찬가지로 그 내용을 제대로 읽지 않은 채 형식적으로 체결되는 경우가 많다. 약관의 분량을 늘리거나 사업자가 명시·설명의무를 이행한다고 하여 고객의 이해도가 의미 있게 높아지는 것도 아니다.[149] 이 점에서 약관은 불공정성의 위협에 노출되어 있다. 그러므로 약관에 의한 프라이버시 보호 문제에는 『약관의 규제에 관한 법률』이 적용된다. 요컨대 프라이버시 보호는 계약의 한 형태인 약관에 의하여 이루어질 수 있지만, 약관의 속성상 후견적 관여가 요구된다.

(4) 소유권에 기한 보호

소유권과 같은 다른 권리에 기하여 프라이버시권을 보호할 수도 있다. 가령 개인이 소유하는 주거지에 침입하거나 주거지를 무

---

148) 양창수·김재형, 민법 Ⅰ: 계약법(박영사, 2015), 151-152면.

149) Omri Ben-Shahar, "The Myth of Opportunity to Read", *European Review of Consumer Law* (2009), pp. 22-26.

단 점유하는 행위는 이론적으로 소유권에 기한 방해배제청구 또는 소유물반환청구의 대상이지만, 개인은 동시에 이러한 권리를 통해 자신의 프라이버시를 보호할 수도 있다. 주거지에 관한 소유권은 없으나 점유권이 있는 경우에도 점유보호청구권을 통하여 프라이버시를 보호할 수 있다. 또한 이웃에 높은 건물을 짓는 것이 일조방해 등의 형태로 자기 건물의 소유권을 방해한다고 하여 그 건축금지를 구하는 경우에도 그 건물에서 자기 건물 안을 들여다보아 침해될 수 있는 프라이버시를 간접적으로나마 보호할 수 있다.

또한 자신의 토지 상공에 드론(drone)이 날아다니며 정보를 수집하는 경우에는 토지 소유권에 기하여 드론의 비행을 막을 수 있다. 민법 제212조는 토지의 소유권이 "정당한 이익 있는 범위 내"에서 토지의 상하에 미친다고 규정한다.[150] 민법 제212조가 규정하는 "정당한 이익"의 존부는 사전에 획일적으로 결정되는 것이 아니라 토지 소유자와 그가 속한 공동체의 관계, 해당 토지와 주변 토지의 관계를 고려하여 거래관념에 따라 유연하게 결정된다.[151] 일반적으로 항공기가 상공을 통과하는 고도에는 토지 소유권이 미치지 않는다. 하지만 드론은 항공기보다 낮은 고도에서 비행하므로 토지 소유권이 미치는 정당한 이익의 범위 내에 있다고 볼 여지가 있다. 요컨대 토지 소유자는 소유권의 정당한 이익이 미치는 상공에 대해서 모든 형태의 소유권 방해행위를 배제할 수 있고, 이를 통하여 드론에 의한 프라이버시 침해를 금지하거나 예방할 수 있다.

---

150) 이처럼 이익(Interesse)에 따라 토지 소유권의 수직적 범위를 규율하는 규정은 독일 민법 제905조, 스위스 민법 제667조에도 존재한다.

151) 編輯代表 金龍潭, 註釋 民法 物權(1), 第4版(한국사법행정학회, 2011), 495면(尹喆洪 집필부분); 池元林, 民法講義, 第14版(홍문사, 2015), 542면; 권영호·김상명, "입체적 공간을 이용한 토지소유권의 범위", 토지공법연구 제12집(2001), 374면; 대법원 2016. 11. 10. 선고 2013다71098 판결.

소유권은 일반적으로 인격권과 달리 세밀한 이익형량을 요구하지 않는다. 따라서 소유권에 기대면 더 광범위하게 프라이버시 침해의 소지가 있는 행위를 금지하고, 더 선제적으로 프라이버시 침해를 방지할 수 있다. 그러나 이처럼 소유권에 기대는 방법으로 우회하여 프라이버시권을 보호하는 것이 적절한지는 논의해 보아야 한다. 이는 자칫 소유권을 지나치게 확장하고 소유권의 강고함에 기대어 프라이버시의 반대편에 있는 이익을 배려하지 않는 결과가 될 수 있기 때문이다. 토지 소유권에 기대어 행하는 금지청구에 대해 참을 한도 이론을 도입하여 위법성을 엄격하게 심사한 대법원 2016. 11. 10. 선고 2013다71098 판결은 이 점에서 중요한 시사점을 제공해 준다.[152]

3. 기술적 보호

프라이버시 침해 행위는 중대한 문제이기는 하지만, 토지 소유권을 부당하게 빼앗기거나 교통사고로 신체 장해가 발생하는 경우처럼 피해자가 응당 소송까지 각오할 정도의 문제에는 이르지 못하는 경우가 많다. 따라서 법적으로 손해배상청구를 할 수 있다거나 금지청구를 할 수 있다는 등의 이론적인 이야기는 현실 속에서 큰 의미를 가지지 못하는 경우가 많다. 또한 이러한 형태의 법적 보호, 특히 사후적 구제에 의한 보호만으로는 프라이버시의 실효성 있는 보호에 한계가 있다. 가령 프라이버시에 속하는 사실이 공표된 경우와 같이, 일단 프라이버시가 침해되고 난 뒤에는 그 침해행위의 결과를 되돌리는 것이 거의 불가능하기 때문이다. 프라이버시의 기술적 보호에 눈을 돌려야 하는 이유이다.

프라이버시의 흥망성쇠는 기술과 밀접한 관련을 가진다. Warren

---

152) 필자는 이 판결에 관하여 다음 논문에서 좀 더 상세하게 다루었다. 권영준(주 135), 472-477면.

과 Brandeis의 1890년 논문 "The Right to Privacy"[153]도 당시 사진 기술 발달로 인한 사생활 침해에 대한 문제의식에서 비롯된 것이었고, 이러한 기술과 프라이버시의 동거는 지금도 계속되고 있다. 프라이버시는 기술 발전으로 쉽게 침해되고, 기술 발전과 더불어 중요해지며, 기술로 더욱 잘 보호될 수 있다. 기술이 사회의 변화를 결정한다는 기술결정론에 동조하지 않더라도, 기술적 코드가 규범적 코드를 압도하고 기술에 의한 자력구제가 법에 의한 구제보다 효율적으로 작동하는 현실을 외면할 수 없다. 고도의 과학기술이 사회의 제도와 구조, 권력관계를 근본적으로 해체·변화시켜 나가는 오늘날의 사회 현실에서는 기술과 규범의 상호의존성(inter-dependency)과 공동진화성(co-evolution)을 도외시한 고답적인 법 논의만으로는 프라이버시 문제를 제대로 해결하기 어렵다. 기술적 코드와 그 결합으로 구성된 구조(architecture)에 관심을 기울이고, 여기에 사회적·규범적 의미를 부여하며, 이를 규범의 장(場)에 연결시켜야 한다.[154] 이는 비단 프라이버시뿐만 아니라 거의 모든 법적 문제에 공통적으로 적용되는 요청이다. 이러한 주제는 그 자체로 깊은 연구 대상이 되어야 마땅하지만, 필자는 이 주제에 대해 아직 기초적인 이해만 갖추고 있을 뿐이므로 몇 가지 단편적인 사항만 언급하고자 한다.

(1) 프라이버시 중심 설계

첫 번째는 프라이버시 중심 설계(privacy by design)이다. 이는 캐나다의 앤 카부키안(Ann Cavoukian) 박사가 1990년대에 제안한 개념이다.[155] 제품이나 시스템을 설계하거나 운영하는 모든 국면

---

153) Warren & Brandeis(주 31), p. 195.
154) 이러한 기술적 보호는 장차 법적 규제와 결합하여 법적 보호의 하나로 편입될 가능성도 얼마든지 열려 있는 것이다.
155) Ann Cavoukian, Privacy by Design – The 7 Foundational Principles – (Revised:

에서 프라이버시 지향적 고려를 하자는 취지이다. 설계 단계에서
부터 기술적으로 프라이버시라는 가치를 제품이나 시스템에 내장
함으로써 프라이버시 침해를 사전에 방지하고 법적 분쟁을 줄일
수 있다. 가령 사물인터넷 기기가 정보를 수집하는 단계에서 프라
이버시에 해당하는 정보는 가급적 수집하지 않도록 설계하거나 소
프트웨어의 초기 설정값을 프라이버시가 적정하게 보호되는 방향
으로 설계하는 것이 그 예이다. 카부키안 박사는 이 개념으로부터
① 사전적·예방적 프라이버시, ② 기본 설정(default setting)으로서
의 프라이버시, ③ 설계에 내장된 프라이버시, ④ 포지티브섬
(positive sum) 사고에 기초한 프라이버시, ⑤ 정보의 전생애적(全生
涯的) 보호(full lifecycle protection)로서의 프라이버시, ⑥ 가시성과
투명성을 추구하는 프라이버시, ⑦ 이용자 중심적 프라이버시의 일
곱 가지 원리가 도출된다고 한다.[156] 이 개념은 미국의 FTC(Federal
Trade Commission)에 의해서도 받아들여졌다.[157] EU의 일반정보보
호규칙(GDPR)[158] 제25조도 "설계 및 초기 설정에 의한 데이터 보호

2011), https://www.ipc.on.ca/wp-content/uploads/Resources/7foundationalprin
ciples.pdf (2017. 7. 10. 최종 방문).

156) Ann Cavoukian, Privacy by Design－The 7 Foundational Principles－(Revised:
2011), https://www.ipc.on.ca/wp-content/uploads/Resources/7foundationalprin
ciples.pdf (2017. 7. 10. 최종 방문).

157) FTC Report, Protecting Consumer Privacy in an Era of Rapid Change (2010),
available at https://www.ftc.gov/sites/default/files/documents/reports/federal-trade-
commission-report-protecting-consumer-privacy-era-rapid-change-recommendatio
ns/120326privacyreport.pdf (2017. 7. 10. 최종 방문)에서는 프라이버시 중심 설
계(privacy by design), 단순화된 소비자 선택(simplified consumer choice), 투명
성(transparency)을 프라이버시 보호의 세 가지 원리로 제시한다.

158) 정식 명칭은 Regulation (EU) 2016/679 of the European Parliament and of the
Council of 27 April 2016 on the protection of natural persons with regard to
the processing personal data and on the free movement of such data, and
repealing Directive 95/46/EC이고, General Data Protection Regulation으로 약칭
된다.

(Data protection by design and by default)"라는 표제 아래 이러한 이념을 반영하였다.

프라이버시 중심 설계 개념에는, 기술의 지배력을 인정하는 토대 위에서 기술 그 자체에 규범적 고려가 침투하여야 비로소 프라이버시가 더욱 온전하게 보호될 수 있다는 생각이 깔려 있다. 하지만 기술에 규범적 고려를 투영하는 과정이 왜곡되면 기술의 지배력과 결합하여 더욱 심각한 결과가 발생할 우려도 있다. 이러한 투영 과정은 공적인 장이 아니라 사적인 장에서 기업 또는 엔지니어에 의하여 운영되기 때문이다. 이 점에서 프라이버시 설계 과정이 더욱 민주적이고 참여적으로 운영되어야 할 필요성이 제기된다.[159]

(2) 프라이버시 증강 기술

두 번째는 프라이버시 증강 기술(privacy enhancing technology, PET로 약칭하는 경우가 많음)이다. 프라이버시 증강 기술은 프라이버시 보호에 특화된 기술을 의미한다. 예컨대 원하지 않는 개인정보의 유출을 탐지하여 방어한다거나, 중요한 개인정보를 익명화한다거나, 익명성이 강화된 가상 ID를 창출한다거나, 서비스 제공자가 약관에 따라 프라이버시를 제대로 보호하는지 자동적으로 감시하는 등 전반적으로 이용자가 자신의 정보를 효율적으로 통제할 수 있도록 돕는 기술이다. 이는 프라이버시 중심 설계의 개념과 일부 겹치기도 하지만, 프라이버시 중심 설계가 포괄적 이념에 가깝다면 프라이버시 증강 기술은 이러한 이념을 구현하는 특정한 기술에 해당한다.[160] 물론 법적 규제가 존재하지 않는 한 기업이나 개인은

---

159) Ochs/Richter/Uhlmann, *Technikgestaltung demokratsieren – Participatives Privacy by Design*, ZD-Aktuell (2016)

160) Ira S. Rubinstein, "Regulating Privacy by Design", 26 *Berkeley Tech. L.J.* 1409, 1411-1412 (2011).

특정한 기술을 사용하도록 법적으로 강제되지 않는다. 따라서 프라이버시 증강 기술이 개발되어도 그것이 실제로 사용되지 않으면 프라이버시 보호에 실효성 있게 기여할 수 없다. 그러나 프라이버시 보호에 대한 수요가 있고, 그 수요를 효율적이고 간편하게 충족시켜 주는 기술이 합리적 대가로 제공된다면 법적 규제와 무관하게 시장 자체에서 그 기술이 널리 활용될 여지는 높다고 할 수 있다.

이처럼 기술을 통한 프라이버시의 보호는 일종의 자력구제이다. 그 동안 자력구제의 문제는 국가의 사법체계가 제대로 구축되고 이를 통한 권리 보호가 원칙으로 자리 잡게 된 이후 법학의 세계에서는 변방의 문제로 취급되어 왔다. 그러나 프라이버시의 맥락에서 기술을 통한 자력구제는 사법제도를 통한 권리구제보다 프라이버시를 더욱 확실하고 효율적으로 보호하는 지름길이다. 이러한 점에서 프라이버시 증강 기술은 자력구제를 연결고리로 하여 규범적 의미를 획득하게 된다. 아울러 향후 이러한 기술적 자력구제를 어느 만큼 허용하고 어떻게 합리적으로 통제할 것인가가 규범적 논의의 대상이 되어야 한다.

(3) 비식별화

세 번째는 비식별화(de-identification)이다. 비식별화(de-identification)는 데이터 값 삭제, 가명처리, 총계처리, 데이터 범주화, 데이터 마스킹 등을 통하여 식별자(identifier)를 삭제하거나 대체함으로써 다른 정보와 쉽게 결합하여도 특정 개인을 식별할 수 없도록 하는 조치를 말한다. 식별자(identifier)는 개인 또는 개인과 관련된 사물에 고유하게 부여된 값 또는 이름이다. 예컨대 주민등록번호, 여권번호, 외국인등록번호, 운전면허번호, 복지수급자 번호, 군번, 자동차 번호, 기기 등록번호, 계좌번호, 신용카드번호, 이메일 주소,

신체 식별정보 등이 식별자에 해당한다. 정보에서 식별자를 삭제하는 것은 그 정보와 개인 사이의 연결고리를 끊는 것이다. 그러나 개인 식별 부분을 제외한 나머지 부분은 여전히 정보로서 가치를 가질 수 있다. 따라서 비식별화는 정보의 가치를 온존시키면서도 개인정보 침해의 우려는 제거하는 조치로 꼽힌다. 비식별화(de-identification)와 유사한 개념으로 익명화(anonymization)도 혼용되는데,[161] 익명화는 비식별화의 대표적 방법 내지 유형으로 이해할 수 있을 것이다.

비식별화 조치는 입법적으로도 반영되고 있다. EU가 2016년 4월 채택한 일반정보보호규칙(General Data Protection Regulation: GDPR) 제4조에서는 비식별화의 일종인 가명처리(pseudonymisation) 개념을 정면으로 채용하고 있다.[162] 2015년 개정된 일본 개인정보 보호법 제2조 제9항은 익명가공정보에 대한 새로운 정의 조항을 두고 있다. 이에 따르면 익명가공정보는 "특정 개인을 식별할 수 없도록 개인정보를 가공해 얻을 수 있는 개인에 관한 정보로서 당해 개인 정보를 복원할 수 없도록 한 것"이다. 이러한 익명가공정보에 대해서는 일반적인 개인정보와 달리 그 이용 가능성의 폭을 넓히고 있다. 일본의 입법은 빅데이터 분석 등을 통한 개인정보의 활용을 향한 요청과 개인정보 자기결정권 및 프라이버시권 보호를 향한 요청을 조화시키려는 시도로 참조할 가치가 크다. 우리나라 개인정보 보호법은 제3조 제7항에서 "개인정보처리자는 개인정보의 익명처리가 가능한 경우에는 익명에 의하여 처리될 수 있도록 하여야

---

161) 국내외에서 두 개념을 사용하는 예를 보면 아직 두 개념을 뚜렷하게 구별하지 않은 채 혼용하고 있는 듯하다. 이에 대한 상세한 설명으로는 고학수 외, 개인 정보 비식별화 방법론-보건의료정보를 중심으로-, 박영사(2017), 195-204면 참조.

162) 박노형, "빅데이터 관련 주요 국가의 개인정보보호 법제도 분석에 따른 한국 개인정보보호법 개선의 검토", *Naver Privacy White Paper* (2016), 16-20면.

한다"라고 규정하고 있으나, 그 이상의 규율은 하지 않고 있다. 그
대신 우리나라 국무조정실을 비롯한 6개 부처는 2016. 6. 30. 『개
인정보 비식별 조치 가이드라인』을 발표하여 개인정보를 보호하면
서도 데이터 산업을 활성화하기 위한 조치를 마련하였다. 이러한
개인정보 중 상당 부분은 개인의 프라이버시에 관한 것이므로 비
식별화는 프라이버시 보호 조치의 의미도 가진다.

　　정보에서 프라이버시 침해적 요소를 제거한 뒤 이를 유통시키
는 기술이 안정 단계에 들어서면 프라이버시 보호와 정보 이용의
조화가 더욱 원활하게 이루어진다. 다만 비식별화가 모든 문제를
해결하여 주는 것은 아니다. 우선 비식별화는 재식별화 가능성을
낮추어 주는 것이지 그 가능성을 완벽히 제거하는 것은 아니
다.163) 또한 비식별화가 개인정보 보호의 목적을 완벽하게 달성한
다고 가정하더라도 여전히 다른 문제가 남는다. 비식별화는 개개인
을 식별할 수 없도록 하는 조치일 뿐 특정한 집단의 식별까지 금지
하는 것은 아니기 때문이다. 따라서 비식별화된 개인정보에 토대하
여 추출된 2차 정보에 기초한 특정 집단 차별의 문제는 남는다. 예
컨대 30대 이슬람 남성의 테러 위험성이 크다는 빅데이터 분석에
기초하여 이들에 대한 공항 검열을 강화하는 조치는 그 집단에 대
한 차별, 궁극적으로는 그 집단에 속한 개인의 불이익으로 귀착될
수도 있다. 이는 그 동안 '개인'의 차원에서만 개념화되던 프라이
버시가 '집단'의 차원으로 옮겨가 집단 프라이버시(group privacy)라
는 완전히 다른 차원의 문제를 야기할 수도 있음을 의미한다.164)

---

163) 서울대 법과경제연구센터, 데이터이코노미(한스미디어, 2017), 185-186면(고학수
　　　집필부분).
164) 집단 프라이버시 개념에 대한 단초는 이미 Alan Westin의 유명한 프라이버시
　　　개념 정의 내에서 프라이버시를 개인뿐만 아니라 집단의 문제로도 파악하는 점
　　　에서 발견되고 있고(Privacy and Freedom, IG, 1967 p. 5), 최근 발간된 Taylor
　　　(주 145), p. 2 이하에서는 이 문제를 정면으로 다루고 있다.

나아가 개인정보의 보호와 이용의 조화 달성이라는 1차적 문턱을
넘어서면 빅데이터 시대에 이루어지는 정교한-그러나 인권침해적
인-차별이라는 2차적 문턱에 직면할 수 있음을 의미한다.

Ⅵ. 결　　론

　"보통법은 그 영원한 젊음 안에서 사회의 요청에 응답하기 위
해 성장한다(the common law, in its eternal youth, grows to meet the
demands of society)"[165]는 예언적 표현과 함께 등장한 프라이버시권
은 그로부터 127년이 지난 지금도 혁명적인 사회 변화 앞에서 동
태적인 변형과 성장을 거듭하고 있다. 사물 인터넷이 상용화되고
빅데이터의 축적과 활용이 증가하고 있다. 생체정보, 위치정보, 신
용정보, 의료정보, 행태정보 등 새로운 형태의 정보 수집 활동이
그 동안 노출되지 않았던 프라이버시 영역에 대한 새로운 위험을
증가시키고 있다. 프라이버시 보호의 필요성이 커지고 프라이버시
침해에 대한 우려도 커지고 있다. 반면 페이스북이나 인스타그램
같은 SNS를 통하여 자신의 프라이버시를 의도적으로 광범위하게
노출하는 행태도 유행처럼 번지고 있다. 프라이버시 침해 위험 앞
에서도 자신에게는 실제 피해가 없으리라 믿거나(제3자 편향) 프라
이버시를 양보하여 얻게 되는 편익이 더 크다고 생각하여(위험-보상
평가) 프라이버시 보호를 위한 조치를 취하지 않다가(이른바 privacy
paradox), 프라이버시 침해가 현실화하고 수습이 어려워진 상황에
이르러서야 뒤늦게 무익한 노력을 기울이기도 한다. 무형적 정보
가 유형적 국경을 넘나들면서 국제 공조의 필요성이 커지지만 프
라이버시에 대한 법제와 문화, 산업적 이해관계가 달라 국제 공조

---

165) Warren & Brandeis(주 31), 193.

가 쉽지만은 않다.

　이처럼 여러 차원과 국면에 복잡다기하게 얽힌 쟁점들 속에서 프라이버시 보호론은 여전히 안개에 쌓여 있다. 이러한 안개를 걷어내면서 동시에 급변하는 환경에 대응하기 위해서는 프라이버시 보호론의 지속적인 자기성찰과 재정립이 필요하다. 지나치게 추상적이거나(헌법), 지나치게 파편적인(각종 특별법) 법제의 중간 지대에서, 여러 분야에 걸친 프라이버시의 복잡한 쟁점들을 가지런하게 모아 규율하는 틀을 제공할 규범 체계가 요구된다. 이러한 규범 체계는 지금 폭발적으로 발전하고 있는 개인정보 보호 법제와 연관성을 가지지만, 양자가 반드시 동일하지만은 않다. 그에 따라 정보에 관한 프라이버시 외에 다른 형태의 프라이버시까지 포괄하는 더 큰 차원의 법적 규율은 여전히 심도 있는 검토를 기다리고 있다. 프라이버시에 대한 앞으로의 공동 논의가 더욱 요구되고 기대되는 이유이다.

※ 참고문헌

1. 국내문헌

권영준, "개인정보 자기결정권과 동의 제도에 대한 고찰", 法學論叢 第36卷 第1號(전남대학교 구소, 2016. 3).

권영준, "초상권 및 사생활의 비밀과 자유, 그리고 이익형량을 통한 위법성 판단", 民事判例硏究 31권(2009. 2).

권영호·김상명, "입체적 공간을 이용한 토지소유권의 범위", 토지공법연구 제12집(2001).

권태상, "개인정보 보호와 인격권-사법(私法) 측면에서의 검토-", 법학논집 제17권 제4호(이화여자대학교 법학연구소, 2013. 6).

권태상, 퍼블리시티권의 이론적 구성(경인문화사, 2013).

고학수 외, 개인정보 비식별화 방법론-보건의료정보를 중심으로-(박영사, 2017).

김시철, "인격권 침해의 유형과 사생활의 비밀의 보호영역(2006. 12. 22. 선고 2006다15922 판결: 공2007상, 206), 대법원판례해설 63호(2007).

김재형, "言論의 事實報道로 인한 人格權 侵害-프라이버시 침해를 중심으로-", 언론과 인격권(박영사, 2012).

김재형, "人格權 一般", 民事判例硏究 21권(1999).

박경신, "사생활의 비밀의 절차적 보호규범으로서의 개인정보보호법리", 공법연구 제40집 제1호(2011. 10).

박노형, "빅데이터 관련 주요 국가의 개인정보보호 법제도 분석에 따른 한국 개인정보보호법 개선의 검토", Naver Privacy White Paper (2016).

박용상, 명예훼손법(현암사, 2008).

서울대 법과경제연구센터, 데이터이코노미(한스미디어, 2017).

성낙인, 헌법학, 제15판(2015).

송오식, "개인정보 침해에 대한 합리적 구제방안: 사권으로서 개인정보권
　　　의 정립을 위한 시론", 法學論叢 제36권 제1호(전남대학교 법학연구
　　　소, 2016. 3).

심석태, "한국에서 초상권은 언제 사생활권에서 분리되었나–학설과 판례
　　　에서의 초상권의 독립적 인격권 인정 과정과 그 영향", 언론과 법
　　　제13권 제1호(2014. 6).

안병하, "인격권의 재산권적 성격–퍼블리시티권 비판 서론", 민사법학 제
　　　45–1호(2009. 6).

안옥선, "프라이버시, '프라이버시권 보호'이념의 비도덕성, 그리고 비도
　　　덕성의 근본원인", 대동철학 제4집(1999. 6).

梁彰洙, "私生活 秘密의 保護–私法的 側面을 중심으로", 民法硏究 第8卷
　　　(박영사, 2005).

梁彰洙, "情報化社會와 프라이버시의 保護–私法的 側面을 중심으로–",
　　　民法硏究 第1卷(박영사, 1991).

양창수·권영준, 권리의 변동과 구제(2015).

양창수·김재형, 계약법(2015).

양천수, "인격권의 법철학적 기초–인격권의 구조·성장·분화", 法과 政策
　　　硏究 第11輯 第3號(2011. 9).

엄연석, "인권 및 프라이버시와 유가철학의 규범체계로서 禮 사이의 통약
　　　가능성 문제", 동양철학 제35집(2011).

이주연 외 2, "키워드 네트워크 분석을 통해 살펴본 최근 10년 법학연구
　　　동향", 아주법학 제8권 제4호(2015. 2).

이진우, 프라이버시의 철학(돌베개, 2009).

이창현, 사생활의 자유에 관한 비교법적 연구(집문당, 2014).

이창현, "人格權侵害의 救濟手段에 대한 法制史的 考察", 서강법학 제12
　　　권 제1호(2010. 6).

임건면, "개인정보의 의의와 귀속관계: 민사법적인 관점에서", 중앙법학 제
　　　7집 제4호(2005. 12).

전원열, "언론에 의한 명예훼손과 프라이버시 침해의 비교", 民事法研究

第13輯 第2號(2005. 12).

정남철, "개인정보보호법제의 법적 문제점 및 개선과제 – 특히 개정 개인정보보호법에 대한 비판을 겸하여 – ", 법조 통권 제700호(2015).

池元林, 民法講義, 第14版(2015).

최경진, "개인정보보호 관련법의 해석에 있어서 이익형량론과 일반적 이익형량 규정의 필요성에 관한 고찰", 사법 40호(2017. 6).

최경진, "초연결 고도정보화 사회에서의 개인정보와 민사법", 2017년 한국민사법학회 하계학술대회 『사회변화에 따른 민법학의 과제』(2017. 6. 9) 자료집.

編輯代表 金龍潭, 註釋 民法 物權(1) 第4版(한국사법행정학회, 2011).

한나 아렌트, 이진우·태정호 옮김, 인간의 조건(한길사, 1996).

2. 외국문헌

Allen, Anita L., "Coercing Privacy", 40 *WM. & Mary L. Rev.* 723 (1999).

Amelung, Urlich, *Der Schutz der Privatheit im Zivilrecht*, Mohr Siebeck (2002).

Bächle, Thomas Christian, *Das Smartphone, ein Wächter, Räume und Kulturen des Privaten*, Springers (2017).

Balthasar, Stephan, *Der Schutz der Privatsphäre im Zivilrecht*, Mohr Siebeck (2006).

Beaney, William M., "The Right to Privacy and American Law", 31 *Law & Contemp. Probs.* 253 (1966).

Ben – Shahar, Omri, "The Myth of Opportunity to Read", *European Review of Consumer Law* (2009).

Bloustein, Edward J., "Privacy is Dear at Any Price: A Response to Professor Posner's Economic Theory", 12 *Ga. L. Rev* 429 (1978).

Clark, David S., (ed), *Encyclopedia of Law & Society*, Vol. 3 (2007).

Feinberg, Joel, "Autonomy, Sovereignty, and Privacy: Moral Ideals in the Constitution?", 58 *Notre Dame L. Rev.* 445 (1983).

Fried, Charles, "Privacy", 77 *Yale L.J.* 475 (1966−1967).

Gajda, Amy, "What if Samuel D. Warren Hadn't Married a Senator's Daughter?: Uncovering the Press Coverage That Led to 'The Right to Privacy'", 2008 *Mich. St. L. Rev.* 35 (2008).

Gordley, James, *Foundations of Private Law*, Oxford University Press (2006).

Gormley, Ken, "One Hundered Years of Privacy", 1992 *Wis. L. Rev.* 1335 (1992).

Hansson, Mats G., *The Private Sphere−An Emotional Territory and Its Agent*, Springer (2008).

Holvast, J., "History of Privacy", *IFIP Advances in Information and Communication Technology*, Vol. 298 (2009).

Hubmann, Heinrich, D*as Persönlichkeitsrecht*, 2. Aufl., Böhlau (1967).

Keckeis, Carmen, *Privatheit und Raum-zu einem wechselbezüglichen Verhältnis, in Räume und Kulturen des Privaten*, Springer (2017).

MacKinnon, Catharine, *Toward a Feminist Theory of the State*, Harvard University Press (1989).

Münchener Kommentar zum BGB/Rixecker, 7. Auflage, C.H.Beck (2015).

Nissenbaum, Helen, *Privacy in Context*, Stanford University Press (2010).

Ochs/Richter/Uhlmann, *Technikgestaltung demokratsieren−Participatives Privacy by Design*, ZD−Aktuell (2016).

Periñán, Bernardo, "The Origin of Privacy as a Legal Value: A Reflection on Roman and English Law", 52 *Am. J. Leg. Hist.* 183 (2012).

Posner, Richard, *The Economics of Justice*, Harvard University Press (1981).

Posner, Richard, "The Right of Privacy", 12 *Ga. L. Rev* 393 (1978).

Post, Robert C., "Three Concepts of Privacy", 89 *Geo. L. J.* 2087 (2001).

Prosser, William L., "Privacy", 48 *Cal. L. Rev.* 383 (1960).

Prosser and Keeton on Torts, 5th ed., West Group (1984).

Reidenberg, Joel R., "Privacy in Public", 69 *U. Miami L. Rev.* 141 (2014).

Richards, Neil M., & Daniel J. Solove, "Prosser's Privacy Law: A Mixed Legacy", 98 *Cal. L. Rev.* 1887 (2010).

Ritter, Martina, *Die Dynamik von Privatheit und Öffentlichkeit in modernen Gesellschaften*, VS Verlag für Sozialwissenschaften (2008).

Roy, J., "'Polis' and 'Oikos' in Classical Athens", *Greece & Rome*, Vol 46, No. 1 (1999).

Rubenfeld, Jed, "The Right of Privacy", 102 *Harv. L. Rev.* 737 (1989).

Rubinstein, Ira S., "Regulating Privacy by Design", 26 B*erkeley Tech. L.J.* 1409 (2011).

Schwartz, P. M., "Internet Privacy and the State", 32 *Conneticut L. Rev.* 815 (2000).

Solove, Daniel J., *Understanding Privacy*, Harvard University Press (2008).

Solove, Daniel J., *The Digital Person: Technology and Privacy in the Information Age*, New York University Press (2004).

Solove, Daniel J., "Conceptualizing Privacy", 90 *Cal L. Rev.* 1087 (2002).

Spindler/Schuster, *Recht der elektronischen Medien*, 3. Auflage, C.H.Beck (2015).

Taylor, Linnet et al (ed.), *Group Privacy: New Challenges of Data Technologies*, Springers (2017).

Warren, Samuel D., & Louis D. Brandeis, "The Right to Privacy", 4 *Harv. L. Rev.* 193 (1890).

Wenzel/Burkhardt, *Das Recht der Wort-und Bildberichterstattung*, 5. Aufl., Verlag Dr. Otto Schmidt, Köln (2003).

Westin, Alan, *Privacy and Freedom*, IG (1967).

Whitman, James Q., "The Two Western Cultures of Privacy: Dignity Versus Liberty", 113 *Yale. L. J.* 1151 (2004).

Wölfl, Bernd, *Sphärentheorie und Vorbehalt des Gesetzes*, NVwZ (2002).

Zimmerman, Diane Leenheer, "False Light Invasion of Privacy: The Light That Failed", 64 *N.Y.U.L. Rev.* 364 (1989).

Zimmermann, R., *The Law of Obligations: Roman Foundations of the Civilian Tradition*, Oxford University Press (1996).

Zolotas, Triantafyllos, *Privatleben und Öffentlichkeit*, Carl Heymanns Verlag (2010).

靜岡縣弁護士會(編), 情報化時代の名譽毀損 · プライバシー侵害をめぐる 法律と實務, ぎょうせい (2010).

升田 純, 現代社會におけるプライバシーの判例と法理—個人情報保護型 のプライバシーの登場と展開, 靑林書院 (2009).

제 3 장

재산권 보장 조항(헌법 제23조 제1항)과 민법

이 동 진

I. 서   론

　이 글은 헌법과 사법(私法)의 관계와 관련하여 당연히 주제화
되었어야 했으나 아직까지 그다지 주목받지 못하였다고 보이는 한
문제를 다룬다. 헌법상 재산권 보장 조항의 사법(私法) 내지 민법에
대한 의의가 그것이다.

　헌법과 사법의 관계 내지 헌법의 사법에 대한 작용에 관한 기
존 논의를 살펴보면 크게 두 흐름이 간취된다. 한편으로는 구체적
인 작용양태를 둘러싼 논의가 있었다. 몇몇 가족법 규정이 헌법재
판소의 위헌 또는 헌법불합치 결정 내지는 위헌 논란 속에 개정되
었다.[1] 대법원은 민법 제1008조의3의 제사주재자와 여성 종중원
에 관한 판례변경의 근거 중 상당부분을 헌법에서 찾았다.[2] 불법

---

[1] 우선, 윤진수, "헌법이 가족법의 변화에 미친 영향", 민법논고 IV(2009), 1면 이
　하; 同, "전통적 가족제도와 헌법－최근의 헌법재판소 판례를 중심으로－", 민법
　논고 IV(2009), 89면 이하.

[2] 순서대로 대법원 2008. 11. 20. 선고 2007다27670 전원합의체 판결, 2005. 7. 21.
　선고 2002다1178 전원합의체 판결. 위 두 결정에서 관습법의 법적 확신의 약화와
　헌법적 통제의 강화의 상호관계에 관하여는 이동진, "판례변경의 소급효", 민사판
　례연구[XXXVI](2014), 1167면.

행위법과 계약법, 단체법의 영역에서는 이른바 기본권의 대사인효(對私人效), 특히 간접적 효력이 판례·학설상 관철되고 있다.3) 다른 한편으로는 양자의 관계 일반에 대하여 이른바 헌법의 우위를 강조해온 전통적인 입장에 대하여 근래 사법의 독자성을 강조하는 입장이 대두하고 있다.4)

이 글에서는 전자, 즉 구체적 작용양태와 관련하여 별로 논의되지 못한 재산권 보장에 주목한다. 헌법 제23조 제1항은 '재산권 보장과 제한'이라는 표제 하에 '모든 국민의 재산권은 보장된다. 그 내용과 한계는 법률로 정한다'고 규정한다. 이 규정이 보호하는 재산권은 사권(私權)에 국한되지 아니한다. 공법상 재산권도 포함한다. 그러나 그 중핵이 소유권을 위시한 민법상 재산권이라는 점에는 의문이 없다.5) 그럼에도 불구하고 종래 이 규정의 민법에 대한 의의 내지 작용, 가령 민법 규정에 대한 규범통제상의 기능이나6) 재산법의 해석·운용에 대한 영향에 관하여는7) 논의가 매우 드물었다. 이 글에서는 제1차적으로는 그러한 공백을 메우고, 이를 통하여 나아가 후자, 즉 헌법과 사법의 관계 일반에 대하여도 약간의 시사(示唆)를 얻고자 한다.

---

3) 대법원 2010. 4. 22. 선고 2008다38288 전원합의체 판결 등 다수. 불법행위법과 계약법에 대하여는 김선택, "사법질서에 있어서 기본권의 효력", 고려법학 제39호(2002), 153면 이하; 임건면, "민법의 해석과 적용에 있어서 기본권의 영향" 성균관법학 제25권 제2호(2013. 6), 1면 이하 등, 단체법에 대하여는 윤진수, "사법상의 단체와 헌법", 민법논고 VI(2015), 104면 이하.

4) 가령 백경일, "헌법규정이 사적 법률관계에서 고려될 수 있는 한계", 안암법학 통권 제43호(상)(2014. 1), 137면 이하.

5) 가령 성낙인, 헌법학 제13판(2013), 687면.

6) 그 드문 예외로, 이부하, "사법(私法)에 있어서 헌법합치적 재산권질서", 토지공법연구 제48집(2010), 551면 이하. 그러나 이 글은 독일의 논의의 소개에 집중하여, 우리 법의 문제를 다루지는 아니한다.

7) 그 드문 예외로, 배병일, "취득시효상의 자주점유의 해석과 헌법상 재산권의 보장", 저스티스 통권 제126호(2011. 10), 63면 이하.

Ⅱ. 민사입법 및 그에 대한 규범통제와 재산권 보장 조항

1. 재산권 보장 조항의 민사입법에 대한 효력

(1) 헌법의 민사입법에 대한 일반적 구속력

헌법 제111조 제1항 제1호는 '법원의 제청에 의한 법률의 위헌 여부 심판'을 헌법재판소의 권한 중 하나로 들고 있고, 이에 따라 헌법재판소법 제47조 제2항은 '위헌으로 결정된 법률 또는 법률의 조항은 그 결정이 있는 날부터 효력을 상실한다'고 규정한다. 헌법에 반하는 법률은 헌법재판소의 위헌법률심사 또는 헌법재판소법 제68조 제2항의 헌법소원에 의하여 그 효력을 상실시킬 수 있는 것이다. 이러한 '법률'에 공법뿐 아니라 사법(私法), 가령 민법도 포함된다는 점에는 이론(異論)의 여지가 없다.[8]

오히려 문제는 민법 규정이 어떠한 경우에 헌법에 위배될 수 있는가 하는 점이다.

먼저, 입법이 그 자체 공권력의 행사로서 국민의 기본권을 침

---

8) 이와 관련하여 백경일(주 4), 138면 각주 3, 150면 각주 29는 독일연방헌법재판소가 민법이 헌법에 선재(先在)하는 법(vorkonstitutionelles Recht)이라 하여 민법이 독일기본법 제100조에 규정된 위헌법률심사의 대상인 법률이 아니라고 보았다는 점(BVerfG *NJW* 1998, 3557)을 — 우리의 상황과 대비하여 — 지적한다. 그러나 이러한 설명에는 오해의 소지가 있다. vorkonstitutionelles Recht는 말 그대로 독일 기본법 발효(1949. 5. 24.) 전에 제정된 법(령)으로서, 그것이 독일기본법 제123조 제1항에 따라 '독일기본법에 반하지 않는 한 계속 효력을 가지는' 경우를 가리킬 뿐, 존재 내지 가치론적으로 앞섬을 뜻하지 아니하기 때문이다. 기본법 제정 전의 법령은 기본법에 반하는 한 헌법재판소의 결정을 기다리지 아니하고 당연히 효력을 상실하므로(독일기본법 제123조 제1항) 독일기본법 제100조의 규범통제의 대상이 아니다. BVerfG *NJW* 1953, 497 이래 다수. 위 결정도 같은 이유에서 기본법제정 후의 입법자가 위 규정을 (개정하지 아니함으로써) 추인할 의사를 가졌다면(Bestätigungswillen) 규범통제의 대상이 되는데, 당해 사안의 경우 그러한 의사를 인정할 만한 근거가 없다고 하고 있다.

해할 수 있고, 그러한 경우 헌법에 반할 수 있음은 분명하다. 민법
에서 그러한 것이 문제된 드문 예로 사죄광고를 들 수 있다. 헌법
재판소는 1991. 4. 1. 선고 89헌마160 결정에서 민법 제764조의 '명
예회복에 적당한 처분'에 사죄광고를 포함시킨다면 헌법에 위배된
다고 판시한 바 있다. 그런데 이때 위헌성은 사죄광고를 간접강제
또는 대체집행의 방법으로 국가가 강제하는 데에서 비롯되었으므
로,[9] 이러한 사안은 국가가 국민에게 사죄를 강제할 수 있는가라
는 기본권의 대국가적 효력의 차원에서 다루면 족하다.[10] 사죄광
고를 법원이 아닌 행정처분이나 입법에 의하여 강제하는 경우를
생각해보면 이 점을 쉽게 이해할 수 있다. 국가가 그와 같이 공권
력을 행사한 목적이 공익(公益)을 위한 것인지 아니면 특정 개인의
사익(私益)을 위한 것인지는 그 목적을 위하여 국가가 개인의 기본
권을 침해하였다는 점에는 별 영향을 주지 아니한다.

　　그러나 좀 더 중요하고 자주 문제되는 것은 법률에 따른 재판
과 그 집행이 국가에 대한 국민의 기본권을 직접 침해하지는 아니
하나, 한 사인(私人)의 다른 사인에 대한 기본권을 제대로 배려하지
아니하였다는 점에서 위헌이라는 주장이다. 가령 헌법재판소 2007.
8. 30. 선고 2004헌가25 결정은 경과실로 인한 실화에 대하여 실화
피해자의 손해배상청구권을 전면 부정하는 실화책임법의 규정은

---

　9) 이 결정에 대한 평석인 윤진수, "사죄광고제도와 민법 제746조의 위헌 여부 - 헌
　　법재판소 1991. 4. 1. 선고 89헌마160 결정 - ", 민법논고 Ⅲ(2008), 629면 이하,
　　특히 658면 〈추기〉는 간접강제로 집행하는 경우에는 양심의 자유의 침해가, 대체
　　집행으로 집행하는 경우에는 인격권 침해가 된다고 한다.
10) 윤진수(주 9), 656-657면은 위 결정에서 기본권 상충(충돌)을 다루지 아니하였다
　　는 허영, 법률신문 제2045호(1991. 7. 15), 15면의 비판에 대하여 비례의 원칙만
　　으로 충분히 만족스러운 결론을 내릴 수 있는 사안이라면서, 기본권 상충은 기본
　　권 제한에 의하여 달성하려는 목적이 다른 사람의 기본권인 경우의 문제라고 한
　　다. 타당한 지적이나, 위 결정처럼 기본권의 대국가적 효력이 문제되는 상황에서
　　는 기본권 제한에 의하여 달성하려는 목적이 헌법질서에서 긍인될 수 있는 것이
　　면 족하므로 기본권적인 서열을 갖는지 여부 자체를 따질 필요도 없다.

지나치게 실화자의 보호에만 치중하고 실화피해자의 보호를 외면한 것으로서 실화피해자의 생명, 신체, 재산상 손해에 대한 배상청구권을 과도하게 많이 제한한다면서 헌법불합치 결정을 하였고, 2008. 7. 31. 선고 2004헌바81 결정은 태아가 불법행위로 인하여 사산(死産)된 경우 태아 자신의 손해배상청구권을 인정하지 아니하는 민법 제3조, 제762조(및 법원의 이들 규정에 대한 위와 같은 해석론)는 – 보호가 과소하다고 할 수 없어 – 기본권 보호의무위반은 아니라고 하면서도, 태아의 생명권 주체성 자체는 인정하였다. 이때 실화피해자, 태아의 생명권 등은 국가가 아닌 사인에 의하여 침해된 것이고, 국가는 단지 한 기본권 주체의 기본권을 다른 사인에 의한 침해로부터 보호하지 아니하였다는 점에서 비난받고 있을 뿐, 국가가 금전급여를 명하든 명하지 아니하든 그것이 그 자체로 그의 기본권 침해는 아니다. 그러므로 이들 결정은 생명권 등이 헌법상 국가로부터 보호될 뿐 아니라, 국가에 의하여, 다른 사인으로부터도 보호됨을 전제하고 있는 것이다.[11]

　　이러한 문제는 민법에서만 제기되는 것은 아니다. 헌법재판소는 형법상 모욕죄나 정보통신망을 이용한 비방 목적의 명예훼손에 대한 구 정보통신망 이용촉진 및 정보보호에 관한 법률(2008. 6. 13. 법률 제9119호로 개정된 것) 제70조 제1항 위반죄의 위헌 여부와 관련하여서도 명확성의 원칙 이외에 기본권으로서 표현의 자유를 침해하는지를 따지고,[12] 쟁의행위나 소비자불매운동을 형법상 업무

---

11) 뒤의 결정에 대한 해설인 최희수, "민법 제3조 등 위헌소원 : 사산태아의 손해배상청구권 사건(헌재 2008. 7. 31. 2004헌바81, 판례집 20-2상, 91)", 헌법재판소결정해설집 2008(2009), 311-312면도 이 점을 분명히 한다. 헌법재판소 2012. 8. 23. 선고 2010헌바402 결정도 형법상 자기낙태죄의 위헌 여부와 관련하여 태아의 생명권을 기본권으로 인정하고 있다.
12) 순서대로 헌법재판소 2013. 6. 27. 선고 2012헌바37 결정; 2016. 2. 25. 선고 2013헌바105, 2015헌바234 결정.

방해죄로 처벌하는 것이 위헌인지 여부와 관련하여서도 명확성의
원칙과 함께 헌법상 근로기본권이나 소비자보호운동의 보장 위반
여부를 따진다.[13] 둘 다 국가(형벌권)에 의한 개인의 기본권 침해에
해당하지만, 대립하는 두 이익은 모두 사인(私人)의 사익 내지 기본
권이다.[14] 반면 교통사고처리특례법상 보험 또는 공제에 가입된
경우 일정한 교통과실범에 대하여 공소를 제기할 수 없게 한 것이
피해자의 생명·신체에 대한 기본권적 법익을 과소 보호한 것 아닌
지를 문제 삼는 경우에는 두 사인(私人)의 사익 내지 기본권적 이
익이 대립하지만 국가에 의한 기본권 침해로는 파악될 수 없고, 다
른 사인에 의한 기본권 침해에 대한 국가의 보호의무 위반이 문제
된다.[15]

　　어느 사안유형이나 기본권이 국가에 대한 관계에서뿐 아니라

13) 순서대로 헌법재판소 1998. 7. 16. 선고 97헌바23 결정; 2011. 12. 29. 선고 2010
　　헌바54, 407 결정.
14) 논문심사과정에서 한 심사위원은, 이는 국가가 사인을 어떤 경우에 얼마나 처벌
　　할 수 있는가, 사인은 국가의 형벌권으로부터 얼마나 자유로울 수 있는가의 문제
　　이고, 그 처벌을 통하여 보호되는 다른 사인의 이익은 이러한 문제에 비해서는
　　부차적인 문제라고 볼 수 있다는 지적을 하였다. 그러나 형량과정에서 고려되어
　　야 하는 두 이익 다 기본권적 서열을 가지고 있는 경우, 당해 형사처벌로 침해되
　　는 이익과 보호되는 이익 모두 입법을 포함한 모든 국가권력을 구속하므로 어느
　　것도 선험적 또는 이론적 차원에서는 부차적이라고 할 수 없다. 기본권보호의무
　　론은 바로 그 다른 사인의 이익을 고려하는 것이기도 하다. 이러한 경우에 다른
　　사인의 이익이 부차적이라는 판단은, 실은 형사처벌을 하지 아니하더라도 명예나
　　인격, 영업이 과소보호되는 것은 아니라는 뜻인데, 그와 같은 판단은 구체적 사안
　　을 염두에 두고 내려진 것일 뿐 일반이론의 차원에서 선험적으로 내릴 수 있는
　　것은 아니다.
15) 헌법재판소 1997. 1. 16. 선고 90헌마110, 136 결정(기각, 그러나 재판관 중 5인은
　　위헌의견이었다. 그중 3인이 기본권 보호의무 위반을, 2인이 과잉금지의 원칙 위
　　반을 이유로 든 점도 주목된다). 이후 헌법재판소 2009. 2. 26. 선고 2005헌마
　　764, 2008헌마118 결정은 피해자의 생명·신체에 대한 기본권 보호의무 위반은
　　일치하여 부정하면서도 중상해의 결과가 발생한 경우에 대하여 위 특례는 피해자
　　의 재판절차진술권(헌법 제27조 제5항)을 과도하게 침해하여 위헌이라고 하였다.

사인에 대한 관계에서도 보호영역을 가짐을 전제한다. 이러한 입장이 문언 또는 그 본질상 사인(私人)에 대한 보호영역을 가질 수밖에 없는 기본권, 가령 표현의 자유(헌법 제21조 제4항 참조), 근로기본권(헌법 제32조, 제33조) 및 (그것을 기본권이라고 할 수 있다면[16]) 소비자보호운동권(헌법 제124조) 외의 영역에서 반드시 논리 필연적이라고 할 수는 없다. 그러나 헌법상 기본권 규정 중 다수는 국가에 대한 관계에서뿐 아니라 다른 사인에 대한 관계에서도 보편적으로 존중될 만한 가치를 체현하고 있다. 사인(私人)에 대한 관계에서도 그 구체적 작용방식은 별론 일정한 보호영역을 가지고,[17] 그리하여 규범통제의 맥락에서 이를 고려할 수 있다고 보는 것이 자연스러운 해석임은 부정하기 어려울 것이다. 학설로도 이들 기본권의 다른 사인으로부터의 침해보호를 규범통제의 맥락에서 사용하는 데 정면에서 반대하는 견해는 찾아보기 어렵다.

이처럼 어떤 기본권이 사인(私人)에 대한 관계에서도 보호영역을 가진다면, 국가는 그의 기본권을 사인(私人)에 대한 관계에서도 보호할 의무가 있다. 그러나 국가가 사인에 대한 관계에서 기본권의 보호에 관한 보증인적 지위를 인수하는 것은 아니므로, 보호의무 위반을 작위에 의한 기본권 침해와 동일하게 볼 수는 없다. 국가는 보호를 위하여 적절하고 효과적인 최소한의 조치를 취하면 족하다(과소보호금지의 원칙).[18] 만일 보호의 대상인 한 사람의 기본

---

16) 그러한 취지로 헌법재판소 2005. 3. 31. 선고 2003헌바92 결정.

17) 이러한, 직접효력/간접효력 등의 구성방법 내지 작용양태와 무관한, 보호범위 내지 입법자에 대한 헌법적 통제의 맥락에서 기본권의 제3자적 효력에 대하여는 Leuschner, *Verkehrsinteresse und Verfassungsrecht* (2004), S. 75-76 및 그곳에 인용된 문헌 참조. 모든 제3자효이론은 후자의 의미에서 대사인적 직접적 보호범위를 전제한다. 그러나 대사인효를 사법부와 민사재판에 국한시키는 것으로 이준일, "기본권의 대사인적 효력의 적용", 헌법실무연구 제10권(2009), 153-155면.

18) 이준일(주 17), 150-151면이 국가에 대한 대사인적 효력 주장을 방어권으로 구성

권에 다른 사람의 기본권이 대립한다면 이른바 기본권 충돌 문제
가 생기고, 그의 기본권 제한은 과잉금지 내지 비례의 원칙을 준수
하여 이루어져야 한다.[19] 이러한 판단방식은 기본권 제한의 일반
이론의 그것과 일치하며, 대체로 헌법 자체에서 도출된다.

(2) 재산권형성입법으로서 민법(재산법)의 특수성

그런데 재산법, 특히 일반사법으로서 민법에 이러한 접근방법
을 적용하는 데는 약간의 어려움이 있다. 위와 같은 접근은 각각의
기본권의 내용이 결정되어 있을 것을 전제하는데, 재산권은 그 내
용이 법률에 의하여 비로소 정해진다(헌법 제23조 제1항). "재산권이
법질서 내에서 인정되고 보호받기 위하여는 입법자에 의한 형성을
필요로"하고 "구체적으로 형성하는 법이 없을 경우에는 재산에 대
한 사실상의 지배만 있을 뿐"이다.[20] 따라서 재산권이 부당하게 침
해된 경우, 가령 그 침해가 비례의 원칙과 본질적 내용 보장의 요
구를 충족하지 못하면 위헌이고(헌법 제37조 제2항), 이는 그 침해가
법률에 의한 것일 때에도 같은데, 침해의 대상이 되는 재산권의 내
용의 형성 또한 광범위하게 법률에 맡겨져 있는 것이다. 그 결과
법률상 부여된 재산권을 제한할 때에는 엄격한 요건을 지켜야 하

하는 것은 국가에게 사인에 의한 기본권 침해의 결과에 대하여 사인과 동일한 책
임을 부담시킨다는 점에서 문제가 있다고 하는 것도 같은 취지이다. 보호의 거절
은 곧 허용이라며 대사인효를 방어권으로 해소하는 Schwabe, *Probleme der
Grundrechtsdogmatik* (1977), S. 213(대사인효 부정설)에 대하여 같은 취지의 비
판으로, Krings, *Grund und Grenzen grundrechtlicher Schutzansprüche* (2003),
S. 107 ff. 물론 기본권을 무엇보다 대국가적 방어권으로 이해하는 이른바 침해사
고(Eingriffsdenken)가 이러한 구분의 배후에 있다는 점은 부정할 수 없다. 특히
삼각관계에서 침해와 보호거부의 구별에 관하여는, 정태호, "자유권적 기본권의
"제한"에 관한 고찰 — 이른바 사실상의 기본권제약(faktische Grundrechtsbeeintra-
chtigung)을 중심으로 — ", 헌법논총 제13집(2002), 601-602면 참조.
19) Krings(주 18), S. 297 ff. 또한 윤진수(주 9), 657면.
20) 헌법재판소 1998. 12. 24. 선고 89헌마214 등 결정.

는데, 그 대신 법률상 재산권 부여 자체를 거두어들이면[21] 여기에 대하여는 별다른 제한이 없다는 불균형이 생긴다.[22]

이와 같은, 재산권형성에 대하여 아무런 제한이 없다는 주장에 대하여는 이것이 재산권, 가령 소유권에ㅡ다른 기본권과 달리ㅡ자연권 내지 전(前)헌법적 성질이 있음을 부인한 것으로서 부당하다는 비판도 있다.[23] 재산권의 내용을 정하는 법률이 갖추어야 할 내용의 핵심, 즉 재산권의 헌법적 내지 전헌법적 핵심이 존재한다는 취지로 보인다. 그러나 이러한 비판은 수긍하기 어렵다. 생명·신체의 자유, 거주이전의 자유, 사생활의 자유, 표현의 자유 등 다른 기본권들과 달리, 재산권은 재산에 대한 '권리'(subjektives Recht)를 보장하고 있고, 이는 '법'(objektives Recht)을 요한다.[24] 그리고 그러한 법의 내용은ㅡ나라마다, 시대마다 상당한 편차를 보인 점에서

---

21) 두 규정형식은 대부분의 경우 상호 교환 가능하다. Riedel, *Eigentum, Enteignung und das Wohl der Allgemeinheit* (2012), S. 22 f. 또한 BVerfG *NJW* 1982, 745.

22) Peukert, *Güterzuordnung als Rechtsprinzip* (2008), S. 692는 이를 '재산권 보장의 역설'이라고 한다. 논문심사과정에서 한 심사위원은 기본권 형성입법에 대하여도 상당한 제한이 있다는 점을 지적하였다. 제한이 있다는 점은 타당하나, 그 긴 목록에 비하여 실제 통제밀도는ㅡ특히 이 글의 주제인 사법형성입법에서는ㅡ오히려 '상당히' 낮다. 이 글은 바로 그러한 민법 내지 사법에서 기본권 형성입법의 한계를 구체적으로 보이는 것을 목적으로 삼고 있다.

23) 백경일(주 4), 160-162면. 한편, 이장희, 기본권의 개념 및 인정 기준과 법률적 권리와의 관계(헌법재판소 헌법연구원 헌법이론과 실무 2015-A-2)(2015), 110면 이하는 재산권 중 소유권과 점유권은 법률에 의하여 형성된다기보다는 확인 내지 구체화되는 것인 반면 제한물권은 법률에 의하여 비로소 형성된다는 취지로 보인다. 그러나 점유의 경우 그것이 권리인지부터 논란의 대상이고, 헌법재판소 스스로 설정한 재산권의 요건에 부합하는지도 의문이며, 소유권도 역사적으로나 비교법적으로나 그 이해방식에 큰 변화와 편차를 보인다. 앞의 문제에 대하여는 곽윤직·김재형, 물권법 제8판(전면개정)(2014), 185면(점유라는 개념 외에 따로 점유권이라는 개념을 인정할 필요는 없다고 한다), 뒤의 문제에 대하여는 윤철홍, 소유권의 역사(1995) 각 참조. 독일에서도 임차인의 점유권을 재산권으로 드는 것은 별론, 점유 자체를 재산권으로 보고 있지는 아니하다.

24) Riedel(주 21), S. 17.

알 수 있듯 – 대개 처분가능(verfügbar)하다. 그 적극적 내용규정을 법관 내지 판례의 전개에 맡길 것인지, 아니면 형식적 법률에 맡길 것인지가 문제일 뿐이다. 이에 대하여 헌법 제23조 제1항은, 커먼로(common law) 국가와 달리, 그리고 법전편찬(codification)이 이루어진 이래 대륙법의 전통을 따라, (형식적 의미의) 법률에 맡기고 있다. 이러한 입법에 대하여는 헌법 제23조 제1항에 이른바 사유재산제에 대한 제도적 보장(Einrichtungsgarantie)이 포함되어 있다고 봄으로써 일정한 한계가 설정되지만,[25] 그 한계는 매우 낮은 수준에 그친다(최소한도의 보장).[26] 가령 근대사법의 기본원칙의 하나로서 소유권 절대의 원칙을[27] 헌법 제23조 제1항으로부터 끌어낼 수는 없다. 바꾸어 말하면 그러한 내용까지 헌법으로 보장하지는 아니하겠다는 것이 헌법 제23조 제1항의 법률유보의 취지라고 할 수 있다.[28]

---

25) 헌법재판소 1993. 7. 29. 선고 92헌바20 결정; 성낙인(주 5), 685-686면. 헌법학에서는 헌법 제23조 제1항이 기본권으로서 재산권을 보호하는 것인지, 제도로서 사유재산제를 보호하는 것인지, 재산권과 사유재산제 모두를 보호하는 것인지에 관하여 논란이 있는데, 둘 다 보호한다는 취지이다(절충설). 뒤에 보는 바와 같이 기본권으로서 재산권에 법률로도 제한될 수 없는 '본질적 내용'이 존재하지 아니하는 이상, 적어도 헌법 제23조 제1항의 재산권 보장에서 본질적 내용은 오직 객관적 (제도)차원에만 존재하는 셈이 된다(객관설).

26) Riedel(주 21), S. 26 f. 헌법재판소 1999. 11. 25. 선고 98헌마456 결정은 현행법상 자연해몰지를 재산권으로 법률로써 보장하고 있지 않은 것은 헌법 제23조 제1항의 재산권보장정신이나 사유재산제에 반하는 것이라고 할 수 없다고 한다.

27) 가령 곽윤직 · 김재형, 민법총칙 제9판(2013), 37-38면.

28) 이와 달리 백경일(주 4), 163-166면은 소유권 절대의 원칙을 헌법재판소가 승인하였어야 하였다고 한다. 그러나 이른바 소유권 절대의 원칙은 우리 사법사(私法史)와 별 무관할 뿐 아니라, 서구 사법사에서도 특정 시기의 이념일 뿐 통시적 보편성을 갖는 것은 아니었다. 특히 그러한 이념이 근대사법전에 수용된 것 자체가 특정한 시기의 정치이념과 무관하다고 할 수 없다. 이러한 결단을 헌법적 서열로 끌어올릴 것인지 여부는 정치공동체의 결단에 맡겨져 있는데, 헌법 제23조 제1항은 이를 입법자의 처분에 맡기고 있고, 제2항은 헌법 직접적으로 공공복리에 의한 제한을 명함으로써 오히려 그 반대의 결단을 시사한다. 소유권 절대의 원칙은 기껏해야 현행 민법전 내의 원칙이고, 헌법적 서열을 갖지는 아니하며, 민법 규정의 체계정당성 심사는 별론, 공법적 규제에 대한 방어논리로 원용될 것은 아니다.

2. 민법 규정에 대한 헌법재판소의 규범통제와 재산권 보장 조항

한 문헌이 언급하듯, 헌법재판소 결정 중 헌법 제23조의 재산권이 문제된 예의 압도적 다수는 이미 존재하는 (사법상) 재산권(의 내용)을 전제로, 그 제한에 대하여 헌법 제37조 제2항의 판단기준을 적용한다.[29] 무엇보다도 사법상 재산권, 가령 소유권에 대하여 공법적 제한을 가하는 경우에는 예외 없이 이러한 접근이 행하여졌다. 가령 '친일반민족행위자로 보는 자'가 일정 기간 내에 취득한 재산을 국가에 귀속시키는 것이 그 후손의 재산권을 침해하는지,[30] 토양오염관리대상시설의 소유자·점유자·운영자에게 정화책임을 지우는 것이 그들의 재산권을 침해하는지,[31] 학교법인이 기본재산을 매도하고자 할 때 관할청의 허가를 받게 하는 것이 학교법인의 재산권을 침해하는지,[32] 성매매에 제공된다는 사실을 알면서 건물을 제공하는 행위를 처벌하는 것이 건물주의 재산권을 침해하는지,[33] 국제적 멸종위기종인 동물에 대하여 자의적 용도변경을 금지하는 것이 그 동물의 소유자의 재산권을 침해하는지,[34] 행정청 아닌 사업주체가 새로 설치한 공공시설을 관리청에 무상귀속

나아가 그러한 원칙에 헌법적 서열을 부여하는 것이 큰 의미를 가치는지도 의문이다. 헌법이 민법상의 재산질서에 대하여 적극적으로도 소극적으로도 큰 제약을 두지 아니하는 한 헌법적 서열을 갖는지 여부는 서로 다른 개정절차와 방법에 관계할 뿐, 그 항구성이나 중요성에 관계하지는 아니한다. 민법 중 재산법 부분은 지난 수십 년간 헌법적 보장 없이도 헌법보다 높은 안정성을 누려왔다.

29) 김일환, "기본권형성적 법률유보에 대한 비판적 검토", 법제연구 제11호(1996), 201면.

30) 헌법재판소 2011. 3. 31. 선고 2008헌바141, 2009헌바14, 19, 36, 247, 352, 2010헌바91 결정.

31) 헌법재판소 2012. 8. 23. 선고 2010헌바167 결정.

32) 헌법재판소 2012. 2. 23. 선고 2011헌바14 결정.

33) 헌법재판소 2012. 12. 27. 선고 2011헌바235 결정.

34) 헌법재판소 2013. 10. 24. 선고 2012헌바431 결정.

시키는 것이 사업주체의 재산권을 침해하는지,[35] 개발제한구역 내 일정한 면적 및 수량 이상의 죽목을 벌채하는 경우 관할관청의 허가를 받게 하는 것이 그 토지소유자의 재산권을 침해하는지,[36] 관리처분계획의 인가고시 후 별도의 행정처분 없이 정비구역 내 소유자의 사용·수익을 정지하는 것이 그의 재산권을 침해하는지,[37] 도시 및 주거환경 정비법에 따른 주택재개발사업의 시행자가 임차인의 사용·수익권을 일방적으로 정지시키는 것이 임차인의 재산권을 침해하는지[38] 등이 예외 없이 목적의 정당성, 수단의 적합성, 침해의 최소성, 법익의 균형성이라는 과잉금지의 원칙의 판단도식에 따라 가려졌다.[39]

그렇다면 민법 규정의 경우는 어떠한가. 이 점에서는 무엇보다도 헌법재판소 1993. 7. 29. 선고 92헌바20 결정이 주목된다. 같은 결정은 민법 제245조 제1항의 점유취득시효가 본래의 부동산 소유자의 재산권의 본질적 내용을 보상 없이 침해한다는 청구인의 주장을 다음과 같은 이유로 배척하였다:

"우리 헌법상의 재산권에 관한 규정은 다른 기본권 규정과는 달리 그 내용과 한계가 법률에 의해 구체적으로 형성되는 기본권형성적 법률유보의 형태를 띠고 있다. [중략(머리 점과 꺽쇠는 필자가 부가

---

35) 헌법재판소 2015. 2. 26. 선고 2014헌바177 결정.

36) 헌법재판소 2015. 11. 26. 선고 2014헌바359 결정.

37) 헌법재판소 2015. 11. 26. 선고 2013헌바415 결정.

38) 헌법재판소 2014. 7. 24. 선고 2012헌마662 결정. 이는 임차권의 본질적 제한에 해당하므로 보상이 필요하다고 한다.

39) 나아가 재산권 제한의 범위 내에서 보상이 필요한 헌법 제23조 제3항의 공용수용과 보상이 반드시 필요하지는 아니한 헌법 제23조 제2항의 한계의 구분에 관하여는 윤영미, "재산권 보장과 헌법재판소의 역할", 헌법학연구 제21권 제3호(2015. 9), 234면 이하 참조. 이 문제에 대하여는 주로 공법에서 많은 논의가 이루어지고 있다.

한 것이다. 이하 같다)] 헌법이 보장하는 재산권의 내용과 한계를
정하는 법률은 재산권을 제한한다는 의미가 아니라 재산권을 형성한
다는 의미를 갖는다.

[중략]

먼저 민법 제245조 제1항에 정한 취득시효제도로 원소유자가 보
상도 받지 못하면서 소유권을 완전히 상실하게 하는 것이 헌법 제
23조에 반하는지의 여부에 관하여 살펴본다.

[중략] 민법 제245조 제1항은 부동산에 대한 소유권자이면서 오
랫동안 권리행사를 태만히 한 자와, 원래 무권리자이지만 소유의 의
사로서 평온, 공연하게 부동산을 거의 영구적으로 보이는 20년 동안
점유한 자와의 사이의 권리의 객체인 부동산에 대한 실질적인 이해
관계를, 위에서 본 취득시효 제도의 필요성을 종합하고 상관적으로
비교형량하여 형평의 견지에서 실질적 이해관계가 보다 두터운 점유
자가 원소유자에게 이전등기청구권을 취득하게 한 것이다. 그리고
그 반사적 효과로서 아무런 보상이나 배상이나 부당이득의 반환이
없이 원소유자의 소유권을 상실케 하는 결과를 낳게 한 내용으로,
헌법이 보장하는 재산권인 부동산소유권의 득실에 관한 내용과 한계
를 구체적으로 형성한 것이다.

그리고 한편 원권리자는 시효가 진행하는 20년 동안 언제든지 소
유권자로서의 권리를 행사하여 처분도 할 수 있고, 민법 제247조 제
2항, 제168조 내지 제177조 등에 의하여 점유자의 점유를 배제하
거나 점유자의 평온성을 배제하는 등으로 시효를 중단할 수도 있고,
시효기간이 지난 후에도 점유자가 처분금지가처분을 하기 전에는 선
의로 부담 없이 처분할 수도 있도록 함으로써 원소유자의 보호도 그
형평이 충분히 배려되어 있다.

[중략] 다음으로 위 민법 제245조 제1항의 취득시효제도가 재산권
의 본질적 내용을 침해하여 헌법 제37조 제2항에 반하는지의 여부를
살핀다. 위에서 본 바와 같이 민법 제245조 제1항은 사유재산권을

부인한 것이 아니고 헌법 제23조 제1항 제2문에 의거한 토지소유권
의 득실에 관한 내용과 한계를 법률로써 정하여 형성한 것이다. 그
러므로 동 법조문에 의거하여 점유자가 취득시효에 의한 소유권을
취득한 반사적 효과로서 원소유자가 아무런 보상이나 배상을 받지
못하고 소유권을 상실한다고 하더라도 이는 기본권의 제한을 정한
규정이라고 할 수 없다. 따라서 기본권의 제한의 한계를 규정한 헌
법 제37조 제2항에 위반되는 규정이라고 할 수 없다.

　[하략]"

위와 같은 논리는 같은 조항에 대한 헌법재판소 2013. 5. 30.
선고 2012헌바387 결정에서 재확인되고, 이후 2016. 2. 25. 선고
2015헌바257 결정에서 민법 제245조 제2항의 등기부취득시효에 연
장되었다.

두 가지 점이 주목된다. 첫째, 헌법재판소는 이 결정에서 이른
바 기본권형성적 법률유보(grundrechtsausgestaltender Gesetzesvorbehalt)
개념을 채택하고, 이를 기본권제한적 법률유보(grundrechtsbegrenzender
Gesetzesvorbehalt)와 명시적으로 구분하여("제한한다는 의미가 아니
라"), 전자에 대하여는 헌법 제37조 제2항의 적용을 배제하였다. 둘
째, 그 대신 헌법재판소는 그러한 형성이 '형평이 충분히 배려되어'
이루어졌는지를 따졌다. 이는 당해 사안에서 소유권을 기본권으
로 인정하면서 별다른 보상 없이 그 완전한 박탈을 헌법 제37조
제2항의 틀에서 정당화하기 어렵다는 사정과 관계되어 있다고 추
측된다.[40)]

---

40) 1980년 제소기간법(Limitation Act of 1980) 제15조에 의한 영국법상의 취득시효
　　가 유럽인권협약(European Human Rights Convention) 부속의정서 제1조의 재산
　　권 보호 조항 위반인지 여부에 관한 J. A. Pye (Oxford) Ltd and Another v
　　United Kingdom (2007) 46 EHRR 1083의 다수의견도, 국세징수나 처분이 아닌
　　부동산(물권)법의 일반규칙인 취득시효에 의하여 소유권을 박탈당한 경우에는

이후 헌법재판소는 출원상표의 식별력 유무 판단의 기준시점을 등록사정시나 심결시로 한 것은 '합리적인 이유가 있으므로' 헌법에 반하지 아니한다고 함으로써 이러한 판단 틀을 재확인하였으나,[41] 점차 재산법은 재산권을 형성함과 동시에 제한하므로 헌법 제37조 제2항의 통제를 받는다고 함으로써 위 두 설시 모두를 상대화하였다. 가령 헌법재판소 2005. 5. 26. 선고 2004헌바90 결정은 민법 제766조 제1항의 단기소멸시효가 피해자의 재산권을 침해하는지 여부와 관련하여 소멸시효규정은 재산권형성적 법률유보에 속하므로 그 위헌 여부는 헌법 제37조 제2항에 따라 판단되어야 한다고 하였다.[42] 그러나 이 결정에서도 실제로는 목적의 정당성과 수단의 적절성만 판단한 뒤 나머지 과잉금지의 요건은 생략되고 상당성만 따진 뒤 곧바로 입법형성권의 자의적 행사인지 여부로 넘어가고 있어, 일반적인 기본권제한의 한계 판단과는 다르다는 점에 주의할 필요가 있다.

확실히 기본권형성법률과 기본권제한법률을 명확히 구분하기는 어렵다. 모든 형성에는 동시에 한정 내지 제한의 측면이 있게 마련이다. 그러나 특히 재산권의 경우 헌법이 정한 최소한의 내용

"deprivation"이 아닌 "control of use"로 보아야 한다면서 — 대부분의 유럽연합 국내법상 인정되고 있는 — 보상 없는 취득시효가 비례의 원칙에 반하지 아니하여 허용된다고 판단하였다. 그러나 다수의견도 "deprivation"과 "control of use"의 구별기준을 명확히 하고 있지는 아니하다. 이 결정을 알려주신 윤진수 교수님께 감사드린다.

41) 헌법재판소 2003. 7. 24. 선고 2002헌바31 결정.

42) 이는 헌법재판소 1998. 6. 25. 선고 96헌바27 결정이 임금채권의 소멸시효를 3년으로 제한하는 것이 위헌인지 여부를, 헌법재판소 2001. 7. 19. 선고 99헌바9 등 결정이 상속회복청구권의 제척기간에 관한 민법 제999조 제2항 등이 위헌인지 여부를 각 재산권의 형성이 아닌 제한의 관점에서만 다룬 것과 대비된다. 입법기술상 재산권의 형성과 제한 사이에 교환·대체 가능성이 있어 이를 규정형식에 따라 가리는 것은 합리적이지 아니하다는 점에 비추어볼 때 타당한 견해라 할 것이다.

이 빈약하고 그 대부분이 법률에 의하여 형성되어야 하므로, 형성
적 성격을 갖는다고 보는 경우와 제한적 성격을 갖는다고 보는 경
우 헌법적 통제의 밀도가 현저하게 달라질 가능성이 있다.[43] 이러
한 관점에서 공법적 제한을 형성이 아닌 제한으로 다루어 엄격하
게 위헌 여부 심사를 하는 것이 정당한지는 별론,[44] 민법, 특히 재
산법이 정하는, 대등한 권리주체 사이의 재산관계에 관한 규정은
모두 형성적 성격을 갖는다고 봄이 원칙이라고 여겨진다. 어떤 권
리를 인정하면서 거기에 존속기간(가령 특허법 제88조, 저작권법 제39
조, 상표법 제42조)을 둘지, 제척기간을 붙일지,[45] 아니면 소멸시효
에 맡길지,[46] 취득시효를 인정하고 그 반사적 효과로 종전 소유자
의 재산권을 상실시킬지, 상속인의 재산권 회복을 제척기간에 의하
여 차단하고(민법 제999조 제2항) 그 반사적 효과로 참칭상속인의 재
산권 취득을 인정할지는[47] 어느 정도는 입법기술상의 차이에 불과

---

43) 이 점에서 헌법재판소 1993. 7. 29. 선고 92헌바20 결정을 언급하면서도 기본권형
   성이 동시에 제한이기도 하다는 점만을 들어 양자의 구분을 부정하고 헌법 제23
   조 제1항도 제한적 법률유보로 보는 김일환(주 29), 202-205면에는 찬성할 수 없
   다. 이에 대하여 양자의 구별을 강조하면서 헌법재판소가 종종 양자를 구별하지
   아니한다고 비판하는 것으로 차진아, "재산권 보장의 상대화와 입법자의 역할 - 헌
   법 제23조 제1항의 해석에 관한 시론 -", 고려법학 제76호(2015. 3), 179면.
44) 공법적 규제는 제한으로, 사법은 형성으로 구분하거나, 새로운 권리규정은 형성으
   로, 기존의 권리의 (불리한) 변경은 제한으로 구분하는 등의 접근은 독일에서도
   시도된 바 있으나, 논리적으로는 어느 것이나 결함이 있어 받아들여지지는 아니
   하였다. Appel, *Entstehungsschwäche und Bestandsstärke des verfassungs-
   rechtlichen Eigentums* (2004), S. 154 ff., 269-272. 한편, 차진아(주 43), 180면은
   형성과 제한이 단순히 시간적 선후관계로 이해되어서는 안 된다면서도 구체적인
   기준을 제시하지 아니한 채 개별사안에 따라 신중하게 검토할 필요가 있다고 한다.
45) 제척기간은 본래 어떤 권리에 처음부터 예정되어 있는 존속기간으로 이해되어 왔
   다. 가령 김진우, "소멸시효와 제척기간", 재산법연구 제25권 제3호(2009. 2), 166
   면 이하.
46) 오늘날 제척기간과 소멸시효의 차이가 과장되었다는 주장이 유력하게 제기되고
   있다는 점도 참조. 우선 김진우(주 45), 176면 이하.
47) 대법원 1994. 3. 25. 선고 93다57155 판결; 1998. 3. 27. 선고 96다37398 판결.

하다. 그로부터 형성과 제한을 구분하는 의미 있는 기준을 도출할
수 없다. 재산권처럼 헌법이 정하는 바가 적어 법률이 기본권을 구
체화한다고 말하기도 어렵고 거의 전적으로 형성한다고 보아야 하
는 영역에서 제한은 법률에 의한 형성을 전제하고 그에 크게 의존
할 수밖에 없다. 형성과 제한을 일원적으로 파악하여야 한다면 형
성 쪽으로 파악할 수밖에 없는 까닭이 여기에 있다.[48]

  좀 더 흥미를 끄는 것은 이때 형성의 헌법적합성을 어떻게 판
단하는가 하는 점이다. 위 결정이 시사하듯 헌법재판소는 (사유재산
을 인정하는 한) 입법자에게 무제한의 입법형성권을 부여하지 아니
한다. 위 헌법재판소 1993. 7. 29. 선고 92헌바20 결정은 추상적인
기준으로 '형평'을 내세우면서 구체적으로는 취득시효의 제도목적
(실질적 이해관계의 존중)과 그 내용의 적합성 및 원소유자에게 그로
인한 소유권상실의 효과를 귀속시킬 만한 근거(중단시킬 기회가 있었
다는 점)를 형량하였다.[49] 두 사람의 기본권이 아닌 두 (제도)원리가

이처럼 취득시효와 상속회복청구권에 여러 비슷한 점이 있음에 비추어 볼 때[윤
진수, "상속회복청구권의 성질과 그 제척기간의 기산점 - 대법원 1991. 12. 24. 선
고 90다5740 판결 - ", 민법논고 V(2011), 113-114면], 한 사건은 전적으로 기본권
형성법률의 관점에서, 다른 사건은 전적으로 기본권제한법률의 관점에서 판단한
것은 적절하지 아니하였다고 여겨진다.

48) 독일의 통설이다. Appel(주 44), S. 162 ff.(서로 다른 사적 이익의 조정에 관하
여); Riedel(주 21), S. 22 f.(일반적으로). 굳이 형성과 침해 - 제한을 구분하여야
한다면 사법상 재산권의 경우 사법규정에 의한 내용규정을 형성으로, 그에 부
과되는 공법상 규율을 침해 - 제한으로 보는 것이 이론적 난점에도 불구하고 수
긍할 만한 기준을 제공한다. 그러나 소유권을 민법상 개념에 따라 이해하고 공
법적 규제는 그 침해 - 제한으로 보는 독일연방헌법재판소로 소급하는 접근은 오
늘날 통설이 취하는 바가 아니라는 설명으로, H. Dreier/Wieland, *Grundgesetz-Kommentar*, Bd. I, 3. Aufl. (2013), Art. 14, Rn. 144.

49) 취득시효의 제도목적을 달성하기 위하여 '반사적으로' 원소유자의 소유권을 상실
시켜야만 하는 까닭과 보상 없는 취득을 인정하는 까닭 또한 설명되었어야 할 것
인데, 위 결정은 이를 게을리 하였다. 위 두 논점에 관하여는 이동진, "양도담보
설정자의 담보목적물에 대한 시효취득의 허부 및 그 소급효 제한", 민사법학 제
77호(2016. 12), 93면 각주 83 및 同, "물권법의 법경제학", 김일중·김두얼 편,

객관적으로 형량되었던 것이다.[50) 이러한 태도는 그 이후의 재판례에서도 관찰된다. 가령 헌법재판소 2006. 11. 30. 선고 2003헌바66 결정은 채권자취소권의 제척기간에 관하여 '법률행위를 한 날로부터 5년'이라는 객관적 한계를 둔 민법 제406조 제2항이 그의 재산권을 침해하는지와 관련하여 - 헌법 제37조 제2항은 언급하지 아니한 채 - "채권자취소제도의 채택이나 채권자취소권의 내용은 원칙적으로 입법자가 입법 정책적으로 결정하여야 하는 사항"이나 (채택하였을 때) "구체적으로 그 권리의 행사기간을 정하는 것은 채권자의 이익과 거래의 안전과 같은 서로 충돌하는 이익을 고려하여 그 경계를 설정하고 조화를 이루어야 하는 문제"인바, 채권자취소가 "제3자에게 미치는 영향이 크고 거래의 동적 안전을 해칠 우려가 있"으므로 거래안전을 위하여 합리적인 제한이라는 결론을 끌어낸다. 또한 헌법재판소 2010. 12. 28. 선고 2009헌바20 결정은 유류분반환청구권의 소멸시효기간을 '반환하여야 할 증여를 한 사실을 안 때로부터 1년'으로 한 민법 제1117조가 유류분권자의 재산권을 침해하는지 여부와 관련하여 (유류분반환청구권을 인정하면서도) "행사기간 자체가 지나치게 단기간이거나 기산점을 불합리하게 책정하여 그 권리행사를 현저히 곤란하게 하거나 사실상 불가능하게 한다면 그것은 권리의 본질을 침해하는 것이 되어 허용할 수 없"다고 한다. 그리고 헌법재판소 1997. 8. 21. 선고 94헌바19 등 결정은 근로자에게 공시되지도 아니하고 금액도 한정되어 있지 아니한 퇴직금에 대하여 질권자 및 저당권자보다 앞서 변제받을 수 있는 우선특권을 인정한 것은 "우리 법제상 [중략] 그 목적물로부터 다른

법경제학, 이론과 응용[Ⅱ](2013), 206면.

50) 등기부취득시효에 관하여 헌법 제37조 제2항을 적용한 헌법재판소 2016. 2. 25. 선고 2015헌바257 결정도 그 구체적 판단에 있어서는 전적으로 위와 같은 논증을 따르고 있다.

채권자보다 우선적으로 자기채권의 변제를 받는 권리”인 질권·저
당권의 “담보가치의 효용성”을 “형해화”할 수 있어 질권·저당권의
본질적 내용을 침해할 소지가 있고[51] 입법목적의 정당성만 앞세워
“담보물권제도의 근간을 흔들”어 과잉금지의 원칙에도 반한다면서
헌법불합치를 선고한다.[52] 점유취득시효, 채권자취소권, 유류분권
을 인정할지 여부, 점유나 등기로 공시되는 약정담보물권으로서 질
권·저당권을 인정할지 여부는 의심할 여지없이 입법형성의 재량
에 맡겨져 있다. 위 헌법재판소 결정들은 그럼에도 불구하고 일단
이러한 제도를 두기로 하였다면 그것이 제대로 기능할 수 있도록
제도를 형성하여야 하고, 그 과정에서 거래의 (동적) 안전이나 공시
(公示)의 원칙과 같은, 그러한 제도 배후에 자리 잡고 있는 법원칙
이 준수되어야 한다는 취지인 셈이다.

　그런데 이러한 판단은 자기결정, 자기책임을 비롯한 귀속근거,
거래의 (동적) 안전, 권리변동의 공시(公示) 등 민법의 ‘원칙’(Rechts-
prinzipien)과 이를 배경으로 한 취득 및 소멸시효, 제척기간, 유류분

---

51) 이는 결과적으로 법률이 형성한 재산권을 준거로 삼아 그로부터 헌법 제37조 제2
　항의 보호대상인 ‘재산권의 본질적 내용’을 끌어내는 것이 되는데, 이러한 해석에
　는 의문이 없지 아니하다. 독일에서는 소유권의 경우 그 박탈도 가능하다는 점에
　서 독일기본법 제14조 제3항, 제15조가 본질적 내용 보장에 관한 제19조 제2항의
　특칙이라고 보고 있다. H. Dreier/H. Dreier, *Grundgesetz-Kommentar*, Bd. I, 3.
　Aufl. (2013), Art. 19 Ⅱ, Rn. 16, 20.

52) 반면 사용자 파산시 최종 3개월분의 임금과 최종 3년간 퇴직금에 대하여 최우선
　변제권을 인정한 것은 담보물권자의 재산권 등 기본권을 침해하지 아니한다고 한
　다. 헌법재판소 2008. 11. 27. 선고 2007헌바36 결정. 한편 헌법재판소 2016. 6.
　30. 선고 2013헌바191, 2014헌바473 결정의 다수의견은 개발부담금을 개발부담
　금 납부 고지일 후 저당권 등으로 담보권 채권에 우선하여 징수할 수 있게 한 것
　은 입법재량을 일탈하여 담보권자의 재산권을 침해한다고 보기 어렵다고 한다.
　나아가 담보물권에 관한 것은 아니지만 헌법재판소 2006. 11. 30. 선고 2003헌가
　14, 15 결정의 다수의견은 상호신용금고의 예금채권자에게 예탁금의 한도에서 총
　재산에 대하여 일반채권자보다 우선하여 변제하게 하는 것은 일반채권자의 재산
　권과 평등권을 침해한다고 한다.

권, 담보물권 등 '제도'(Rechtsinstituten)가 최적 실현되고 있는지 여부(Optimierungsgebot)를 따지는 것에 다름 아니다. 법학방법론에서 객관적·목적론적 해석과 법형성(Rechtsfortbildung)의 기준으로 이야기하는 원칙 및 그 내적 체계(inneres System)를[53] – 그 위반을 해석 및 법형성의 틀 안에서 처리할 수 없을 때 – 헌법재판소에 의한 법률의 합헌성 통제의 기준으로 끌어올린 셈이다. 나아가 이러한 원칙과 제도가 거의 전적으로 민법 내부, 가령 법률규정과 그 의미관련, 전체유추(Gesamtanalogie)를 통하여 도출되고 있음이 주목된다. 본래 법원칙은 헌법에 규정되어 있을 수도 있고[54] 법률 내지 법률규정으로부터 끌어낼 수도 있다.[55] 그러나 헌법이 재산권 내지 재산법질서에 대하여 직접 규정하는 바가 거의 없는 이상, 민법 규정에 대한 규범통제에서 문제되는 법원칙도 민법 차원의 것일 수밖에 없는 것이다.[56] 그 결과 헌법재판소가 '재산권' '침해'에 대하여 과잉금지의 원칙을 적용하거나 특정 '재산권'의 '본질적 내용' 침해를 말할 때조차도 그 '재산권'의 내용은 헌법적인 것이 아닌 법률적, 즉 민법적인 것에 그친다.[57]

---

53) 김용담/윤진수, 주석민법[총칙(1)] 제4판(2010), 92면 이하; Larenz, *Methodenlehre der Rechtswissenschaft*, 6. Aufl. (1991), S. 474 ff. 또한 Canaris, *Systemdenken und Systembegriff in der Jurisprudenz*, 2. Aufl. (1983), S. 86 ff.

54) 기본권 내지 일반조항으로서 기본권규정을 그 자체 (법)원칙으로 이해하기도 한다. 이러한 입장과 그에 대한 반론의 소개는 Borowski, *Grundrechte als Prinzipien*, 2. Aufl. (2007), S. 69 ff. 참조.

55) Larenz(주 53), S. 474.

56) 이 점에서 헌법상 기본권의 하나로서 재산권 내지 소유권을 형성할 때 요구되는 법원칙과 이미 형성된 구체적 재산권질서를 심사하는 또 다른 기준으로서 민법 내부의 법원칙은 구분되어야 한다. 전자에 대하여는 가령 Cornils, *Die Ausgestaltung der Grundrechte* (2005), S. 290 ff., 후자에 대하여는 독일민법에 대한 Canaris(주 53)의 분석 이외에, 오스트리아일반민법에 대한 F. Bydlinski, *System und Prinzipien des Privatrechts* (1996), S. 117 ff. 참조.

57) 이러한, 재산권 보장과 관련하여 비례성 원칙을 적용하는 데 있어 생기는 이론적 문제점은 독일의 통설도 인식하고 있는 바이다. 우선 Wieland(주 48), Rn. 144 ff.

　　이러한 사정은 민법규정 중 특히 재산권형성적 규정의 규범통
제절차에서 재산권 침해와 함께 빈번하게 문제되었던 평등의 원칙
위반 여부 판단에서도 그대로 반복된다. 여기에서는 가령 채권자
취소권의 제척기간과 민법상 취소권 일반의 제척기간(민법 제146
조), 상속회복청구권의 제척기간(제999조 제2항) 사이에 불균형 내지
모순이 있는지,[58] 유류분반환청구권의 소멸시효를 안 날로부터 1
년으로 하는 것(민법 제1117조)과 상속회복청구권의 제척기간을 안
날로부터 3년으로 하는 것(민법 제999조 제2항) 사이에 불균형 내지
모순이 있는지,[59] 상속회복청구권에 제척기간을 규정함으로써 상
속으로 인하여 재산권을 취득한 자와 그 밖의 원인에 의하여 재산
을 취득한 자를 달리 취급하는 것이 합리적 차별인지가[60] 심사의
대상이 된다. 이는 민법의 제 원칙과 그 체계에 비추어 각 제도규
율 사이의 평가모순(Wertungswidersprüche)의 존부를, 해석을 넘어
그 합헌성과 관련하여 따지는 것으로,[61] 헌법 제11조가 정하는 '모
든 국민'의 법 앞의 평등과는 그 뉘앙스를 달리한다.

　　이상에서 본 바와 같이 재산권 보장 규정은 민법에 대한 규범
통제절차에서는 그 자체로는 별다른 기능을 하지 아니한다. 헌법재
판소가 이 영역에서 규범통제를 하지 아니하는 것은 아니나, 헌법
재판소의 규범통제는 헌법적 이념에 의하여 직접 향도되는 것이
아니라, 적어도 일반사법의 핵심영역에 있어서는, 사실상 민법 안
에서 발전되어온 법원칙과 제도의 내적 논리를 인식한 다음, 헌법

　　　이와 관련하여 제도보장의 한계로 접근하려는 견해와 객관적 형량명령으로 접근
　　하려는 견해, 기존 재산권질서를 변경하는 경우의 문제 등에 관한 독일의 논의에
　　대하여는 Appel(주 44), S. 199 ff.
58) 헌법재판소 2006. 11. 30. 선고 2003헌바66 결정.
59) 헌법재판소 2010. 12. 28. 선고 2009헌바20 결정.
60) 헌법재판소 2001. 7. 19. 선고 99헌바9 등 결정.
61) Larenz(주 53), S. 334 ff. 평가모순의 해결과 헌법상 평등의 원칙의 관계에 관하
　　여는 Canaris(주 53), S. 121 ff.

적 술어로 재가공된, 그러나 실제로는 전통적으로 승인되어온 방법
론적 지침에 따라 그것에 일정한 헌법적 효력을 부여하여 이를 입
법에 대하여도 관철시키는 방향으로 작용한다. 이는 대체로 다음과
같이 설명될 수 있다. 재산권형성에 관하여는 입법자에게 널리 재
량이 인정된다. 그러나 이미 형성된 재산권질서는 해석, 법형성,
개정을 통하여 모순 없이 체계적으로 정당한 것으로 완성되어야
한다. 특히 민법은 자유롭고 평등한 추상적 개인을 전제하고,[62]
각각의 법률관계에 있어 권리주체의 지위는 교환 가능하다고 간주
된다. 여기에서는 기본적으로 교정적 정의(iustitia correctiva)가 기준
이 된다. 그러한 한도에서 민법 입법자와 그 해석자에게는 독자적
목적설정권능(Zwecksetzungskompetenz)이 사실상 제한되어 있고,[63]
헌법재판소도 그에 구속되는 것이다. 그리하여 헌법재판소의 민법
에 대한 규범통제는 민법이 전개한 원칙과 체계를 입법에서 관철
시키는 기능을 한다. 효력상 우위(Geltungsvorrang)는 헌법이 누리나,
인식상 우위(Erkenntnisvorrang)는 오히려 민법에 있다.[64] 민법에 대
한 규범통제는 체계정당성(Systemgerechtigkeit) 심사로 축소된다.[65]

---

62) 곽윤직·김재형(주 27), 37면.

63) Ch. Wolf, "Übertriebener Verkehrsschutz, −Zur subjektiven und objektiven
   Theorie im Rahmen von § 1365 BGB−", *JZ* 1997, 1087, 1090. 그는 부담의 정의
   (Belastungsgerechtigkeit)의 관점에서 공권력이 개입하지 아니하고 사인(私人) 사
   이 주고받는 것이 문제되는 사법에서는 목적설정권능이 제한될 수밖에 없다고 주
   장한다. 이에 대한 반론으로 Leuschner(주 17), S. 154 ff.

64) Ruffert, *Vorrang der Verfassung und Eigenständigkeit des Privatrechts* (2001), S.
   49 ff. 양창수, "헌법과 민법−민법의 관점에서−", 민법연구 제5권(1999), 20면
   이하, 특히 22면이 민법의 헌법에 대한 독자성을 강조하면서도 민법에 대한 위헌
   심사의 근거를 국가법으로서 민법이라는 점에서 찾는 것도 비슷한 취지로 보인다.

65) 양창수(주 64), 21면 및 주 29는 이를 '자기정화'라고 표현한다.

Ⅲ. 민법 해석·운용과 재산권 보장 조항

1. 기본권의 대사인효, 헌법합치적 법률해석과 재산권 보장 조항

(1) 기본권의 대사인효와 헌법합치적 법률해석

일반법원은 사법관계와 관련하여 주로 기본권의 대사인효의 이름 아래 헌법을 끌어다 쓴다. 여기에서는, 앞서 규범통제의 맥락에서와 달리, 기본권이 어떠한 방식으로 사법관계에 등장하는지 그 구체적 구성이 문제된다. 부작위에 의한 침해로 구성하는 독일의 일부 학설(주 18 참조)의 접근을 제외하면, 논리적으로 기본권을 사인(私人) 상호간에 주장할 수 있는 주관적 사권(私權)으로 보는 방법(직접효력설)과 기본권이 담고 있는 가치질서를 법의 해석·운용 과정에서 반영하는 방법을 상정할 수 있다. 전자의 접근은 개별 기본권의 해석상 주관적 사권성(私權性)이 있다고 봄으로써 정당화될 수 있다. 반면 후자는 일반적으로 민법상 일반조항, 가령 신의칙, 권리남용금지(민법 제2조), 공서양속(민법 제103조), 불법행위의 요건으로서 위법성 및 손해(민법 제750조) 개념 등을 통하여 객관적 가치질서로서 기본권의 방사효(放射效)가 미친다고 한다(간접효력설). 그러나 일반조항 외의 법률규정을 해석함에 있어서도 같은 배려가 베풀어져야 한다.[66] 법원도 국가기관으로서 헌법에 구속되므로 법률을 해석함에 있어서 가급적 헌법에 합치시켜야 한다(헌법합치적 해석). 기본권은 헌법의 일부이고, 기본권 보호의무가 인정된다고 보는 한 국가, 즉 법원은 사인(私人)의 다른 사인(私人)으로부터의

---

66) 윤진수(주 53), 70-71면; 윤영미, "민법상 일반조항과 기본권", 공법연구 제39집 제4호(2011. 6), 231-232면; Canaris, "Grundrechte und Privatrecht", *AcP* 184 (1984), 201, 222 f. 또한 Krings(주 18), S. 332 f. 나아가 법형성이 인정되는 한도에서는 법형성도 기본권에 구속된다.

기본권 침해에 대하여 구제가 이루어지도록 민법을 해석하여야 헌
법에 합치된다고 할 수 있다.[67) 그 요건이 불확정적이어서 법관에
게 구체화의 전권(專權)이 주어진 일반조항의 운용에서 이를 더 적
극 배려할 수 있음은 물론이나, 일반조항 이외의 규정의 경우에도
같은 의무가 존재하고 더 좁은 범위에서나마 이를 실현할 가능성
도 있다.

직접효력설과 간접효력설－헌법합치적 법률해석의 차이는 크
지 아니하다. 기본권을 침해하는 계약의 경우 직접효력설은 (헌법
적) 강행법규 위반으로, 간접효력설은 공서양속 위반으로 무효로
하고, 기본권을 침해하는 가해행위의 경우 직접효력설은 (헌법적)
권리침해로, 간접효력설은 위법행위로 보아 불법행위책임을 인정
한다. 기본권 보호에 필요하다면 직접효력설이든 간접효력설이든
정당한 권리행사 또는 단순한 위법성 조각사유로 책임을 배제할
수 있다. 간접효력설을 취하는 경우 그 자체 청구권이 도출되지는
아니하나, 직접효력설을 취하면 그렇지 아니하다는 차이가 있을 뿐
이다. 학설은 일반적으로 간접효력설을 원칙으로 하되, 예외적으로
직접효력설적인 접근을 허용한다.[68)

기본권의 대사인효는 일반법원의 재판에서 다음 두 기능을 한
다.[69) 첫째, 민법의 해석, 운용을 기본권을 위시한 헌법에 지향시

---

67) Krings(주 18), S. 241 f.
68) 가령 김선택(주 2), 167면 이하; 성낙인(주 5), 351-352면(근로3권, 언론출판의 자
    유, 협의의 인간의 존엄과 가치 및 행복추구권은 직접효가 있고, 그 밖에는 원칙
    적으로 간접효만 있다고 한다).
69) 백경일(주 4), 178면 이하는 가령 사립학교의 종교교육강제가 불법행위가 되는지
    (대법원 2010. 4. 22. 선고 2008다38288 전원합의체 판결)에 관하여 두 기본권의
    이익형량을 수행하는 것보다는 우선 종파교육으로 인하여 불편한 기분 내지 거부
    감이 민법 제751조 제1항에서 '재산 이외의 손해'를 구성하는지부터 따져야 하고,
    헌법 규정은 기껏해야 민법 제751조 제1항의 '자유'에 종교의 자유가 포함되는지
    여부와 관련하여 참조될 수 있을 뿐이며, 굳이 헌법 규정을 언급하지 아니하더라
    도 이를 인정할 수 있다고 한다. 그러나－위법성 판단에서 소극적 종교의 자유와

킨다. 그리하여 전체 법질서의 통일성을 제고한다. 둘째, 일반법원
에 유용한 논증수단을 제공한다. 법률규정은 종종 해석의 여지를
남긴다. 일반법원의 임무 중 하나는 그중 어떤 해석이 옳은지를 결
정하고, 나아가 그러한 결정에 대하여 설득력 있고 권위 있는 논증
을 제시하는 것이다. 일반조항을 구체화하여 적용할 때에는 이러
한 부담이 더욱 커진다. 민주적 정당성을 갖는, 그리하여 권위를
갖는 입법자가 정한 바가 적을수록 법관에게 더 큰 논증부담이 지
워지기 때문이다. 이 점에서 경쟁의 자유, 표현의 자유, 양성의 평
등이 중요하다고 말하는 것보다 그것이 헌법의 요청이기도 하다고
말하는 것이, 비록 레토릭(rethoric)이라 할지라도, 더 나은 전략이
된다.70)

종립학교의 종교교육의 자유가 형량되어야 한다는 점은 차치하더라도 - 헌법 규
정을 원용하는 정당화가 '자유'와 같은 불확정개념의 구체화에 도움이 된다는 점
은 부정할 수 없을 뿐 아니라, 나아가 헌법이 법관으로 하여금 그와 같은 방향으
로 구체화할 것을 요구하는 경우도 있는 것이다.

70) 재판에 대한 헌법소원이 허용되는 경우, 그리고 기본권 주체에게 국가(사법부)에
대한 보호청구권이 인정되는 경우 기본권의 대사인효는 나아가 기본권 보호청구
권과 결합하여 헌법소원의 청구인적격을 정당화하는 근거로도 기능한다. Krings
(주 18), S. 236 ff. 참조. 이러한 점에서 기본권의 대사인효와 기본권 보호의무 사
이에 밀접한 관련성이 있음은 물론이다. 그러나 양자를 완전히 동시하여 보호의
무에 대사인효가 흡수된다고 보아야 하는지는 의문이다. 논문심사과정에서 한 심
사위원은 대사인효과 보호의무는 양립가능하지 아니하므로 양자 사이에 선택이
필요하고, 대사인효는 더는 논의의 실익이 없으며 과소보호의 원칙이 중심적 기
능으로 등장하였다고 주장하였다. 그러나 독일에서도 대사인효가 방어권 또는 보
호의무의 문제로 해소될 수 있는 것인지 독자적인 범주인지에 대하여는 여전히
논란이 되고 있다. H. Dreier/H. Dreier, Grundgesetz-Kommentar, Bd. I, 3. Aufl.
(2013), Vorbem. vor Art. 1, Rn. 100 및 그곳의 문헌지시 참조. 나아가 민사(실
체)법은 사인과 사인 사이의 법률관계를 규정하고, 그 사이에 직접 국가를 개입시
키지 아니하는 방식으로 규정되어 있다. 그러므로 민사법원의 재판실무에서 보호
의무론의 접근방식은 - 논리적으로 불가능한 것은 아니라 하더라도 - 불필요하고
대사인효의 접근방식이 좀 더 경제적이고 정합적일 수밖에 없다. 대사인효가 논
리적으로 사법(私法)관계에 국한되지 아니함에도 주로 사법관계를 중심으로 전개
되어온 까닭이 여기에 있다. 이러한 접근에서 국가의 보호의무는 사권(私權) 내

이러한 관점은 나아가 어떤 때에 직접효과설에 따른 구제가
주어지고 어떤 경우에 간접적 효력(방사효)에 머무르게 되는지에
대하여도 시사하는 바가 있다. 두 구성 사이의 선택은, 일반(민사)
법원의 입장에서는, 문제된 기본권 자체의 성질이라는 헌법적 차원
보다는 오히려 피해자에게 (방해배제)청구권을 부여할 필요가 있는
지 라는 구제(remedy)의 차원에서 결정되기 쉽다. 직접효과설이 일
반적 금지청구권을 더 쉽게 정당화하기 때문이다.[71] 독일법원이
명예훼손 등 인격적 이익침해에 대하여 처음에는 불법행위책임만
을 인정하다가, 구제의 필요성으로부터 부작위청구권을 인정하고,
이후 기본법 제1조 제1항을 근거로 아예 일반적 인격권이라는 사
권(私權)을 창설한 것도 이러한 측면에서 이해할 수 있다.[72] 대법

지 사적 이익에 소권(訴權) 내지 재판청구권이 따른다는 점으로부터 도출될 수
있다. 호문혁, 민사소송법 제10판(2012), 85-90면.

71) 물론 헌법이 명문으로 대사인효를 정하거나 그 성질상 사인(私人)에 대하여 직접
효력을 갖는다고 볼 수밖에 없는 경우는 그렇지 아니하다. 이와 관련하여 헌법
제21조 제4항의 문언이 표현의 자유의 대사인효를 명문으로 정하고 있는지 논란
이 있다. 그러나 이 규정이 표현의 자유에 대하여 사인(私人)에 대하여도 보호영
역이 부여됨을 전제하고 있음은 별론, 구체적 작용의 맥락에서 직접효력설에 의
한 보호를 인정하고 있다고 볼 수는 없다. 이 규정은 민법상 (금전)손해배상책임
을 전제로 표현의 자유의 헌법 직접적 제한을 규정하고 있을 뿐이고, 표현의 자
유가 주관적 사권에 의하여 보호되는지 여부는 별도의 논증이 필요한 것이다. 김
선택(주 3), 156-157면도 비슷한 취지로 보인다. 그 밖에 간접효력설의 접근이 - 종
래 간접효력설을 취하는 이들의 주장과 같이 - 일반조항을 매개함으로써 법적용
자로 하여금 사법(私法)에 대한 헌법의 과도한 개입을 자제하도록 유도하는 사실
상의 기능을 할 수 있다는 점 또한 부인하기는 어렵다. 그러나 좀 더 중요한 것은
사법(私法)에 대한 헌법적 관점의 과도한 개입을 경계하는 태도 자체일 것이다.

72) 제철웅, "민사법에 의한 인격보호의 역사적 전개 - 특히 독일법을 중심으로 - ", 중
앙대 법학논문집 제24집 제1호(2000. 2), 278면 이하 참조. 우리 법원은 인격권을
이유로 금지청구를 인정하는 경우에도 간접효력설에 따르는 것처럼 판시하거나
[대법원 2011. 9. 2. 선고 2008다42430 전원합의체 판결(이른바 로마켓 사건)], 인
격권을 당연한 것으로 전제하고 법적 근거를 명시하지 아니하거나(대법원 1997.
10. 24. 선고 96다17851 판결 등), 표현의 자유와의 이익형량의 맥락에서 부수적
으로만 헌법적 근거를 명시한다(대법원 1988. 10. 11. 선고 85다카29 판결 등).

원 2006. 6. 2.자 2004마1148, 1149 결정도 환경·교통·재해 등에 관한 영향평가법 제1조상의 환경영향평가제도의 취지에 헌법상 환경권, 국가의 환경보전의무를 결합하여 '환경이익'이라는 주관적 보호이익을 도출하고 그로부터 금지청구권을 끌어내었다. 이때 환경권이 주관적 사권(私權)을 도출하는 데 일정한 기능을 하고 있다는 점은 부정하기 어려울 것이다.[73]

(2) 재산권 보장 조항의 경우

그런데 재산권 보장 조항과 관련하여서는 이러한 맥락에서도 문제가 있다. 재산권, 특히 사권(私權)에 대사인효가 있다는 점에는 이론(異論)의 여지가 없다.[74] 그러나 기본권의 대사인효는 법률의 해석, 구체화를 헌법적 가치에 지향시키고 그 결과를 헌법의 권위를 통하여 정당화하는 기능을 한다. 이는 헌법에, 법률이 정하는 바로부터 독립된 어떤 기본권의 내용이 있어야 가능한 일이다. 그

이러한 차이는 인격권 중 가장 먼저 문제되었고 또 가장 중요한 명예의 보호에 관하여 이미 민법 제764조가 원상회복에 관한 규정을 두고 있고, 이후 헌법재판소의 결정으로 규정의 적용범위에서 사죄광고가 제외됨에 따라 비로소 규정 외의 장래에 대한 금지청구가 본격적으로 문제되기 시작하였다는 점, 계수법으로 독일, 일본 등 다른 나라에서 인격권 논의를 이미 이론적으로 수용한 상태였다는 점 등과 관계되어 있을지 모른다.

73) 그럼에도 불구하고 이처럼 복잡한 논리구성을 취한 것은 우리 판례가 헌법상 환경권 자체에 주관적 사권(私權)성을 인정하는 것을 단호하게 거부하고 있다는 점과 관계가 있다고 보인다. 대법원 1995. 5. 23. 선고 94마2218 판결; 윤진수, "환경권 침해를 이유로 하는 유지청구의 허용 여부", 민법논고 II(2008), 364면 이하. 대법원은 생활방해로 인한 인근주민의 환경이익 침해에 대하여 금지청구를 인정하는 근거로도 '소유권 및 환경권'을 언급하곤 한다(대법원 2008. 9. 25. 선고 2006다49284 판결). 그러나 환경권만을 근거로 드는 경우는 찾아볼 수 없고, 이미 주관적 사권임이 분명한 소유권의 내용을 충전하는 보조장치로 헌법상 환경권을 활용하고 있다고 보인다. 이는 간접효력설에 가깝다.

74) 성낙인(주 5), 689면. 다만 같은 문헌은 간접적용설에 의한다고 하는데, 그 취지가 반드시 분명하지 아니하다. 사법(私法)상 재산권은 그 자체 주관적 사권(私權)이다.

런데 재산권의 경우 법률에 의하여 비로소 내용이 형성되고 그와 독립하여 헌법에서 끌어낼 수 있는 것이 별로 없으므로 기본권의 대사인효를 인정할 실익을 찾기가 어려운 것이다.

실제로 법률의 해석, 운용이 문제된[75] 민사판례 중 헌법상 재산권 보장이 문제된 예는 찾아보기 어렵다. 정리회사 부실경영주주의 주식 전부를 무상 소각하는 내용의 정리계획인가가 재산권의 제한의 한계를 넘는지,[76] 정리계획안에 부동의한 조에 대하여 권리보호조항을 정하면서 파산적 청산을 전제로 배당될 금액을 기준으로 한 것이 그의 재산권을 침해하여 헌법 제23조 위반인지[77] 등이 다투어진 바 있으나, 모두 재산권 침해가 인정되지 아니하여 법원의 논증도구로 쓰이지는 아니하였을 뿐 아니라, 법률의 해석이 아닌 법원의 인가(처분)의 당부와 관계되어 있고, 또한 이미 존재하는 주식이나 채권을 전제로 그 제한을 문제 삼는 것이어서 형성이 아닌 제한의 예에 해당한다고 볼 여지가 있었다.

한편, 대법원 2007. 5. 17. 선고 2006다19054 전원합의체 판결에서 대법관 양승태의 보충의견은, 사립학교의 임시이사가 정식이사를 선임하는 것을 원칙적으로는 부정하여야 한다는 다수의견을 보충하는 논거 중 하나로 임시이사가 정식의사를 선임한다면 사실상 학교법인의 재산의 귀속주체가 달라진 것과 다름없어 헌법 제23조가 보장하는 재산권에 관한 기본권을 침해한다는 점을 든 바 있다. 그러나 법률상 근거 없이 헌법에서 직접 학교법인의 재산을 사실상 설립자의 재산권의 대상처럼 파악하여야 한다는 결론을 끌

---

75) 법률이 아닌 명령, 규칙의 위헌심사권과 관련하여서는 여러 재판례를 찾아볼 수 있고, 민사법원의 관할에 속한다 하더라도 공법적 성격을 가지는 사건(재개발, 재건축 및 손실보상 등)과 관련하여서는 재산권 보장이 문제된 예가 보인다. 이에 관한 소개는 이 글의 주제를 벗어나므로 생략한다.
76) 대법원 1999. 11. 24.자 99그66 결정.
77) 대법원 2004. 12. 10.자 2002그121 결정.

어낼 수 있는지는 매우 의심스럽다. 다수의견은 이러한 논증을 채
택하지 아니하였다. 헌법재판소 2013. 5. 30. 선고 2010헌바292 결
정도 학교법인은 민법 및 사립학교법에 터 잡아 "사립학교의 설치,
경영만을 목적으로 설립된 재단법인으로, 그 설립자와는 별개의 권
리능력을 가지는 주체"라는－민법적－인식을 들어 설립자의 유가
족 등에게 학교법인의 재산에 대한 재산권이 없다고 한다. 이러한
입장이 타당할 것이다.[78]

---

78) 배병일(주 7), 65-67, 70면 이하는 취득시효법의 해석·운용과 관련하여 국가의
    기본권, 특히 재산권 보호의무를 중요한 근거로 원용하고 있다. 그러나 같은 문헌
    이 주장하는 바는 점유자가 사인(私人)인 경우와 달리 시효취득점유자가 국가 또
    는 지방자치단체인 경우에는 그 (점유)취득절차에 관한 서류를 제출하지 못하는
    경우에도 악의의 무단점유로 보아 자주점유의 추정이 깨진다는 일련의 판례(대법
    원 2001. 3. 27. 선고 2000다64472 판결; 2009. 6. 11. 선고 2009다19444 판결;
    2009. 9. 10. 선고 2009다32553 판결; 2010. 2. 15. 선고 2009다84530 판결 등)를
    뒷받침하고 이와 달리 여러 사정상 취득 관련 서류를 제출하지 못하고 있다 하더
    라도 자주점유의 추정이 깨진다고 보기 어렵다는 판단을 한 대법원 2005. 12. 9.
    선고 2005다33541 판결 이래 일련의 판례를 비판하는 것으로써, 국가 또는 지방
    자치단체가 취득시효를 원용하는 경우를 기본권의 대사인효의 문제로 볼 수 있는
    가 라는 측면에 착안하였다고 할 수 있다. 구 국유재산법상 잡종재산이 시효취득
    의 대상이 되는지에 관한 헌법재판소 1991. 5. 13. 선고 89헌가97 결정에 대하여
    비슷한 취지에서 비판적인 것으로 성낙인(주 5), 687면. 다른 한편, 김상훈, "북한
    주민의 상속회복청구권 행사와 제척기간－대법원 2016. 10. 19. 선고 2014다
    46648 전원합의체 판결에 대한 검토－", 가족법연구 제30권 제3호(2016. 12), 507
    면 이하는 남북주민 사이의 가족관계와 상속 등에 관한 특례법 제11조가 북한 상
    속인의 상속회복청구에 대하여 민법 제999조 제2항과 같은 제척기간을 명문으로
    정하지 아니하였다 하더라도 위 규정은 그 적용을 전제한 것이라고 해석함이 타
    당하다는 대법원 2016. 10. 19. 선고 2014다46648 전원합의체 판결의 다수의견에
    대하여 재산권 제한에 관한 법률유보 원칙에 반한다고 비판한다. 그러나 사법 영
    역에서 형성과 제한을 구분할 수 없고(앞의 주 43, 44 및 그 본문 참조), 법률이
    본질적인 부분을 규율하고 있는 한 세세한 부분의 보충형성은 법원의 과제라
    는 점(뒤의 주 81 및 그 본문도 참조)에서 이러한 논증방식은 그 자체 잘못된 것
    이다.

2. 일반법원의 법형성과 재산권 보장 조항

나아가 재산권 보장 조항이 법률 규정 없이 법관의 (법률보충적이든 법률초월적이든) 법형성으로 재산권을 창설하는 것을 금지하는가. 이 문제는 아직까지 본격적으로 논의되고 있지는 아니하다. 여기에서는 일단 긴장을 드러내고 문제를 제기하는 데 그치기로 한다.

헌법 제23조 제1항이 말하는 헌법적 의미의 재산권은 사적 유용성과 처분가능성을 핵심표지로 한다.[79] 그러나 그 대상이 무엇인지에 대하여는 직접 말해주는 바가 없다. 입법자는 일정한 범위에서 입법형성의 재량을 누린다. 물론 그러한 재량에도 한계가 있다. 개인이 자기책임 하에 삶을 형성해가기 위하여 어떤 대상에 대하여 재산권을 인정하는 것이 필수적이라면 국가는 그에 대한 재산권을 형성해줄 헌법상의 의무를 진다.[80] 이때 국가의 기본권 보호의무는 영(零)으로 축소되는 것이다. 문제는 헌법 제23조 제1항 제2문이 재산권의 내용과 한계를 '법률'로 정하게 하고 있다는 점이다. 이는 보호의무의 이행을 형식적 의미의 법률의 제정권을 갖는 입법자, 즉 국회에 맡긴다는 뜻으로 이해될 수 있다.[81]

---

79) 헌법재판소 2005. 7. 21. 선고 2004다57 결정.

80) Peukert(주 22), S. 702 ff.

81) 그러한 취지로 Peukert(주 22), S. 711 ff.(재산권에 대하여); Röthel, *Normkonkretisierung im Privatrecht* (2004), S. 54 ff.[사법 일반에 대하여. 그러나 같은 문헌은 스위스민법 제1조 제2항 및 오스트리아일반민법 제7조, 제10조처럼 조리, 관습법을 법원(法源)으로 명시하는 경우에는 달리 볼 수 있음을 시사한다. 이 점에서 우리 민법 제1조는 관습법과 조리를 보충적 법원(法源)으로 들고 있다는 점이 주목된다. 그러나 쟁점은 이들이 무엇을 어디까지 보충할 수 있는가 하는 점일 것이다. 이들의 운용에 관한 비교적 상세한 해명의 시도로, 윤진수(주 53), 106면 이하 참조]. 이에 대하여 독일기본법 제14조는 그러한 의미를 포함하지 아니하며 헌법 직접적으로-법관의 형량에 의하여-재산권을 도출하는 것이 배제된다고 할 수는 없다는 견해로, Cornils(주 56), S. 330 ff. 한편 기본권 보호의무의 수

물론 어떤 사항에 대하여 법률유보가 규정되어 있다 하더라도, 법률이 규율대상에 관한 모든 사항을 세세하게 규정하여야 하는 것은 아니다. 일반적으로는 규율대상에 관한 본질적인 사항을 규정하면 족하다고 이해된다(이른바 본질성설).[82] 그러나 재산권형성의 경우 어떠한 대상 내지 이익을 누구에게 법적으로 할당할 것인지 명시적·의식적으로 규정하지 아니하였음에도 본질적 사항이 규율되었다고 하기가 곤란하다. 그 결과 새로운 재산권의 형성에 관한 법관의 권한과 의무는 법형성에 대한 일반적인 방법론적 제약 이외에 추가로 본질적인 부분이 법률로 정해져야 한다는 의회민주주의적·법치국가적 제약을 받는 것이다.

이와 관련하여 대법원 2011. 10. 13. 선고 2010다63720 판결을 살펴볼 필요가 있다. 위 사건은 피고가 일반 공중의 통행에 제공된 도로에 개폐식 차단기를 설치하고 통행하는 차량 중 원고들의 차량의 통행을 막자 원고들이 통행방해의 배제와 개폐식 차단기의 제거를 구한 것이었다. 대법원은 "일반 공중의 통행에 제공된 도로를 통행하고자 하는 자는, 그 도로에 관하여 다른 사람이 가지는 권리 등을 침해한다는 등의 특별한 사정이 없는 한, 일상생활상 필요한 범위 내에서 다른 사람들과 같은 방법으로 그 도로를 통행할 자유가 있고, 제3자가 특정인에 대하여만 그 도로의 통행을 방해함으로써 일상생활에 지장을 받게 하는 등의 방법으로 그 특정인의 통행의 자유를 침해하였다면 민법상 불법행위에 해당하며, 그 침해를 받은 자로서는 그 방해의 배제나 장래에 생길 방해를 예방하기 위하여 통행방해행위의 금지를 소구할 수 있다"면서 원고들의 청구를 인용한 원심을 확정하였다. 흥미를 끄는 점은 방해배제를 받

신인(Adressaten)과 그 배분 일반에 대하여는 Krings(주 18), S. 242 ff.

82) 헌법재판소 1999. 5. 27. 선고 98헌바70 결정. 사법 일반에 대하여 같은 취지로, Röthel(주 81), S. 63 ff.

아들이고 그 근거를 통행의 자유에서 찾았으면서도 굳이 불법행위
로 구성하였다는 것이다. 이미 위 사건의 제1심 판결은[83] '관습상
통행권' 주장에 대하여 물권법정주의(민법 제185조) 위반이라는 이
유로 이를 배척한 바 있다.[84] 재산권을 주장하는 것이라면 명문의
법률상 근거가 필요한데, 현행법에는 그러한 근거가 존재하지 아니
한다는 것이다. 반면 이를 인격권으로 구성하려고 하면 법률유보
는 피할 수 있으나 결국 부동산 이용권인 통행권을 인격권으로 포
섭하는 것이 되어 인격권과 재산권의 구분이 불분명해질 수 있다
는 문제가 생긴다. 재산권이 결국 인격의 자유로운 발현을 위하여
보장되는 것이라면 재산권적 성격을 갖고 있는 것을 모두 인격권
으로 환원할 수 있고, 그러한 경우 헌법 제23조 제1항의 법률유보
는 무의미해질 수 있다.[85] 대법원의 불법행위 구성은[86] 이러한 난

---

83) 서울중앙지방법원 2009. 7. 23. 선고 2008가합127053 판결.

84) 다만, 민법 제185조는 법률 이외에 '관습법'으로도 물권이 인정될 수 있다고 하고,
실제로 관습법상 인정되는 물권이 있다(분묘기지권, 관습지상권). 이는 형식상으
로는 법률 규정인 민법 제185조에 터 잡은 것이지만, 관습상 물권의 본질적 내용
이 법률에 전혀 나타나지 아니하고 있다는 점에서 - 헌법 제23조 제1항과의 관계
에서 - 논란의 소지가 없지 아니하다. 우리 학설은 이러한 문제는 별로 의식하지
아니하는 것으로 보인다. 가령 곽윤직·김재형(주 23), 17면 이하.

85) 이러한 점을 둘러싼 일본에서의 논의에 대하여는 윤진수(주 73), 378-379면; 강지
웅, "통행의 자유와 통행방해 금지청구", 민사판례연구[XXXV](2013), 187면 이하
(그 자신 인격권설을 지지한다). 인격권과 재산권의 구분이 언제나 분명한 것은
아니다. 가령 적법한 선거홍보물을 배포하기 위하여, 언론이 적법한 취재를 위하
여 사소유지나 건물에 들어가는 것은 부동산 이용에 관한 것이기는 하나, 재산권
적 성격이 더 약하다고 보인다. 이러한 문제 상황에 대한 유럽 각국에서 헌법적
논변에 관하여는, Gajdosova and Banakas, "Private property, public access and
access to information: a comparative analysis", Brüggemeir, Ciacchi and
Comandé (Eds.) Fundamental Rights and Private Law in the European Union.
Vol. Ⅱ (2010), pp. 281 ff. 참조.

86) 이와 관련하여서는 대법원이 불법행위에 기한 금지청구의 요건으로 설정한 보충
성과 이익균형(2010. 8. 25. 자 2008마1541 결정)이 이 결정에서는 전혀 언급되고
있지 아니한 점도 주목된다.

점을 피하기 위한 것일는지 모른다.

이른바 퍼블리시티(publicity)권의 인정 여부도 이러한 관점에서 살펴볼 필요가 있다. 퍼블리시티권은 프라이버시(privacy)와 달리 재산적 이익의 보호를 주된 목적으로 한다. 그리하여 재산적 이익이 권리주체에게 배타적으로 할당되어야 할 뿐 아니라,[87] 양도성, 상속성, 재산분할가능성을 인정할 필요도 있다.[88] 그러나 퍼블리시티에 대하여 인격권과 부정경쟁방지법 및 저작권적인 보호가 가능한 범위를 넘어서[89] 하나의 독자적 재산권으로 인정하는 데는 헌법 제23조 제1항 및 같은 취지를 지적재산권에 대하여 재확인한 헌법 제22조가 문제될 수 있다. 퍼블리시티권을 하나의 독립된 재산권으로 승인하기 위해서는 법률상 근거가 필요한 것 아닌가 하는 점이다.[90] 여기에서는 예컨대 민법 제1조의 '관습법'이나 '조리'

---

87) 이 점은 규범적 손해의 인정 여부와 침해부당이득의 인정 여부에 일정한 영향을 미친다. 퍼블리시티권이 인격권과는 독립된 별개의 재산권임을 전제로 위자료 지급책임은 부정하고 재산상 손해는 원칙적으로 사용료 상당액이며, 아직 한 번도 사용허락을 한 바 없다면 업계에서 일반화되어 있는 사용료를 기준으로 하여야 한다고 한 것으로, 서울중앙지방법원 2006. 4. 19. 선고 2005가합80450 판결. 그 밖에 퍼블리시티권이 독자적 재산권임을 전제로 그 상속성을 인정하고 사후 50년까지 존속한다고 한 예로 서울동부지방법원 2006. 12. 21. 선고 2006가합6780 판결. 그러나 근래의 하급심 재판실무는 퍼블리시티권에 독자적 재산권성을 부정하고 인격권의 일부로 보는 경향이다. 가령 서울서부지방법원 2014. 7. 24. 선고 2013가합32048 판결.

88) 이에 관하여는 우선 이현경, "재산권으로서 퍼블리시티권", *Law & Technology* 제6권 제1호(2010. 1), 118면 이하 및 그곳에 인용된 문헌 참조. 독립된 재산권이라는 점을 명시한 하급심 재판례로는 서울고등법원 2005. 6. 22. 선고 2005나9168 판결; 서울중앙지방법원 2007. 11. 28. 선고 2007가합2393 판결 등. 양도성, 상속성 및 재산분할가능성을 인정하기 위해서 독립된 재산권으로 구성하여야 하는가 하는 점은 별개의 문제이다.

89) 그 간단한 소개 및 검토로는 이미선, "퍼블리시티권(The Right of Publicity)에 관한 고찰 : 그 범위와 한계 및 입법화 방안과 관련하여", *Law & Technology* 제6권 제2호(2010. 3), 120면 이하 참조.

90) 김영훈, "하급심 판결례의 퍼블리시티권(Right of Publicity) 인정에 대한 비판적 고찰", 사법논집 제44집(2007), 357면 이하도 같은 취지이다. 독일법에 대하여 같

에 의한 법발견이, 헌법 제22조 제2항, 제23조 제1항과의 관계에
서, 어느 범위에서 허용되는지, 가령 헌법 시행 후에도 관습법에
의하여 새로운 재산권이 창설될 수 있는지, 조리가 특히 재산권의
창설의 근거로 쓰일 수 있는지가 문제된다.[91] 이러한 개별 재산권
법에서의 법형성 내지 법발견과 헌법 제2조 및 제23조의 관계는
아직까지 각 재산권법학에서도 헌법학에서도 진지하게 다루어지지
아니하고 있고, 대개는 의식되지도 못하였다고 보인다.

Ⅳ. 결　　론

헌법 제23조 제1항의 재산권 보장 조항의 민법에 대한 의의는
무엇보다도 그것이 널리 법률유보를 규정하고 있다는 점에 있다.
즉 민사입법은 기본적으로 형식적 의미의 법률과 그것을 제정할
수 있는 입법부, 즉 국회의 권한에 속한다. 흥미를 끄는 점은 그것
이 헌법에 대한 민법의 실질적 독자성을 기초하는 기능을 한다는
점이다. 헌법보다 민법이 오래되었고, 헌법이 스스로 정당한 사법
질서를 정하지는 아니하기 때문이다. 그 결과 규범통제는 이미 존
재하는 민사법이 체계적으로 일관되고 정당하게 끝까지 관철되도
록 하는 기능을 수행하게 된다.[92] 같은 이유에서 사법상 어떤 이익

은 이유에서 인격적 표지의 상업적 이용에 관하여 인격권과 '독립된 재산적 이익'
을 인정한 Marlene 판결에 비판적인 것으로, Peukert(주 22), S. 838 ff.

91) 퍼블리시티권이 관습법상 인정되는 재산권이라는 견해로, 남형두, "퍼블리시티권
의 철학적 기반(상)", 저스티스 제97호(2007. 4), 136-137면; 이한주, "퍼블리시티
권에 관하여", 사법논집 제39집(2004), 185면. 이들 견해 또한 관습법상, 물권은
차치하더라도, 물권 아닌 재산권이 인정될 수 있는지 여부에 관하여는 그다지 관
심을 기울이지 아니한다.

92) 실제로 헌법재판소가 민법 규정을 위헌이라고 선언한 예에서는 민법의 기본원칙
인 사적 자치, 자기책임의 원칙 등이 - 그 예외에 대하여 - 관철되는 경향이 있다.
상속회복청구권의 제척기간에 관한 헌법재판소 2001. 7. 19. 선고 99헌바9 등 결
정, 채권자평등의 원칙에 관한 헌법재판소 2006. 11. 30. 선고 2003헌가14, 15 결

내지 그것을 누릴 지위를 '재산권'이라고 규정함으로써 그것이 우
선하여 보호되어야 한다는 헌법적 논변을 전개하는 것도 허용되지
아니한다. 대등한 두 당사자 사이의 이익조정을 목적으로 하는 사
법(私法)에서 그중 어느 한 사람의 지위에 '재산권'이라는 이름을
붙인다 하여 헌법적으로 고양된 지위가 주어지지는 아니하는 것이
다.[93]

또 하나의 흥미로운 점은 재산권의 형성을 법률에 맡김으로써
기본적으로 커먼로 국가에서처럼 이를 사법부, 즉 법원 판례의 전
개에 맡기지 아니할 것임을 분명히 하였다는 것이다. 그 결과 법원
의 법형성으로 새로운 재산권을 창설하는 것이 제한되었다고 볼
여지가 생긴다. 이는 한편으로는 관습법과 조리를 법원(法源)으로
인정하는 제1조와 관련하여 관습법이나 특히 조리로부터 새로운

정, 임대차존속기간제한에 관한 헌법재판소 2013. 12. 26. 선고 2011헌바234 결
정. Leuschner(주 17), S. 214도 사법에 대한 헌법적 심사를 우려할 필요가 없다
고 한다.
93) 앞의 주 78 참조. 근래 헌법재판소 2007. 10. 25. 선고 2005헌바96 결정은 채권자
취소권 제도에서는 채권자와 수익자의 재산권이 충돌한다고 하면서도 채무자의
공동담보감소행위는 신의칙 내지 형평의 견지에서 허용될 수 없고, 취소의 대상
은 사해행위에 한하며, 수익자의 악의를 요구하고 있다는 점 등에 비추어 비례의
원칙을 위반하여 수익자의 재산권을 침해하였다고 할 수 없다고 하고, 2014. 8.
28. 선고 2013헌바76 결정은 구 상가건물 임대차보호법상 임대인이 갱신거절권
을 행사할 수 있는 사유를 재건축에 정당한 사유가 있는 경우로 한정하지 아니하
고 재건축사업의 진행단계에 상관없이 갱신거절권을 행사할 수 있도록 한 것은,
임대인의 재산권을 보호하기 위한 임차인의 재산권에 대한 제한이라면서, 갱신거
절권의 남용으로 인하여 상가임차권의 존속보장이 비합리적인 방식으로, 비체계
적으로 위태로워지는지, 그리하여 입법자의 규율계획에 어긋나게 되는지가 문제
되는데, 법원이 요건을 적절하게 운용함으로써 남용위험을 피할 수 있으므로 그
러한 제한은 정당하다고 한다. 실질적으로는 정당한 논증이라 할 것이나, 채권자
와 수익자, 임대인과 임차인의 지위를 각 재산권으로 놓고 그들 사이의 충돌로
접근한 것은 의문이다. 헌법적 관점에서는 수익자의 지위에 처음부터 사해행위취
소의 부담이, 임대인의 지위에 임차인의 갱신청구권의 부담이 지워져 있고, 채권
자의 지위에 처음부터 사해행위취소권이, 임차인의 지위에 갱신청구권이 붙은 것
으로 보아야 하고, 그러한 형성이 정당한지를 물어야 하는 것이다.

권리를 창설하는 것이 가능한가 하는 의문을, 다른 한편으로는 그
러한 제약을 받지 아니하는 인격권과 그러한 제약을 받는 재산권
을 어떻게 구분할 것인가 하는 의문을 불러일으킨다. 이 점은 좀
더 논구할 필요가 있을 것이다.

▨ 참 고 문 헌

1. 국내문헌

강지웅, "통행의 자유와 통행방해 금지청구", 민사판례연구[XXXV](2013)

곽윤직·김재형, 민법총칙 제9판, 2013.

곽윤직·김재형, 물권법 제8판(전면개정), 2014.

김선택, "사법질서에 있어서 기본권의 효력", 고려법학 제39호(2002).

김영훈, "하급심 판결례의 퍼블리시티권(Right of Publicity) 인정에 대한 비판적 고찰", 사법논집 제44집(2007).

김일환, "기본권형성적 법률유보에 대한 비판적 검토", 법제연구 제11호 (1996).

김진우, "소멸시효와 제척기간", 재산법연구 제25권 제3호(2009. 2).

남형두, "퍼블리시티권의 철학적 기반(상)", 저스티스 제97호(2007. 4).

배병일, "취득시효상의 자주점유의 해석과 헌법상 재산권의 보장", 저스티스 통권 제126호(2011. 10).

백경일, "헌법규정이 사적 법률관계에서 고려될 수 있는 한계", 안암법학 통권 제43호(상)(2014. 1).

김상훈, "북한주민의 상속회복청구권 행사와 제척기간 – 대법원 2016. 10. 19. 선고 2014다46648 전원합의체 판결에 대한 검토 – ", 가족법연구 제30권 제3호(2016. 12).

성낙인, 헌법학 제13판, 2013.

양창수, "헌법과 민법 – 민법의 관점에서 – ", 민법연구 제5권, 1999.

윤영미, "민법상 일반조항과 기본권", 공법연구 제39집 제4호(2011. 6).

윤영미, "재산권 보장과 헌법재판소의 역할", 헌법학연구 제21권 제3호 (2015. 9).

윤진수, "사법상의 단체와 헌법", 민법논고 VI, 2015.

윤진수, "사죄광고제도와 민법 제746조의 위헌 여부 – 헌법재판소 1991. 4.

1. 선고 89헌마160 결정 - ", 민법논고 Ⅲ, 2008.

윤진수, "상속회복청구권의 성질과 그 제척기간의 기산점 - 대법원 1991. 12. 24. 선고 90다5740 판결 - ", 민법논고 Ⅴ, 2011.

윤진수, "전통적 가족제도와 헌법 - 최근의 헌법재판소 판례를 중심으로 - ", 민법논고 Ⅳ, 2009.

윤진수, "헌법이 가족법의 변화에 미친 영향", 민법논고 Ⅳ, 2009.

윤진수, 제1조 in : 김용담 편집대표 주석민법[총칙(1)] 제4판(2010).

윤진수, "환경권 침해를 이유로 하는 유지청구의 허용 여부", 민법논고 Ⅱ, 2008.

윤철홍, 소유권의 역사, 1995.

이동진, "물권법의 법경제학", 김일중·김두얼 편 법경제학. 이론과 응용 [Ⅱ], 2013.

이동진, "양도담보설정자의 담보목적물에 대한 시효취득의 허부 및 그 소급효 제한", 민사법학 제77호(2016. 12).

이동진, "판례변경의 소급효", 민사판례연구[XXXVI](2014).

이미선, "퍼블리시티권(The Right of Publicity)에 관한 고찰: 그 범위와 한계 및 입법화 방안과 관련하여", Law & Technology 제6권 제2호 (2010. 3).

이부하, "사법(私法)에 있어서 헌법합치적 재산권질서", 토지공법연구 제 48집(2010).

이장희, 기본권의 개념 및 인정 기준과 법률적 권리와의 관계(헌법재판소 헌법연구원 헌법이론과 실무 2015 - A - 2), 2015.

이준일, "기본권의 대사인적 효력의 적용", 헌법실무연구 제10권, 2009.

이한주, "퍼블리시티권에 관하여", 사법논집 제39집(2004).

이현경, "재산권으로서 퍼블리시티권", Law & Technology 제6권 제1호 (2010. 1).

임건면, "민법의 해석과 적용에 있어서 기본권의 영향", 성균관법학 제25 권 제2호(2013. 6).

정태호, "자유권적 기본권의 "제한"에 관한 고찰 - 이른바 사실상의 기본권

제약(faktische Grundrechtsbeeintrachtigung)을 중심으로 - ", 헌법
논총 제13집, 2002.

제철웅, "민사법에 의한 인격보호의 역사적 전개 - 특히 독일법을 중심으로 - ",
중앙대 법학논문집 제24집 제1호(2000. 2).

차진아, "재산권 보장의 상대화와 입법자의 역할 - 헌법 제23조 제1항의 해
석에 관한 시론 - ", 고려법학 제76호(2015. 3).

최희수, "민법 제3조 등 위헌소원 : 사산태아의 손해배상청구권 사건(헌재
2008. 7. 31. 2004헌바81, 판례집 20 - 2상, 91)", 헌법재판소결정해
설집 2008(2009).

호문혁, 민사소송법 제10판, 2012.

2. 외국문헌

Appel, *Entstehungsschwäche und Bestandsstärke des verfassungsrecht-
lichen Eigentums*, 2004.

Borowski, *Grundrechte als Prinzipien*, 2. Aufl., 2007.

F. Bydlinski, *System und Prinzipien des Privatrechts*, 1996.

Canaris, Grundrechte und Privatrecht, *AcP* 184 (1984), 201.

Canaris, *Systemdenken und Systembegriff in der Jurisprudenz*, 2. Aufl,
1983.

Cornils, *Die Ausgestaltung der Grundrechte*, 2005.

H. Dreier, Vorbem. vor Art. 1 in: H. Dreier (hrgs.) *Grundgesetz-
Kommentar*, Bd. I, 3. Aufl., 2013.

H. Dreier, Art 19 II in : H. Dreier (hrgs.) *Grundgesetz-Kommentar*, Bd.
I, 3. Aufl., 2013.

Gajdosova and Banakas, "Private property, public access and access to
information: a comparative analysis", Brüggemeir, Ciacchi and
Comandé (Eds.) *Fundamental Rights and Private Law in the
European Union*. Vol. II, 2010.

Krings, *Grund und Grenzen grundrechtlicher Schutzansprüche*, 2003.

Larenz, *Methodenlehre der Rechtswissenschaft*, 6. Aufl., 1991.

Leuschner, *Verkehrsinteresse und Verfassungsrecht*, 2004.

Peukert, *Güterzuordnung als Rechtsprinzip*, 2008.

Riedel, *Eigentum, Enteignung und das Wohl der Allgemeinheit*, 2012.

Röthel, *Normkonkretisierung im Privatrecht*, 2004.

Ruffert, *Vorrang der Verfassung und Eigenständigkeit des Privatrechts*, 2001.

Schwabe, *Probleme der Grundrechtsdogmatik*, 1977.

Wieland, Art 14 in : H. Dreier (hrgs.) *Grundgesetz－Kommentar*, Bd. I, 3. Aufl., 2013.

Ch. Wolf, "Übertriebener Verkehrsschutz,－Zur subjektiven und objektiven Theorie im Rahmen von § 1365 BGB－", *JZ* 1997, 1087.

제 4 장

사적 자치와 기본권의 효력
—유럽사법의 경험으로부터의 시사—

김 형 석

Ⅰ. 문제의 제기

1. 헌법의 기본권 규정이 사법관계에서 적용될 수 있는지 그리고 적용될 수 있다면 어떠한 방법으로 그리고 어느 정도로 적용될 수 있는지의 문제는 우리 학계에서 오래 전부터 논의되고 있는 말하자면 "고전적인" 쟁점의 하나이다. 그리고 그동안 이에 관한 설명은 주로 공법학계에서 외국에서 전개된 기본권의 대사인적 효력 이론을 소개하고 활용하는 형태로 이루어져 있었던 것으로 보인다.[1]

---

[1] 비교적 최근의 것만 선택적으로 일별해 보아도, 김철수, 헌법학신론, 제21전정신판(2013), 352면 이하; 성낙인, 헌법학, 제16판(2016), 934면 이하; 양건, 헌법강의, 제6판(2016), 271면 이하; 정종섭, 헌법학원론, 제11판(2016), 340면 이하; 한수웅, 헌법학, 제6판(2016), 410면 이하; 허영, 한국헌법론, 전정12판(2016), 264면 이하; 홍성방, 헌법상(상), 제3판(2016), 418면 이하; 김대환, "사법질서에서의 기본권의 효력—독일에서의 논의를 중심으로", 헌법학연구 제16권 제4호(2010), 117면 이하; 장영수, "기본권의 대사인적 효력과 기본권의 충돌", 고려법학 제38호(2002), 105면 이하; 이준일, "기본권으로서 보호권과 기본권의 제3자효", 저스티스 제65호(2002), 65면 이하; 황우여, "헌법의 사법적 효력", 민사판례연구[XIII](1991), 325면 이하; 윤영미, "민법상 일반조항과 기본권", 공법연구 제39집 제4호

그런데 종래의 이러한 논의를 개관해 보면 기본권의 사법질서
에 대한 적용을 일반론적으로 설명하는 법률구성 차원의 설명이
보다 우세하며, 구체적인 사안유형을 배경으로 그러한 적용이 이루
어지는 현실적인 모습을 보이는 연구가 많았다고는 말할 수 없다.
즉 기본권이 사법질서에 직접적용되는지 아니면 간접적용되는지,
간접적용되는 경우에도 직접적용되는 기본권은 존재하는지, 그러
한 경우 발생하는 기본권 충돌은 어떻게 해결되어야 하는지 등에
대해서는 논의가 이루어지면서도, 민사재판에서 기본권이 고려되
는 모습을 구체적인 민사사례를 통해 조명하는 일은 드물었다고
말할 수 있다. 그러한 이유 때문인지 종래의 논의는 상당한 추상성
을 보이고 있었고, 어느 정도로 구체적인 사건 해결의 기초로 활용
될 수 있는지에 대해서도 의문이 존재한다.

2. 이러한 논의 상황을 배경으로 본고는 기본권이 사법관계에
적용되는 모습을 구체적인 재판례를 통해 살펴보고 그로부터 기본
권의 대사인적 효력에 관한 문제를 새롭게 생각해 보고자 한다. 즉
추상적인 법률구성의 차원이 아니라 현실의 민사재판에서 기본권
이 고려되고 있는 모습을 살피고 이를 통해 종래 논의되고 있던 이
론의 적절성과 의미를 재고해 보려는 것이다. 그리고 이러한 작업
은 민사법학의 입장에서 기본권의 대사인적 효력이라는 물음에 기
여할 바가 있는지를 검토해 보는 과정이기도 하다.

(2011), 207면 이하; 방승주, "사법질서에 있어서 국가의 기본권보호의무", 공법학
연구 제7권 제5호(2006), 47면 이하; 이재희, "평등권의 대사인효와 그 구체적 적
용방식 - 일반조항 해석과 관련하여", 저스티스 제138호(2013), 5면 이하 등. 본고
주제와 관련되지만 보다 일반론적인 문헌으로 정종휴, "사법관계에서의 헌법원리
의 충돌", 현대 민법의 과제와 전망(한봉희 교수 화갑기념)(1994), 1361면 이하;
임건면, "민법의 해석과 적용에 있어서의 기본권의 영향", 성균관법학 제25권 제2
호(2013), 1면 이하. 한편 이상의 문헌과는 다른 시각에서 민사법의 독자성을 검
토하는 것으로 백경일, "헌법규정이 사적 법률관계에서 고려될 수 있는 한계", 안
암법학 제43호(2014), 137면 이하.

　물론 이러한 작업은 매우 광범위한 자료에 대한 분석을 요구하며, 하나의 논문으로 달성되기는 쉽지 않다. 그러한 의미에서 본고는 주제를 두 가지 관점에서 특정하여 접근해 보고자 한다. 한편으로 본고는 민법이 적용되는 영역 중에서 사적 자치가 기능하는 영역인 계약법을 소재로 하여[2) 기본권이 고려되는 모습을 살펴본다. 물론 불법행위의 영역에서도 기본권의 효력은 문제되지만, 여기서는 적절한 분량의 범위에서 효율적으로 고찰할 수 있도록 우선 계약법을 둘러싸고 제기되는 수평효의 쟁점을 검토하고자 하는 것이다. 그리고 다른 한편으로 본고는 우리의 현상을 점검하기 위한 예비작업으로 이 영역에서 보다 많은 경험을 가지고 있는 유럽 私法에서의 논의를 개관해 보고자 한다. 즉 사적 자치의 영역에서 유럽사법의 경험을 살펴봄으로써, 우리의 문제 해결에 시사점을 탐색해 보는 것이다. 물론 필자의 언어능력이나 자료부족으로 인해 만족스러운 풍경화를 제공할 수는 없겠지만, 적어도 (지금까지는) 중요한 유럽연합 국가인 영국·프랑스·독일의 재판례를 선별적으로 살펴보는 소묘를 제공함으로써 이후 논의의 출발점으로서 봉사할 수 있기를 희망한다.

　3. 아래에서는 우선 논의의 전제로서 유럽연합 각국의 관련된 기본 법제를 살펴본다(Ⅱ. 1.). 그 다음에는 유럽사법에서 해당 국가의 기본권 규정이나 유럽인권협약 규정이 문제되었던 사례 및 그와 비교할 만한 사례 중 대표적인 것을 개관한다(Ⅱ. 2. 이하). 그리고 이어서 유럽의 경험으로부터 얻을 수 있는 우리 사법에 대한 이론적인 시사점을 논의한다(Ⅲ).

---

　2) 사적 자치와 기본권의 관계를 고찰할 때 계약법뿐만 아니라 유언법도 고려될 수 있으나, 본고에서는 전자에 한정한다. 후자에 대해서는 우선 김형석, "유언의 성립과 효력에 관한 몇 가지 문제", 민사판례연구[XXXVIII](2016), 1036면 이하 참조.

관련하여 기본권의 사법관계에 대한 효력을 지시하는 용어로 종래 우리 학설에서는 기본권의 대사인적 효력 또는 기본권의 삼자효(Drittwirkung) 등의 표현들이 사용되고 있었으나, 현재 유럽사법에서는 수평효(horizontal effect)라는 표현이 보다 널리 선호되고 있다.[3] 아래에서는 이들 사이에 특별한 구별을 두지 않지만, 비교법적인 범용성과 표현의 간이성을 고려하여 '수평효'를 보다 중심적으로 사용하기로 한다.

Ⅱ. 유럽 사법에서 사적자치와 기본권의 효력

1. 수평효를 판단하는 재판기관에 관한 유럽 법제 개관

(1) 기본권의 수평효에 관한 유럽 각국의 경험을 살펴보기 위해 먼저 주의할 사항은 그것이 작용할 수 있는 배경을 이루는 각국 법제에 적지 않은 차이가 존재한다는 사실이다. 즉 유럽연합의 회원국들은 기본권 규정의 유무와 성질, 헌법재판의 인정 여부, 유럽 인권협약이 전환되는 모습 등에 따라 상이한 법제를 가지고 있으므로, 이를 유념하지 않고서는 각국의 재판례를 이해하는 것에 어려움이 있을 수 있기 때문이다. 그러나 이를 상세하게 고찰하는 것은 본고의 범위를 벗어나므로, 아래에서는 사법관계에 기본권이 적용되는 모습을 몇 가지 모델로 유형화하여 간단하게 살펴보기로 한다.[4]

---

3) Colombi Ciacchi, "Jenseits der 'Drittwirkung': Grundrechte, Privatrecht und Judicial Governance in Europa" in Furrer (hrsg.), *Europäisches Privatrecht im wissenschaftlichen Diskurs* (2006), S. 231f. 참조.

4) 아래의 내용은 추가적인 전거가 없는 한 주로 Colombi Ciacchi, "European Fundamental Rights, Private Law, and Judicial Governance", Micklitz ed., *Constitutionalization of European Private Law* (2014), p. 106 sqq.의 설명에 따른다. 또한 Comandé, "Comparative Remarks", Brüggemeier, Colombi Ciacchi and Comandé ed., *Fundamental Rights and Private Law in the European*

첫째로, 헌법재판소 모델이 있다. 이는 성문헌법이 존재하며
헌법재판소가 규범통제뿐만 아니라 구체적인 민사재판의 합헌성도
심사할 수 있는 권한을 가지고 있는 국가들로, 독일, 이탈리아, 포
르투갈, 스페인, 폴란드 등이 이에 속한다. 이 경우에도 민사재판
의 당사자가 직접 재판에 대해 직접 헌법소원을 제기할 수 있는지
아니면 민사재판 절차를 통해 간접적으로 헌법재판소의 판단을 받
는지 여부에 따라 차이는 존재하지만, 적어도 수평효라는 관점에서
그러한 차이가 본질적인 의미는 가지지 않는 것으로 관찰되고 있
다. 이 나라들은 헌법재판소가 민사재판에 대한 합헌성 통제를 한
다는 점에서 수평효에 관한 논의가 보다 적극적이고 활발한 경향
을 보인다. 또한 성문헌법이 정하는 기본권의 수평효가 널리 인정
되고 있어, 헌법의 하위규범인 유럽인권협약이 원용되는 경우는 많
지 않거나 있더라도 부수적이라고 한다.

둘째로, 프랑스와 네덜란드 모델이 있다. 이들은 성문헌법을
가지고 있으나, 헌법재판소가 없거나 민사재판에 개입하는 것이 허
용되지 않는다. 네덜란드의 경우 헌법재판소는 존재하지 않으며,
일반 법원도 규범통제의 권한이 없다. 반면 프랑스는 헌법위원회
가 입법과정에서 사전적으로 위헌성을 점검하거나 사후적으로 구
체적 규범통제의 권한을 행사할 수는 있지만 민사재판에 대한 합
헌성 통제를 심사할 권한을 가지고 있지는 않다. 이들 나라에서는
민사법원이 민사관련 법률을 적용하는 과정에서 함께 기본권에 대
해 언급하는 형태로 수평효가 인정되고 있으며,5) 유럽인권협약에

Union, Vol. I: A Comparative Overview (2010), p. 725 sqq.도 참조.

5) 프랑스에 대해 개관으로 우선 Hunter-Henin, "Horizontal Application of Human
   Rights in France", Oliver and Fedtke ed., Human Rights and the Private Sphere — A
   Comparative Study (2007), p. 98 sqq. 특히 Malaurie et Morvan, Introduction
   générale (2004), no 297 note 30 참조: "이 무익한 관행은 제시되고 있는 해결에
   보다 많은 엄숙함(solennité)을 부여하기 위한 것이다."

대한 원용도 빈번하다고 한다. 이는 이들 나라에서는 유럽인권협약이 일반 법률보다는 상위규범의 지위를 가지고 있다는 사실로부터 설명된다.

셋째로, 스웨덴 모델이 있다. 성문헌법 국가인 스웨덴에서는 단일 헌법전이 아닌 헌법적 효력을 가지는 네 개의 법률이 헌법으로 기능하고 있다. 이들은 기본권 규정을 포함하고 있으며, 유럽인권협약도 국내법으로 수용되었다(1994). 헌법재판소는 존재하지 않으며, 규범통제 권한은 일반 법원이 가지고 있으나 의회에 대한 존중 때문에 이를 행사하는 일은 드물다고 한다. 또한 기본권의 수평효도 일반법원에서 인정되고 있지 않다. 다만 최근에는 유럽인권협약의 수평효가 인정되는 재판례가 관찰된다고 한다.

넷째로, 영국 모델이 있다. 주지하는 바와 같이 영국은 성문헌법이 존재하지 아니하며 의회주권에 기초해 위헌법률심사도 인정되지 않는다. 그러나 인권법(Human Rights Act 1998)에 의해 유럽인권협약이 수용되어 효력을 가짐으로써 수평효에 대한 논의도 촉발되었다.[6] 인권법은 법원으로 하여금 해석에서 유럽인권협약에 따른 인권을 고려하도록 하면서, 그것이 의회의 법률과 불일치할 때에는 그 사건에 법률을 적용하지 않음으로써 유럽인권협약 및 의회주권을 모두 유지하는 해결책을 채택하고 있다.[7] 이러한 내용은 수평효와 관련해서도 마찬가지이며,[8] 유럽인권협약을 고려한 재판례가 증가하는 추세이다. 다만 영국의 유럽연합 탈퇴 이후 인권법의 운명에 대해서는 여러 상이한 전망이 제기되고 있다.

---

6) 물론 그 이전에도 유럽인권협약을 고려한 재판례들이 존재하였다. 예컨대 아래 주 20 및 본문 참조.

7) 이노홍, "영국 기본권의 수평적 효력이론에 관한 고찰", 홍익법학 제15권 제1호 (2014), 65면 참조.

8) 윤진수, "영국의 1998년 인권법이 사법관계에 미치는 영향", 민법논고 Ⅰ(2007), 1면 이하; 이노홍(주 7), 67면 이하 참조.

다섯째로, 아일랜드 모델이 있다. 성문헌법 국가인 아일랜드는 종국적으로 대법원이 최고법원으로서 규범통제의 권한뿐만 아니라 민사재판의 합헌성 통제도 판단할 권한을 가진다. 특히 대법원은 1960-70년대에 기본권의 직접적 수평효를 인정함으로써 사법관계에 기본권이 직접 적용될 수 있음을 시인하였다. 그러나 이후 하급법원이 개별 사건의 재판에서 기본권을 고려하는 경우는 드물며, 대부분 커먼로 법리에 따라 분쟁을 해결을 하고 있다고 한다. 한편 유럽인권협약이 다투어졌던 사건도 드문데, 이는 아일랜드가 2003년에 비로소 협약을 수용하였다는 사정에서 기인하는 것으로 보인다.

우리나라의 경우 헌법재판소가 구체적 규범통제의 권한을 가지고 있으나 민사재판에 대한 합헌성 통제를 할 수 없다(헌법 제111조 제1항, 헌법재판소법 제68조 제1항). 이 점에서 세부적인 차이에도 불구하고 적어도 수평효라는 관점에서 살펴볼 때 프랑스 모델이 그 기본구조에서 우리나라와 비슷하다고 말할 수 있다.

(2) 기본권의 수평효에 관한 논의는 유럽에서 제2차 세계대전 이후 본격적으로 시작하였다고 한다. 무엇보다 독재의 기억을 배경으로 제정된 독일 기본법이 모든 국가권력의 기본권 구속을 명확히 함으로써(동법 제1조 제3항) 1950년대에 독일에서 기본권의 대사인적 효력에 관한 논의가 활발하게 시작하였다. 이는 처음에는 다소 특수 독일적인 맥락의 논쟁으로 보였지만, 이후 유럽사법재판소가 유럽공동체 조약의 기본적 자유권의 수평효를 인정하고[9] 또한 유럽인권협약(1953)이 각국에 의해 채택되어 효력을 발휘함으로써 점차 유럽 전역에서 논란이 있는 쟁점으로 전개되었다.[10]

---

9) 간략한 개관으로 Günter Hager, "Der Einfluss der Grundfreiheiten des EG-Vertrages auf das Privatrecht der Mitgliedsstaaten", 서울대학교 법학 제51권 제2호 별책(2010), 127면 이하.

10) 이 점에 대해 Günter Hager, "Von der Konstitutionalisierung des Zivilrechts zur Zivilisierung der Konstitutionalierunng", *Juristische Schulung* 2006, 769.

아래에서는 이상의 내용을 배경으로 사적 자치의 영역에서 기본권의 수평효가 문제되었던 주요 사안유형을 살펴보기로 한다.

2. 고   용

전후 유럽사법의 형성과정의 초기부터 고용계약과 관련된 분쟁은 기본권의 수평효라는 관점에서 접근할 수 있는 주요 재판례를 제공하였다.

(1) 50년대 독일에서 이 문제는 특히 사용자가 공산당 당원임을 이유로 노무자를 해고하는 사안을 중심으로 전개되었다.[11]

대표적인 한 사건을 살펴보면 다음과 같다. 원고는 1934년 이래로 피고의 노무자로 일해 왔으며, 1948년부터 계속해서 경영협의회(Betriebsrat)의 구성원이었다. 1953년 8월 21일 원고는 피고의 사업장에서 근로시간 중에 다른 노무자들의 비어 있는 급여봉투에 공산당의 투표용지를 삽입하는 방식으로 이를 배포하였고, 그 결과 원고는 4주의 유예기간을 둔 후 해고되었다. 그는 피고를 상대로 근로관계 존속의 확인을 구하는 소를 제기하였으나 제1심 및 제2심의 노동법원에서 패소하였고, 이후 연방노동법원에 상고하였다. 연방노동법원은 우선 사업장의 평화를 진지하고 중대하게 위협하는 정당정치적 선동활동을 반복적으로 하는 것은 정당한 해고사유가 될 수 있다고 판시하였다.[12] 여기서 연방노동법원은 기본법이 정하는 의견표명의 자유(동법 제5조 제1항)는 "사회적 생활에 대한 질서규칙"으로 시민 사이의 법률관계에서도 "직접적인 의미"를 가진다는 사실을 시인하였다. 그러나 의견표명의 자유는 일반적 법

---

11) 일련의 재판례에 대해 Beckmann, Colombi Ciacchi, Ferreira, Moulin-Doos, O'Callahan, Russo and Turney, "Germany", Brüggemeier, Colombi Ciacchi and Comandé ed.(주 4), p. 288-289.

12) BAGE 1, 185.

률로 제한될 수 있는데(동조 제2항) 그에는 노동관계에 적용되는 기본규율들이 포함되고, 이로써 특히 사업장의 평화를 진지하고 중대하게 위협하지 않을 의무, 다른 노무자 및 사용자와 협력해야 한다는 의무, 정당정치적 활동을 하지 않을 경영협의회 구성원의 의무가 인정되므로 그러한 해고는 정당화된다고 판시하였다. 또한 같은 법원은 그러한 해고가 기본법 제3조 제3항이 정하는 정치적 생각을 이유로 하는 차별에도 해당하지 않는다고 밝혔다. 이는 기본권이 사법관계에 직접적용된다는 입장에서 출발한 재판례로서 주목할 만하며, 1950년대 직접적용설을 주도했던 노동법원의 태도가 반영된 재판례로 보인다. 이 판결은 또한 노동관계법상 인정되는 노무자의 성실의무가 기본권 제한의 근거가 될 수 있음을 인정하였다는 점에서도 의미를 가진다.[13]

또한 프랑스에서는 회사의 근로조건, 경영조직, 직원의 자질 등에 대한 의견을 언론인에게 표명하여 기사에 공표되게 한 노무자의 해고의 유효성이 문제된 사례도 있다. 이 사건에서 파기원은 단순히 노동법전 제L122-14-3조(현행 제L1232-1조)를 적용하여 해고할 만한 중대한 사유는 존재하지 않는다고 판시하였다.[14] 특히 노무자의 허용되는 표현의 범위를 정하는 당시 노동법전 제L461-1조의 해석이 문제되었음에도 불구하고, 파기원은 기본권의 고려 등을 언급하지 않고 해고의 무효를 정하는 많은 규정들에 비추어 다른 입장은 채택할 수 없다고 밝혔다.

(2) 비슷한 쟁점이 종교의 자유와 관련해서도 존재한다.

가톨릭 재단법인이 운영하는 병원에 고용된 의사가 주간지 독

---

13) 그러나 물론 성실의무를 이유로 다수 노무자의 정치적 의사표명을 완전히 봉쇄하는 것은 허용되지 않는다고 해석되고 있다. Zöllner/Loritz/Hergenröder, *Arbeitsrecht*, 7. Aufl. (2015), §9 Rn. 27.

14) Cass. soc. 28 avr. 1988, Bull. civ. V, n° 257: "클라보(Clavaud)" 판결.

자투고를 통해 가톨릭교회의 낙태정책을 비판하였음을 이유로 해
고된 독일의 한 사안에서, 연방노동법원은, 기본법상 인정되는 교
회의 자결권(기본법 제140조에 따라 효력을 가지는 바이마르 헌법 제137
조 제3항)을 고려할 때 노무자의 성실의무 위반을 이유로 해고가 정
당화될 가능성에서 출발하면서도, 이 사안에서는 그러한 성실의무
의 존재로 인하여 노무자의 의견표명의 자유가 침해되고 있음을
시인하고, 결과적으로 원고인 의사의 성실의무 위반이 해고를 정당
화할 정도에는 이르지 못하였다고 판시하였다.[15] 그러나 이에 대
해 연방헌법재판소는 교회의 자결권을 보다 강조하면서 이 사안에
는 그러한 성실의무 위반이 해고를 정당화한다고 하여 연방노동법
원의 결정을 파기하였다.[16]

　　히잡의 착용이 문제된 재판례도 있다. 터키 출신인 원고는 피
고가 운영하는 백화점에서 점원으로 고용되어 일하고 있었는데, 두
번째 아이의 출산 이후 업무에 복귀하면서 신앙을 이유로 히잡을
착용하겠다고 밝혔다. 피고는 이에 반대하면서 숙고할 시간을 주
었으나 원고가 주장을 굽히지 않자 그를 해고하였다. 해고의 효력
을 다투는 원고는 제1심과 제2심에서는 패소하였으나, 연방노동법
원은 원심을 파기하였다.[17] 연방노동법원은 종교적인 이유로 계약
상 근로를 수행할 수 없게 되어 해고가 정당화되는 경우가 존재할
가능성은 인정하면서도 노무자가 충분한 능력과 성과를 보이는 이
사안은 그에 해당하지 않는다고 밝히면서, 법률이 정하는 정당한
해고사유가 존재하지 않는다고 판시하였다. 특히 사용자가 근로내
용을 정할 수 있다고 하여도(독일 민법 제315조 제1항 참조) 이는 공
정한 재량에 의해야 하는데, 그 공정성을 판단하는 과정에서 기본

---

15) BAG NJW 1984, 826.
16) BVerfG NJW 1986, 367.
17) BAG NJW 2003, 1685.

법이 인정하는 종교의 자유(동법 제4조)를 그와 충돌하는 사용자의
영업의 자유(동법 12조 제1항)와 형량해야 한다고 지적하였다. 이 판
결은 연방헌법재판소에 의해 승인되었다.[18]

이상의 독일 판례에서와 유사한 고려는 다른 나라의 재판례에
서도 발견된다.[19]

예컨대 영국의 한 사건에서 정통 시크교도가 구인광고에 따라
네슬레 공장에 지원하자, 수염을 기르고 있다는 이유로 구직 기회
가 박탈된 사실관계가 문제되었다. 그는 종교를 이유로 차별을 받
는다고 주장하면서 고용심판을 청구하였으나, 고용심판소와 고용
상소심판소는 그 주장을 받아들이지 않았고, 항소법원 역시 심판
결과를 시인하였다.[20] 항소법원은 특히 아직 영국에 채택되지 않
았으나 존중을 받고 있는 유럽인권협약 제9조 제1항이 정하는 바
와 같은 종교의 자유가 청구인에게 인정되고 있음은 시인하면서도,
사용자가 수염이나 장발을 금지하는 조치는 사용자 사업의 성질상
요구되는 위생상 필요에 부합하는 것으로 동 협약이 인정하는 예
외사유(동조 제2항)에 해당하여 협약이 영국에서 효력을 가진다고
하더라도 네슬레의 규율은 정당화된다고 판시하였다.

또한 식료품 체인의 정육파트에서 2년 동안 근무했던 이슬람
신앙의 노무자가 돼지고기를 취급함을 알게 된 이후 다른 파트에
서 근무할 것을 요구하였음에도 사용자가 이를 받아들이지 않자
노무를 거부하여 해고된 프랑스 사안도 존재한다. 여기서 원심은

---

18) BVerfG NJW 2003, 2815.
19) 또한 라마단을 지키기 위해 휴가를 요청하였으나 사용자가 이를 거절하자 당일
    출근을 하지 아니한 노무자의 해고가 문제된 Hoge Raad, 30 maart 1984, NJ
    1985, 350. 이 판결에 대해 Mak, *Fundamental Rights in European Contract Law*
    (2008), p. 154-155 참조. 이 판결의 원문은 다음에서 확인할 수 있다. http://
    rechtenforum.nl/forum/thread/p/112884?sid=35598b233cc88aded0de9599cc51279
    5/printertopic/1/.
20) Panesar v. Nestle Co. Ltd. [1980] IRLR 64.

민법 외에도 헌법상 기본권을 원용하면서, 사용자는 노무자의 신앙을 존중해 해당 사실을 미리 고지해야 했으며 이 경우 다른 파트로 이동시키지 않은 책임이 있어 해고는 정당화되지 않는다고 판시하였다. 그러나 이에 대해 파기원은 피용자의 종교는 그것이 명시적으로 약정되어 계약의 범위(le cardre du contrat)로 들어오지 아니하는 한 고용계약에서 예정된 노무를 요구하는 것에 사용자의 책임을 인정할 수 없다고 하여 원심을 파기하였다.[21]

(3) 노무자의 자유로운 인격의 발현이 배경에 있는 사건들도 있다.[22] 대표적인 예는 비혼조항이다. 독일의 한 사건에서 원고는 1954년 4월 1일 피고 요양소에 수습간병인으로 고용되었는데, 수습기간은 2년이며 시험으로 종료될 예정이었다. 고용계약에 따르면 수습간병인은 시설 내에 거주해야 하고 공동식사에 참여해야 하며, 혼인의 경우 혼인이 성립한 달의 말일에 퇴사하는 것으로 정해져 있었다. 원고가 1955년 8월 25일에 혼인하자, 피고는 그달 말일에 근로관계가 종료되었음을 원고에게 통지하였고, 이에 원고가 해고의 무효를 소로 다투었다. 원고는 제1심부터 상고심인 연방노동법원에 이르기까지 모두 승소하였다. 연방노동법원은 해당 계약조항이 선량한 풍속(독일 민법 제138조)에 반하는 것은 아니라고 판단하면서도, 독일 기본법 제1조(인간의 존엄), 제2조(인격의 자유로운 발현), 제6조 제1항(혼인과 가족의 보호)에 반하여 무효라고 선언하였다.[23] 이 재판례 역시 초기에 노동법원이 견지한 기본권의 직접적용설의 기초에 서서 판시하고 있는 것이 특징이다.

---

21) Cass. soc. 24 mars 1998, Bull. civ. V, n° 171.
22) 또한 고용계약상 비밀유지약정에 대해 Campbell v. Frisbee [2002] EWCA Civ 1374도 참조.
23) BAGE 4, 274. 이 판결은 다른 업종에서의 비혼조항 특히 스튜어디스의 비혼조항이 철폐되는 결과를 가져왔다고 한다. Zöllner/Loritz/Hergenröder(주 13), § 9 Rn. 31.

(4) 또한 거주의 자유도 고용계약에서 문제되었다. 프랑스의 한 사건에서 노무자는 1991년 8월 30일 한 회사에 의해 고용되었는데, 고용계약은 노무자가 회사의 업무분장에 따른 지시가 있는 경우 6개월 이내에 새 업무지역으로 주소를 옮겨야 하며 그렇지 않으면 일체의 보상 없는 즉시해고가 가능하다는 내용을 포함하고 있었다. 실제로 노무자는 파리 지역에 주소를 두고 파리 북동부를 업무지역으로 하고 있었는데, 1992년 8월 21일 사용자는 새 업무지역인 몽펠리에로 주소를 옮길 것을 지시하였고 노무자가 이를 거절하자 해고하였다. 원심인 베르사이유 항소법원은 해당 조항을 적법한 것으로 파악하고 해고가 정당하다고 판시하였으나, 파기원은 유럽인권협약 제8조(사생활의 존중) 및 헌법상 기본권을 원용하면서 주소의 이전이 기업활동에 불가결하다는 사정도 보이지 않을 뿐만 아니라 노무자가 몽펠리에에 거소를 마련하였음에도 해고를 하는 것은 거주의 자유 침해의 상당성(비례성)도 없다는 이유로 원심을 파기하였다.[24] 독일에서도 유사한 사실관계가 문제된 재판례가 있다. 여기서는 사용자가 사기를 이유로 고용계약을 취소하고자 하였으나(독일 민법 제123조), 뉘른베르크 고등노동법원은 설령 노무자가 주소를 옮길 의사 없이 고용계약을 체결하였더라도 사용자에게 정당한 이익이 없는 허용되지 않는 요구이므로 사기에 위법성이 없어 취소할 수 없다고 판시하였다.[25]

3. 경업금지

고용계약과 관련된 쟁점으로 볼 수도 있지만 통상 독자적인 유형으로 취급되는 것으로 경업금지조항의 유효성이 있다. 이는 경

---

24) Cass. soc. 12 jan. 1999, Bull. civ. V, n° 7: "스필레(Spileers)" 판결. 이에 대한 분석으로 Hunter-Henin(주 5), p. 107-111 참조.
25) LAG Nürnberg, NZA-RR 2004, 298.

업금지조항이 고용계약에 포함될 수도 있지만, 지시종속을 내용으로 하지 아니하는 독립한 당사자들 사이의 계약에서도 문제될 수 있기 때문에다(상법 제87조 참조). 이와 관련해서는 특히 독일의 상사대리인(Handelsvertreter; 대리상) 사건이 대표적이지만, 유사한 모습의 분쟁은 다른 유럽 국가들에서도 발견된다.

(1) 독일의 경험을 살펴보면, 고용계약에 포함되는 경업금지조항이 먼저 다투어졌다. 당시 독일 상법은 상사보조자와 본인 사이의 경업금지계약을 허용하면서도, 그것이 유효하기 위해서는 일정한 서면방식을 준수해야 하고(동법 제74조 제1항), 본인은 금지기간 동안 최후의 계약상 보수의 1/2 이상을 지급할 의무를 부담하도록 하면서(동조 제2항), 사용자에게 정당한 이익이 없다는 사정 등이 없으면 효력이 부정되도록 규정하고 있었다(동법 제74a조 참조). 그런데 동법은 보조자의 계약위반으로 계약이 해지되는 경우에는 보조자는 본인에 대해 보상금 지급을 청구할 수 없다고 규정하고 있었고, 바로 이 조항의 위헌성이 다투어졌다. 연방노동법원은 1977년 2월 23일 해당 조항이 자의적이어서 기본법의 평등원칙에 위반하여 헌법과 합치하지 않는다고 선언하였다.26) 여기서 해당 상법 규정은 기본법 제정 이전에 효력을 가지고 있었던 법률이어서(이른바 "vorkonstitutionelles Recht") 연방헌법재판소가 재판할 권한을 가지고 있지 아니하므로,27) 노동법원이 직접 그 위헌성을 판단한 것이다.

그 다음에는 독립적 상사대리인에 대한 경업금지조항이 문제되었는데, 이 사건에서 헌법소원심판의 청구인은 포도주를 생산하고 유통하는 본인의 상사대리인으로서 활동하고 있었다. 청구인과 본인 사이의 계약은 그 종료 후 2년 동안의 경업금지약정을 포함

---

26) BAG, AP HGB §75 Nr. 6.

27) Jarass/Pieroth, *Grundgesetz*, 8. Aufl. (2006), Art. 100 Rn. 8 참조.

하고 있었으며, 만일 상사대리인의 유책한 사유로 계약이 종료된 때에는 본인은 일체의 보상금을 지급하지 않기로 약정되어 있었다. 그런데 상사대리인이 본인에 대해 사직을 하지 않은 채로 다른 회사를 위해 일하기 시작하자 본인은 계약을 해지하면서 청구인에 대해 경업금지약정에 따른 부작위를 청구하였다. 당시 독일 상법 제90a조(1953년 8월 6일에 도입)는 상사대리인의 경업금지약정이 유효하기 위한 요건(일정한 서면방식, 기간의 제한, 보상금의 지급)을 규정하면서(동조 제1항), 앞서 문제되었던 상법 제75조 제3항과 유사하게 상사대리인의 유책한 행태로 인한 중대한 사유로 계약이 해지된 때에는 상사대리인은 보상금을 청구할 수 없다고 규율하고 있었다(동조 제2항 제2문).

제1심인 파사우 지방법원이 본인의 부작위청구를 기각하자 본인은 제2심인 뮌헨 고등법원에서 청구를 확장하여 경업금지약정의 유효성 확인 및 손해배상도 청구하였고, 제2심 법원은 경업금지약정의 유효성을 전제로 본인의 모든 청구를 인용하였다. 특히 독일 상법 제75조 제3항의 위헌성이 동법 제90a조 제2항 제2문에도 타당할 수 있을지 여부에 대해서는 독립적으로 활동하는 상사대리인의 경우에는 사적 자치가 보다 우위를 가진다는 것이었다. 연방대법원 또한 제2심 판결에 대한 상고를 기각하였다.[28] 연방대법원은 이 사건의 경업금지약정의 유효성을 확인하면서, 설사 동법 제90a조 제2항 제2문이 위헌이라고 하더라도, 독립적으로 활동하며 본인에게 직업적·경제적으로 종속되어 있지 아니하는 상인으로 이익과 위험을 비교형량할 수 있는 상사대리인이 체결한 계약의 유효성을 의문시할 수는 없다고 하였다. 이에 상사대리인은 헌법소원을 제기하였고, 연방헌법재판소는 1990년 2월 7일 부작위청구 부분에

---

28) BGH WM 1983, 1416.

대해 청구인의 주장을 받아들였다.[29] 즉 이 사건에서 그러한 부작
위청구를 허용하는 것은 청구인의 기본법 제12조 제1항(직업의 자유
)을 침해하는 것이며, 또한 보상 없는 경업금지를 허용하는 독일
상법 제90a조 제2항 제2문도 "그러한 경업금지를 제한 없이 허용
하는 한에서는" 기본법 제12조 제1항과 합치하지 않는다고 하였
다.[30] 연방헌법재판소에 따르면 헌법에 의해 보장되는 동시에 그
구속을 받는 사적 자치는 자기결정을 전제로 하므로 계약당사자
일방이 계약내용을 사실상 일방적으로 결정할 수 있는 타인결정이
되어서는 안 되고, 이를 위해 입법자는 그러한 남용을 막을 수 있
는 규율들을 두어야 할 뿐만 아니라, 그러한 규율을 두지 않은 경
우에도 법관은 기본권을 고려하는 일반규정의 적용으로 이에 대처
해야 한다는 것이다.

　(2) 경업금지약정의 유효성은 다른 유럽 국가들에서도 다투어
지는 주제이다. 그러나 다수의 나라들은 이를 법률의 규정을 적용
하여 해결하는 것으로 보이며,[31] 독일에서처럼 명시적으로 기본권
이나 인권의 효력을 원용하는 경우는 많지 않은 것으로 보인다.[32]

---

29) BVerfGE 81, 242.

30) 다만 연방헌법재판소는 독일 상법 제90a조에 대해, 그 규율에 대해 입법재량이
　　존재하는 영역일 뿐만 아니라 1989년 10월 23일 유럽연합지침의 전환을 내용으
　　로 하는 상사대리인 관련 규정 개정이 이루어진 상태라는 사정을 고려하여, 1989
　　년 10월 23일 이전에 대해 불합치를 선언하는 것으로 그쳤다. 이 규정은 1998년
　　6월 22일에 다시 한 번 개정되었고, 이것이 현행법이다. 그에 따르면 상사대리인
　　의 보상청구권을 배제할 가능성은 존재하지 않는다.

31) 이는 예컨대 법률 규정이 이를 상세하게 규율하는 경우에는 특히 그러하다. 예를
　　들어 이탈리아 민법 제2125조는 경업금지약정은 서면방식을 준수해야 하고, 피용
　　자를 위한 보상이 약정되어야 하며, 그 제한이 내용·시간·장소와 관련해 일정한
　　한계 내에 있어야 하는데, 그 경우에도 기간은 고용의 형태에 따라 3년 또는 5년
　　을 넘을 수 없도록 하고 있다.

32) Busch and Schulte-Nölke ed., *Fundamental Rights and Private Law* (2011), p.
　　67 sqq.

프랑스의 예를 살펴보면 법원은 오래 전부터의 다수의 재판례를 통해 어떠한 경우에 경업금지약정이 유효하게 되는지를 구체화해 오고 있다. 그에 따르면 예컨대 경업금지약정은 방식을 준수하는 외에도 사용자의 정당한 이익을 보장하기 위해 불가결한 것이어야 하고, 경업금지의 내용이 제한되어 있어야 하며, 특히 고용계약의 경우에는 정당한 보상이 약정되어야 한다.33) 그러나 이들 판결은 상법이나 노동법의 규정을 근거로 하여 설시되고 있으며, 기본권에 대한 원용은 좀처럼 찾기 어렵다. 예컨대 상사대리인이 경업금지조항에 따른 보상을 청구하는 사건에서 파기원은 상사대리인의 사정으로 계약이 종료된 경우에도 보상청구권이 인정된다고 하여 이를 부정한 액상프로방스 항소법원의 판결을 파기하였는데, 여기서도 오로지 상법 제L134-12조 및 제L134-14조에 기초해서만 판단이 이루어지고 있음을 확인할 수 있다.34) 그러나 비교적 최근에는 (상사대리인의 경우) "상공업의 자유의 원리",35) (고용계약의 경우) "전문적 활동의 자유로운 행사에 관한 근본원리"36) 또는 「경제적, 사회적 및 문화적 권리에 관한 국제규약」 제6조37)가 원용되는 경우도 없지 않으나, 그 예가 많지 않고 실질인 판단에 영향을 미치고 있다고는 보이지 않는다(앞의 주 5 참조). 네덜란드의 경험도 비슷한데, 법원은 고용계약의 경우 경업금지약정의 효력을 정하는 네덜란드 신민법 제7:653조의 적용을 통해 사건을 해결하고 상사대리인에도 이를 유추하고 있지만, 직업의 자유를 정하는 네덜란드

---

33) 예컨대 고용계약에 포함된 경업금지약정 조항에 대해 Picod et Robbine, "Concurrence (Obligation de non-concurrence)", *Répertoire de droit de travail* (2009/2016), nos 34 sqq.

34) Cass. com. 4 déc 2007, Bull. civ. Ⅳ, n° 255. 고용계약의 경우에도 Cass. soc. 10 juill. 2002, Bull. civ. Ⅴ, n° 239.

35) Cass. com. 4 juin 2002, Bull. civ. Ⅳ, n° 98.

36) Cass. soc. 10 déc. 2008, D 2009, 1256.

37) Cass. soc. 16 déc. 2008, Bull. civ. Ⅴ, n° 251.

기본법 제19조 제3항도 원용하는 하급심 재판례도 일부 발견된다
고 한다.[38] 학설도 이 규정이 기본법상의 직업의 자유와 사용자
의 영업상 보호 사이의 긴장을 해소하기 위해 입법된 것으로 이
해한다.[39]

4. 임 대 차

임대차계약을 배경으로 해서도 기본권의 효력이 다투어진 재
판례들이 다수 존재한다.

(1) 이와 관련해서는 특히 유럽인권협약과의 관계에서 프랑스
의 판례의 동향이 흥미로우며, 그 과정에서 여러 기본권이 주장되
었다.

리딩케이스에 해당하는 한 사건에서는 공공 임대주택의 임차
인이 임차목적물에 다른 사람을 주거시켜서는 안 된다고 정하는
임대차 계약조항의 해석이 다투어졌다. 사안에서는 두 자녀를 양육
하는 여성인 임차인이 주택에 아이의 아버지 및 그 여동생을 주거
하도록 하였고, 임대인은 그에 대해 계약불이행을 주장하였다. 원
심인 파리 항소법원과 파기원은 임대인의 주장을 받아들이지 않았
다. 특히 파기원은 유럽인권협약 제8조 제1항(사생활과 가족생활의
존중)을 원용하면서 그러한 계약조항이 있더라도 그것이 제3자를
일시 숙박시키거나 근친을 주거시키는 것을 금지하는 내용으로 해
석될 수는 없다고 판시하였다.[40] 이 판결은 명시적으로 유럽인권
협약을 근거로 제시하고 있다는 점에서 주목할 만다.[41]

---

38) Busch and Schulte-Nölke ed.(주 32), p. 70; Mak(주 19), p. 241-242 참조.

39) Verhulp in Nieuenehuis, Stolker en Valk red., *Tekst & Commentaar Burgerlijk Wetboek*, Boek 6, 7, 8 en 10, Tiende druk (2013), art. 7:653 aant. 1 (p. 4308).

40) Cass. civ. 6 mars 1996, Bull. civ. Ⅲ, n° 60: "멜 예데이(Mel Yedei)" 판결. 이 판결에 대한 분석으로 Hunter-Henin(주 5), p. 112-115 참조.

41) Hauser, "Bail d'habitation: l'usage en bonne mère de famille", *Revue*

종교의 자유가 문제된 임대차 사안도 있다. 이 사건에서 회사인 임대인은 세 개의 건물에 있는 거주 아파트를 임대하고 있었는데, 어느 시점부터 건물의 출입을 비밀번호에 의해서만 가능하게 변경하고 특히 밤에는 하나의 출입구만을 비밀번호 또는 카드로 이용하도록 하였다. 이에 대해 유대인인 임차인들은 종교적인 이유로 안식일과 축일에는 그러한 전자시스템을 이용할 수 없으므로 기계식 열쇠로 열 수 있는 출입구를 마련해 줄 것을 요구하였다. 원심인 파리 항소법원은 계약의 구속력을 정하는 당시 프랑스 민법 제1134조(현행 제1103조) 외에도 특히 유럽인권협약 제9조를 원용하면서 임대인의 거부는 부당하며 유럽인권협약을 고려할 때 그러한 기계식 열쇠의 설치가 계약의 균형(l'équilibre du contrat)을 변경할 정도는 아니라고 하여 청구를 인용하였다. 그러나 이에 대해 파기원은 명시적인 약정이 없다면 종교적인 신념에 따른 관행은 임대차계약의 場(le champ contractuel du bail)으로 들어오지 못해 이 사건에 문제된 것과 같은 임대인의 의무를 발생시키지 못한다고 판시하고 원심을 파기하였다.[42]

　한편 결사의 자유가 문제된 경우도 있다. 이 사건에서 상인인 원고는 임대인 소유 쇼핑센터의 임차인인데, 임대차계약에 포함된 조항에 따르면 임차인은 쇼핑센터의 임차인 전원으로 구성된 단체에 의무적으로 가입하고 회비를 지급할 의무가 있었다. 그러나 원고는 이제 해당 조항의 무효를 주장하면서 이미 지급한 회비의 반환을 청구하였다. 원심인 님므 항소법원은 해당 의무는 자유로운 약정에 의해 발생한 것으로 원고가 그에 동의하도록 강제된 사정

---

trimestrielle de droit civil 1996, 580: "민법 제9조로 충분하지 않았을까?" 프랑스 민법 제9조는 사생활의 존중을 규정하고 있다.

42) Cass. civ. 18 déc. 2002, Bull. civ. Ⅲ, n° 262: "아마르 등(Amar et autres)" 판결. 이 판결에 대한 분석으로 Hunter-Henin(주 5), p. 121-122 참조.

도 없다는 이유로 청구를 부정하였다. 그러나 파기원은 유럽인권 협약 제11조(집회 및 결사의 자유) 및 결사에 관한 1901년 7월 1일 법률 제4조를 원용하면서 모든 사람에게는 결사의 자유가 인정되고 그 제한은 예외적으로 정당화되며 또한 기한 없이 성립한 결사의 구성원은 반대약정이 있더라도 탈퇴의 권리를 가진다는 사정을 들어 해당 계약조항을 무효로 판단하였다.[43]

　(2) 독일에서는 특히 이른바 "안테나" 사안유형을 배경으로 임대차계약에서의 기본권 고려가 문제되었다. 대표적인 한 사건에서 헌법소원 청구인은 터키 시민으로 1990년 이래 독일 에센에서 가족과 함께 거주하고 있었다. 그가 임차하고 있는 다세대건물에는 공통의 안테나가 존재하였고 이를 통해 5개의 독일 텔레비전 방송을 시청할 수 있었다. 그는 임대인에게 터키 방송 수신을 위한 위성안테나 설치에 동의해 줄 것을 요구하였으나 임대인은 이를 거절하였다. 임차인은 동의를 구하는 소를 제기하였고, 구법원과 지방법원은 모두 청구를 받아들이지 아니하였다. 지방법원은 정보와 오락을 목적으로 하는 위성안테나 설치는 다세대건물의 임차주택의 계약내용에 좇은 사용에 해당할 수 없다고 하였다. 특히 임차인이 일정한 요건 하에서 그러한 설비를 청구할 수 있다는 판례 법리[44]는 해당 사안에 적용되지 않는다고 하였는데, 왜냐하면 이듬해 케이블 설치가 예정되어 있을 뿐만 아니라 이를 인정하면 다른 임차인들도 자신의 특수한 사정을 주장할 수 있게 될 것이기 때문이라는 것이다. 이에 원고는 헌법소원을 청구하였고, 연방헌법재판소는 이를 받아들였다.[45] 연방헌법재판소는 독일에서 수신가능한 외국방송도 독일 기본법 제5조 제1항(정보의 자유)이 상정하는 정보

---

43) Cass. civ. 12 juin 2003, Bull. Ⅲ, n° 125.
44) OLG Frankfurt NJW 1992, 2490.
45) BVerfGE 90, 27.

원에 해당한다고 하면서, 그러한 정보 취득이 특정한 기술설비에
의존한다면 기본권의 보호는 그러한 설비를 마련하고 사용하는 것
에도 미칠 수 있다고 하였다. 그리고 이러한 기본권의 내용은 민사
사건에서도 간접적으로 특히 일반규정을 매개로 간접적용되므로
이 사건에서 민법의 임대차 규정을 해석할 때에도 고려되어야 하
고, 이때 임차인의 정보의 자유와 임대인의 소유권(기본법 제14조 제
1항)을 비교형량함으로써 판단해야 한다고 하였다. 연방헌법재판소
는 결론적으로 이 사건에서 민사법원이 이상과 같은 기본권의 취
지를 충분히 고려하지 못하였다고 판시하였다. 다만 이 결정은 만
일 임대인이 케이블을 설치하는 경우 위성안테나 설치에 대한 동
의청구권이 부정될 수 있다는 점은 시인하였다.

그 밖에 (이제는 폐지된) 행위능력 상실의 선고(Entmündigung)를
받은 성년자가 후견인의 대리에 의해 임대차계약을 체결하였으나,
이후 임차인의 행위능력 상실 사실이 묵비되었다는 것, 임차인의
행태가 임대차 지속을 할 수 없다는 것, 그리고 자신이 해당 주택
을 사용수익할 예정이라는 것을 들어 임대인이 임대차를 해지한
사실관계가 문제된 사건도 있다. 그러한 해지를 유효하게 인정한
구법원 및 지방법원 판결에 대해, 연방헌법재판소는 충분한 비교형
량 없이 그러한 결론을 인정하는 해석은 인간의 존엄 및 일반적 인
격권을 침해하는 것이라고 판시하였다.[46]

(3) 영국에서는 인권법의 도입의 효과가 현저하게 나타난 초
기의 한 사건이 임대차계약을 배경으로 전개되었다. 이 사건에서
임대차법(Rent Act 1977)의 적용을 받는 주택임대차가 문제되었는데,
임차인은 임차한 아파트를 1983년부터 2001년 사망할 때까지 동성
파트너인 피고와 함께 사용하였다. 임차인의 사망 이후 임대인이

---

46) BVerfGE 84, 192.

임차목적물의 반환을 청구하자, 피고는 동법 별표 1 제2조의 "배우
자"(spouse)로서 임대차를 승계하였음을 주장하였다. 카운티 법원은
피고가 배우자에는 해당하지 않지만 동법 별표 1 제3조의 "가
족"(family)에 해당하여 임대차를 승계한다고 판결하였으나,[47] 피고
는 항소하였다. 피고는 동법의 적용에서 이성커플과 비교해 동성
커플을 차별하는 것은 유럽인권협약 제8조(사생활과 가족생활의 존
중) 및 제14조(차별의 금지)에 비추어 허용되지 않으며, 인권법 제3
조에 따라 이러한 인권에 효력을 주는 방법으로 임대차법이 해석
되어야 한다고 주장하였다(이후 귀족원 판결에서도 언급되는 바이지만
어느 규정이 적용되든 피고는 임차인의 지위를 승계하므로 별표 1 제2조가
적용된다고 하여 그의 지위가 개선되는 것은 아니었다). 항소법원은 피
고의 항소를 받아들였고, 이에 원고는 상고하였으나, 귀족원 역시
항소법원의 판단을 지지하였다. 반대의견도 있었으나, 다수의 재판
관들은 인권법 제3조에 따라 가능한 범위에서 유럽인권협약 제8조,
제14조에 효력을 부여하는 방향으로 임대차법 별표 1 제2조가 해
석되어야 하고 따라서 "배우자"에 동성파트너도 포함되어야 한다
는 니콜스 재판관의 의견에 가담하였다.[48]

5. 보   증

기본권의 수평효에 관한 논의에서 근친 보증에 관한 독일의
판례는 큰 여파를 가져왔으므로, 마지막으로 이에 대해 살펴보고자
한다.

(1) 사실관계는 다음과 같다. 저축은행은 10만 마르크의 금전
을 대여하면서 채무자의 딸(당시 21세)이 보증인이 될 것을 요구하

---

47) 이는 인권법이 시행되기 이전의 귀족원 판례에 따른 것이다. Fitzpatrick (A.P.) v.
　　Sterling Housing Association Ltd. [1999] UKHL 42 참조.
48) Ghaidan v. Godin-Mendoza [2004] UKHL 30.

였다. 당시 그녀는 특별한 재산이 없었고 특별한 직업교육도 받은 바 없었으며, 주로 무직상태에 있었으나 보증의 의사표시를 할 당시에는 세후 월 1,150 마르크를 받는 일에 종사하고 있었다. 그녀가 보증의 의사표시에 서명을 할 때 은행 직원은 이로써 대단한 의무가 성립하는 것은 아니며 단지 자신의 서류처리상 필요한 것뿐이라고 안심시켰다. 그러나 이후 저축은행은 보증금의 지급을 청구하였고, 지방법원은 이를 인용하였다. 이에 보증인은 항소하였고, 항소법원은 항소를 받아들이면서 원고의 청구를 기각하였다.[49] 항소법원은 일단 보증채무는 유효하게 성립하였다고 인정하고, 다만 사기에 의한 의사표시가 고려될 수 있으나 취소 의사표시가 없었다는 이유로 취소는 부정하였다. 그러나 이 사안에서처럼 금융기관이 채권자로서 특히 거래경험이 없음을 인식할 수 있는 보증인을 상대로 보증책임의 내용과 범위가 대수롭지 않고 보증인의 위험이 사소한 것처럼 제시하여 이로써 의사결정에 영향을 미치는 경우에는 계약상 요구되는 설명의무 위반으로 계약체결상 과실책임을 부담하고, 이로써 보증인은 손해배상으로 원상회복인 계약의 해소를 청구할 수 있다는 것이다.[50] 그러나 이 판결에 대해 원고가 상고하였고, 연방대법원은 제2심 법원이 인정한 바와 같은 설명의무를 채권자의 보증인에 대한 관계에서 인정할 수 없다고 하여 원고의 상고를 인용하였다.[51]

    피고는 연방대법원의 판결에 대해 헌법소원을 제기하였고, 연

---

49) OLG Celle WM 1988, 1436.

50) 설명의무 위반을 이유로 하는 계약해소청구에 관한 독일의 학설과 판례에 대해서는 박인환, "독일법상 정보제공의무위반을 이유로 하는 계약해소청구권", 민사법학 제27호(2005), 133면 이하 참조. 이 문헌이 지적하는 바와 같이, 이러한 계약해소청구권은 우리 민법에서 상대방이 유발한 착오의 경우 취소를 인정하는 것(민법 제109조; 대법원 1978. 7. 11. 선고 78다719 판결, 집 26-2, 209 등)에 기능적으로 상응한다.

51) BGH NJW 1989, 1605.

방헌법재판소는 이를 받아들여 연방대법원의 판결을 취소하고 제2심 판결을 회복시켰다.[52] 연방헌법재판소는 여기에서도 간접적용설에서 출발하여 기본권의 가치가 민법의 해석에서 고려되어야 한다고 설시한 다음, 사적 자치는 독일 기본법 제2조 제1항에 따라 보장되지만 사적 거래에서는 개인이 각각 사적 자치에 따라 행동하므로 이들 사이에 기본권 충돌이 존재하고, 따라서 각자의 기본권이 최적으로 조화될 수 있도록 양자를 비교형량해야 한다고 설명하였다. 이어 연방헌법재판소는 상사대리인 결정의 법리를 인용하면서 계약당사자 일방이 계약내용을 일방적으로 결정할 정도에 이르는 경우 사적 자치는 자기결정이 아닌 타인결정이 되므로, "구조적인 취약성을 인식할 수 있게 하는 전형화할 수 있는 사안유형이 문제되는 경우로서 계약의 효과가 취약한 계약당사자에게 비상하게 엄중한 때에는, 민사법질서는 그에 반작용하여 정정을 가능하게 해야 한다"고 판시하고, 그 근거를 인격의 자유로운 발현(기본법 제2조 제1항) 및 사회국가 원리(동법 제20조 제1항, 제28조 제1항)에서 찾았다. 그리고 그러한 맥락에서 양속위반(독일 민법 제138조)이나 신의칙(동법 제242조)이 특히 의의를 가진다고 하며, 독일연방대법원은 이러한 가능성을 고려하지 않음으로써 헌법소원 청구인의 기본권을 침해하였다는 것이다.

　　이 연방헌법재판소 결정은 학계에 격렬한 찬반 논쟁을 야기하였다. 이 자리에서 그 세부적인 내용을 다룰 수는 없다.[53] 다만 연방헌법재판소의 결정을 받아 이후 연방대법원은 근친 보증이 양속위반으로 무효가 될 수 있는 요건을 구체화하기 시작하였고, 그 결과 이제는 근친 보증의 경우 양속위반이 인정될 수 있다는 법리가

---

52) BVerfGE 89, 214.

53) 이에 대해서는 간략한 소개로 백경일, "보증계약의 특수성과 보증인보호의 문제", 민사법학 제34호(2006), 175-176면 참조.

정착하였다는 사실만을 언급해 두고자 한다.[54]

(2) 유럽 각국의 법원은 재산이 없고 소득능력이 충분하지 않음에도 근친이라는 사정에 기해 엄중한 보증채무를 부담하게 되는 사안유형에 대한 보호를 도모하고 있다. 그러나 대부분 기존 민사법리를 적용함으로써 해결하고 있으며, 명시적으로 기본권을 원용하면서 그 효력의 문제로 접근하는 예는 많지 않다고 보인다.[55]

예를 들어 프랑스 민법에서의 상황을 살펴본다. 보증인 재산에 비해 과도한 채무를 부담하게 되는 사안에서, 한 판결은 보증인의 착오를 인정하여 보증계약을 무효로 한 예가 있다. 이 사건에서 원심은 두 공동보증인이 문맹으로 서명 전에 계약서를 낭독받지도 못했을 뿐만 아니라 계약내용에 대해 고지도 받지 못하였다는 이유로 당시 프랑스 민법 제1110조(현행 제1132조)가 정하는 중요부분(substance)에 관한 착오가 있다고 판시하였고, 파기원도 이를 긍정하였다.[56] 그 밖에 사기 특히 부작위에 의한 사기로 무효가 될 가

---

54) 헌법재판소 결정을 포함한 전개과정에 대해 Habersack and Zimmermann, "Legal Changes in a Codified System: Recent Developments in Germany Suretyship Law", *Edinburgh Law Review*, Vol. 3 (1999), 272 sqq. 참조.

55) 독일 판례의 접근을 따르는 예로 오스트리아 판례를 들 수 있다. 예를 들어 OHG SZ 68/64는 "법질서의 가치결단과 근본원리"를 원용하여 양속위반성을 정당화한다. 또한 Comandé, "Comparative Remarks"(주 4), p. 730 note 123에 따르면 1997년 6월 20일에 선고된 폴란드 대법원의 판결이 보증의 무효를 판단하는 과정에서 헌법상 소유권 보호의 원리를 원용하였다고 한다. 관련하여 이 사안유형과 관련해 유용한 역사적이고 비교법적인 분석으로 Jansen, "Seriositätskontrolle existentiell belastender Versprechen", Zimmermann (Hrsg.), *Störungen der Willensbildung bei Vertragsschluss* (2007), S. 125ff. 참조. 유럽사법 통일이라는 관점에서 Colombi Ciacchi, "Non-Legislative Harmonisation of Private Law under the European Constitution: The Case of Unfair Suretyships", *European Review of Private Law*, Vol. 13 (2005), 285 sqq.

56) Cass. civ. 25 mai 1964, Bull. I, n° 269. 마찬가지로 은행의 설명의무를 전제로 착오를 인정하였던 네덜란드 Hoge Raad, 1 juni 1990, NJ 1991, 759. 이 판결에 대한 소개로 Mak(주 19), p. 179를 보라. 이 판례는 유지되고 있는 것으로 보인다. 상세한 논의는 Blomkwist, *Borgtocht* (2012), nr. 23 참조. 또한 앞의 판례를

능성도 있음은 물론이다.[57]

그러나 1990년대에 들어오면서 프랑스 판례는 보증인의 재산에 비해 과도한 채무를 부담시키는 보증의 경우 보증인에 대한 채권자의 불법행위가 성립한다고 하여 그 손해배상 책임을 고려하여 보증인 책임을 경감하는 방향으로 선회하였다. 대표적인 사건에서 회사의 대표가 회사의 모든 채무에 대해 어음보증을 한 사실관계가 문제되었는데, 원심은 착오는 인정하지 않으면서도 보증인의 37,550 프랑의 월급 및 4,000,000 프랑 미만의 재산과 비교할 때 20,000,000 프랑의 어음보증 채무는 "명백히 과다한 것으로(manifestement disproportionné)" 은행은 보증인의 수입 및 재산과 무관하게 보증을 요구함으로써 불법행위를 하였다고 판시하였다. 이에 원심은 은행에게 보증인에 대한 손해배상(15,000,000 프랑)을 명하면서 보증채무와의 (당연) 상계를 인정하였고, 파기원도 이 결론을 유지하였다.[58] 그런데 이후 이 판례를 원용하는 사안이 급증하면서, 파기원은 회사 대표는 은행이 관련 정보를 가지고 있었음에도 이를 무시하였다는 사실을 입증하지 못하는 때에는 은행을 상대로 손해배상책임을 물을 수 없다고 하여 이전 판례를 제한하였다.[59]

전제로 중개인이나 공증인이 이미 관련 위험을 경고한 때에는 은행이 주의를 다하지 않았다고 항변할 수 없다는 Hoge Raad, 19 maart 2013, JOR 2013/261 및 해당 법리를 파산관재인의 보증에는 확대하지 아니한 Hoge Raad, 21 maart 2014, JOR 2014/183 등도 참조. 이는 각각 다음에서 확인하였다. https://www.akd.nl/Downloads/PublicatiesPDF/1184536_18-09-2013_rbertrams_jor_sept2013.pdf https://www.akd.nl/Downloads/PublicatiesPDF/1688484_25-06-2014_jor6_rbertrams.pdf

한편 오스트리아에서도 양속위반성을 인정하는 판례와 병존하여 개별사안에서 착오취소를 허용해 해결하는 재판례도 발견된다. OGH JBl 2003, 577 참조.

57) Simler, *Cautionnement, garanties autonomes, garanties indemnitaires*, 4e éd. (2008), n°s 145, 146.

58) Cass. com. 17 juin 1997, Bull. Ⅳ, n° 188: "마크롱(Macron)" 판결.

59) Cass. com. 8 oct. 2002, Bull. Ⅳ, n° 136: "나운(Nahoun)" 판결.

그러나 이러한 제한은 회사 대표의 보증에 대한 것으로, 그 이전은 물론 이후에도 여전히 많은 보증인이 손해배상책임을 매개로 한 책임의 감경을 받을 수 있게 되었다. 그 당부에 대해서는 프랑스에서도 논란이 없지 않다.[60] 이러한 해법은 상대방의 설명의무를 이유로 계약체결상의 과실 책임을 인정한 독일 보증사건의 고등법원 판결을 상기시키지만, 거기에서와는 달리 금전배상을 명함으로써 전부 또는 전무의 결과가 아니라 실질에서 보증채무를 감액하는 효과를 달성하였다는 점이 특징적이다. 흥미로운 점은 학설에서 이들 판례가 기본권의 효력과 관련을 가진다는 의식은 거의 발견되지 않는다는 사실이다.[61]

한편 소비자보호법의 영역에서는 프랑스 소비자법전 제L332-1조, 제L343-4조(1993~2003년에는 제L313-10조, 2003~2016년에는 제L341-4조)가, 사업자인 채권자는 자연인을 상대로 그 체결 시점에 그 자연인의 재산과 수입과 비교해 명백히 과다한 채무를 부담시키는 보증계약을 주장할 수 없으나, 예외적으로 행사 시점에 보증인의 재산이 그러한 채무를 감당할 수 있는 때에는 그러하지 않다고 규정하고 있다. 이는 그러한 보증을 무효로 하는 것은 아니며, 단지 권리행사만을 제한하는 것으로 이해되고 있다. 이 규정에 따른 법률관계는 파기원이 회사 대표 보증에 부과한 제한을 받지 않을 뿐만 아니라, 손해배상이 아닌 전부 또는 전무의 방식으로 채권자의 권리행사를 제한한다는 점에서 종래 판례와 구별된다.[62] 이 규정은 프랑스 담보법 개정을 준비한 그리말디 초안(2005)에 포함되어 있었으나(동 개정안 제2305조 참조) 입법과정에서 관찰되지 못한 것

---

60) Simler(주 57), n° 461 참조: "인정된 것은 바로 보증제도의 단적인 소멸이다."
61) 예를 들어 본고의 주제와 관련한 비교적 최신의 프랑스 문헌인 Maurin, *Contrat et droits fondamentaux* (2013)의 사항색인에서는 "보증"이라는 항목을 찾을 수 없으며, 또한 판례 색인을 보아도 주 58, 59의 판결은 언급되어 있지 않다.
62) Simler(주 57), n° 463 참조.

으로 보인다. 그 밖에 이와 유사한 규정은 1997년 개정된 오스트리
아 소비자보호법(KSchG; 동법 제25d조) 및 2007년 개정된 벨기에 민
법(동법 제2043-6조 제2항)에서도 발견된다.

　한편 기본권에 대한 원용 없이 문제를 해결하는 것은 영국의
판례도 마찬가지이다.[63] 영국법에서 전면에 있는 법리는 부당위압
(undue influence) 특히 계약 당사자 일방이 상대방에게 사실상의 신
뢰를 부여하였다는 사정에 기초하는 추정되는 부당위압의 법리[64]
이다. 그에 따라 예컨대 피고인 아버지가 아들의 회사 채무를 담보
하기 위해 물적 담보를 설정하였으나 은행이 피담보채무 증액을
고지하지 아니한 사안에서, 항소법원은 사무를 담당한 은행 매니저
와 피고 사이에 신뢰관계가 존재하였다는 이유로 부당위압에 따른
취소를 허용하였다.[65] 이후 영국의 선례는 주로 남편의 채무를 담
보하기 위해 부인이 부부 소유인 공유 부동산 지분에 저당권을 설
정한 사안을 둘러싸고 전개되었는데, 앞서 언급한 법리는 일시적으
로 귀족원에 의해 의문시된 것으로 보이기도 하였으나,[66] 귀족원
은 이후 다시 부당위압을 이유로 그러한 저당권 설정을 취소할 수
있다고 하였다.[67] 이것이 이제 현재의 판례라고 할 수 있다. 이들
사례는 종래 형평법 법리를 적용함으로써 해결되고 있으며, 인권법
시행 이후에 선고된 사건에서도 유럽인권협약에 대한 원용은 발견
할 수 없다.

---

63) Geary, "Notes on Family Guarantees in English and Scottish Law‒A Comment",
　　European Review of Private Law, Vol. 8 (2000), 25, 27-29 참조.
64) 이호정, 영국 계약법(2003), 250면 이하 참조.
65) Lloyds Bank Ltd v. Bundy [1975] QB 326 (CA).
66) National Westminster Bank plc v. Morgan [1985] 1 AC 686 (HL).
67) Barclays Bank plc v. O'Brien [1993] UKHL 6 (HL); Royal Bank of Scotland v.
　　Etridge (No. 2) [2001] UKHL 44 (HL). 특히 후자가 리딩케이스로 간주되고 있다.

Ⅲ. 평가와 시사점

1. 수평효 학설 대립의 실익?

이상에서는 유럽사법에서 자주 문제되었던 계약법 영역의 사안유형을 중심으로 각국의 재판례가 어떠한 모습으로 기본권을 고려하고 있는지를 살펴보았다. 그 과정에서 우리는 법원의 접근 방법이 반드시 일관된 모습을 보이고 있지는 않다는 사실을 어렵지 않게 확인할 수 있다. 즉 동일한 법원이 어떤 유형의 사건에서는 기본권을 원용하지만 비슷한 고려가 있을 수 있는 다른 유형의 사건에서는 그에 대한 의식 없이 민사법의 법리만으로 사건을 해결하기도 하고(예컨대 여러 쟁점에 대한 프랑스 파기원의 태도 참조), 한 나라의 법원이 기본권의 관점에서 접근하는 사안을 다른 나라의 법원은 민사법의 문제로만 이해하는 등의 현상을 관찰할 수 있는 것이다(경업금지나 보증에 관한 각국의 판례 참조). 그리고 기본권이 원용되는 경우에도, 과연 그것이 결과에 도달하는데 얼마나 결정적인 역할을 수행하고 있는지를 쉽게 단정하기 어려운 경우가 적지 않다. 예를 들어 프랑스의 경우 판결문 처음에 선언적으로 인용하는 기본권에 대한 언급이 얼마나 논증에 관여하고 있는지 말하기 쉽지 않다. 또한 독일의 경우 연방노동법원이 직접적 효력을 전제로 판단한 사실관계에서 연방헌법재판소의 간접적 효력설에 따라 판단할 때 과연 다른 결론에 도달하였을 것인가 묻는다면 이를 쉽게 긍정하기는 어렵다고 보인다.

이상의 보고를 배경으로 할 때, 수평효에 관한 여러 이론들 특히 종래 독일의 영향을 받아 우리나라에서도 주장되고 있는 직접적용설이나 간접적용설 등의 이론이 현실의 재판에서 사건을 해결하는 과정에서 거의 차이를 나타내 보이지 않는다는 지적이 행해

지고 있음은 놀랄 만한 일은 아니다.[68] 실제로 그럴 수밖에 없음은
조금만 숙고해 보면 당연한데, 그러한 이론은 기본권의 효력이 사
법에 영향을 미치는 방식을 법률구성하는 설명법에 지나지 않으므
로 어느 견해에 따르더라도 실제로 사건을 해결할 때 행해지는 실
질적 이익형량은 거의 비슷하게 수행될 것이기 때문이다.[69] 그래
서 실제로 수평효를 설명하는 독일의 이론들은 그 설명은 달라도
결과에 있어 기능적으로 등가적이라는 평가가 유력하다.[70] 그에
따르면 독일에서 직접적용설, 간접적용설, 그리고 법원과의 관계
에서 기본권의 방어기능과 보호요청을 매개로 설명하는 최근 유
력설 등이 주장되고 있지만[71] 어느 이론에 따르더라도 사안 해결
에서 동일한 결과가 도출될 수 있다는 점에서 이들은 결과등가적
(ergebnisäquivalent)이라고 한다. 이러한 관찰은 특히 세 이론이 모
두 기본권이 사법관계에 영향을 미치는 과정의 한 가지 단면만을
포착하고 있다는 점에 나름의 부분적 정당성을 가진다고 지적한
다. 즉 방어기능과 보호요청을 매개로 설명하는 견해는 기본권 주
체가 법원과의 관계에서 기본권을 주장하고 있다는 측면을 포착하
고 있는 것이고, 간접적용설은 기본권이 고려되더라도 기본적으로
민사분쟁으로 민사법이 적용된다는 사실을 강조한다는 점에서 정
당하며, 직접적용설은 기본권의 고려에 따라 당사자의 구체적인 권

---

68) 예컨대 Kumm, "Who is Afraid of the Total Constitution? Constitutional Rights as
   Principles and the Constitutionalization of Private Law", *German Law Journal*,
   Vol. 7 No. 4 (2006), 341, 352 sqq.; Mak(주 19), p. 159 sqq.
69) 동일한 이익상황과 해법이 문제되는 한 다수의 등가적인 이론구성이 가능하다는
   점에 대해 선구적으로 Heck, *Begriffsbildung und Interessenjurisprudenz* (1932),
   189ff. 참조.
70) Alexy, *Theorie der Grundrechte* (1994), S. 481ff. 또한 Dreier in Dreier,
   Grundgesetz-Kommentar, Band I, 3. Aufl. (2013), Vor Art. 1 Rn. 100도 참조.
71) 그 내용에 대한 상세한 서술 및 전거를 이 자리에서 반복할 필요는 없을 것이다.
   이에 대해서는 주 1에 인용된 문헌 참조.

리·의무의 내용이 정해짐으로써 법률관계가 형성된다는 점을 지시하고 있다는 것이다.[72]

그런데 이렇게 기본권의 수평효에 관한 이론들이 결과등가적이라고 한다면, 마찬가지의 정당성을 가지고 기본권은 민사관계에서 전혀 효력을 미치지 아니한다는 이론도 결과등가적이라고 말할 수 있다. 결과등가성 판단에서 기준은 과연 어떤 이론이 다른 이론과 비교할 때 특정 결과로 나아갈 경향이 높은지 여부가 아니라, 어느 이론에 따르더라도 동일한 결과를 도출할 수 있는지 여부이기 때문이다.[73] 그런데 앞서 Ⅱ.에서 유럽사법의 재판례를 통해 상세히 살펴보았지만, 법원이 기본권의 효력을 논증에 매개하지 아니하고서도 민사법리의 적용 및 적절한 이익형량만으로 동일한 결과에 도달할 수 있음은 거의 부정하기 어렵다. 그렇다면 기본권의 수평효를 둘러싼 많은 논의가 추상적인 법률구성 차원의 설명에 그칠 뿐이며, 현실의 사건 해결에서 기본권이 어떻게 고려되어야 하는지에 대해서는 정작 구체적 지침을 주지 못하고 있을 뿐만 아니라[74] 실질적으로 상호 대체가능하다는 사실이 입증된다고 말할 수 있다. 우리는 이러한 결과를 솔직히 시인해야 한다.

2. 수평효라는 문제설정의 의의

그렇다면 기본권은 사법관계에 효력을 미친다고 하든 그렇지

---

72) Alexy(주 70), S. 485ff. 같은 취지로 Brüggemeier, "Constitutionalisation of Private Law-The German Perpective", Barkhuysen and Lindenburgh ed., *Constitutionalisation of Private Law* (2006), p. 79 sqq. 특히 본문의 의미에서 직접적용설을 주장하는 Johannes Hager, "Fundamental Rights in National (Namely German) Contract Law", Grundmann ed., *Constitutional Values and European Contract Law* (2008), p. 26-27 참조. 이는 이미 같은 필자가 "Grundrechte im Privatrecht", *Juristenzeitung* 1994, 373ff.에서 주장한 견해이다.

73) Alexy(주 70), S. 483.

74) 정종섭(주 1), 347면도 참조.

않다고 하든 결과에 있어 직접적이고 필연적인 관련성을 가지지
아니하므로, 사법관계에서 기본권에 대한 고려는 의미를 가지지 않
는다고 할 것인가? 이는 그렇지 않다. 물론 민사사건에서는 분쟁의
당사자들이 각자 상대방에 대해 기본권을 주장할 수 있어 항상 기
본권 충돌이 발생할 뿐만 아니라, 기본권에 체화된 가치는 추상도
높은 원리적 성질이어서75) 법명제를 구체화하고 사안을 포섭하는
작업에 적절하지 않다.76) 그러한 의미에서 민사법에서 기본권의
손쉬운 "적용"을 운위하기 어렵다는 것은 분명하다. 그러나 이로부
터 기본권의 수평효라는 물음이 제기하는 문제의식이 무용한 것이
라고는 말할 수 없다. 수평효의 문제는 민사법 질서가 당면해야 할
하나의 과제를 지시하고 있다고 생각되기 때문이다.

   이와 관련해서는 체계이론의 관점에서 기본권과 인권의 수평
효 문제를 제기하는 토이브너의 관점이 시사적이다.77) 그에 따르
면 기본권은 근대 초기에 국가의 형태로 확장하는 정치시스템이
구체적인 개인(이 이론에서 구체적인 신체와 정신을 가진 그러한 개인은
체계에 대응하는 환경에 속한다)에게 가하는 현실적 고통에 대한 반작
용으로서 즉 시스템 확장에 따른 구체적 개인에 대한 압박을 제한
하는 機制로서 성립한 제도이다.78) 그런데 이후 사회시스템의 분
화가 계속되면서, 사회체계는 이제 하부시스템으로 정치시스템 외
에도 경제시스템, 미디어시스템, 의료시스템, 교육시스템 등을 형

---

75) Alexy(주 70), S. 477-479.
76) Esser, *Grundsatz und Norm*, 2. Aufl. (1964), S. 69, 80 및 구체적 분석으로 76ff.
    참조.
77) Teubner, "Die anonyme Matrix: Zu Menschenrechtsverletzung durch 'private'
    transnationale Akteure", *Der Staat* 2006, 161ff. 거의 동일한 내용의 영어본으로
    Teubner, "The Anonymous Matrix: Human Rights Violation by 'Private'
    Transactional Actors", *Modern Law Review*, Vol. 69/3 (2006), 327 sqq. 아래에
    서는 후자에 따라 인용한다.
78) Teubner(주 77), 336-337.

성하였다. 그리고 이전의 정치시스템과 마찬가지로 이 하부시스템들도 이후 분화·확장을 하는 과정에서 환경으로서의 구체적 개인을 압박하는 결과를 발생시킨다.[79] 이 문제에 대한 근본적인 해결은, 개인과 정치시스템 사이에 기본권이라는 조정 기제가 성립한 것처럼, 각각의 하부시스템과 개인들 사이의 관계를 조정하는 새로운 독자적인 조정 기제의 성립에 의해 달성될 것이다. 그러나 개별 하부시스템에 대한 새로운 조정 기제가 (적어도 아직은) 성립할 수 없었기에, 종래 정치시스템과 개인 사이에서 체계/환경의 경계를 획정했던 기본권이라는 수단을 다른 시스템과 개인 사이의 관계에서도 시스템의 확장적 압박을 제어하기 위해 사용하려는 시도가 행해지게 된다. 토이브너는 이를 바로 고유한 의미의 수평효의 과제로 이해한다. 즉 수평효의 문제는, 민사분쟁 일반에서가 아니라, 구체적인 개인이 확장하는 시스템과 직면하는 사실관계를 배경으로 하여 다투어질 경우에만 유의미하게 제기된다. "사법에서 인권이라는 문제제기는 신체와 정신의 완전성에 대한 위해가 (단순히 개별적 행위자가 아닌) 사회적 '제도들'로부터 나오는 경우에만 비로소 존재한다."[80] 이러한 의미에서 수평효가 문제되는 경우, 분쟁 당사자는 개별적인 소송에서 그러한 확장적인 제도적 힘과의 대면이 배경이 있는 분쟁임을 주장할 수 있어야 하며, 재판에서는 그러한

---

79) 토이브너는 이러한 현상을 영화 「매트릭스」에서 인간의 에너지로 유지되는 컴퓨터의 작동에 비유한다. Teubner(주 77), 339: "특화된 소통과정으로서의 사회시스템은 [구체적] 인간에 대한 자극들을 [법주체로서의] 사람이라는 구성물에 집중한다. 그것은 자신의 자기보존을 위해 그들의 정신적이고 육체적인 에너지들을 '빨아들인다'." [ ] 부분은 필자의 보충이다.

80) Teubner(주 77), 344. 또한 Teubner(주 77), 340 note 54: "분명 사람들은 가장 근본적인 종류의 권리(생명, 존엄)를 침해함으로써 상대에게 해를 가할 수 있다. 그러나 이것만으로는 (아직은) 이상에서의 의미의 기본권 문제는 아니며, 단지 십계명이나 형법 또는 불법행위법의 기본규범에 관한 것일 뿐이다. 현대적 의미의 기본권은 사람으로부터 나오는 위험에 반작용하는 것이 아니라, 사회시스템들의 매트릭스로부터 나오는 위험에 반작용한다."

사정이 이익형량과 법판단에 고려되어야 하는 것이다.[81] 물론 이러한 '수평효'는 하부시스템과 개인의 대립을 고유한 독자적 문제로 포착하지 못하고 정치시스템과 개인 사이 관계의 유비로 접근한다는 점에서는 불완전한 해법이지만 현재의 실천적 상황에서는 불가피하다고 간주된다.

이러한 설명을 전제로 할 때, 유럽 계약법에서 수평효가 문제되었던 주요 사건들이 확장하는 경제시스템에서의 교섭력 격차가 배후에 있는 고용이나 임대차라는 사실이 어렵지 않게 해명될 수 있다.[82] 또한 수평효가 가장 현저하게 문제된 불법행위법상의 쟁점이 확장하는 미디어시스템의 작동이 매개된 명예훼손과 프라이버시 침해였다는 점도 놀랄 만한 일은 아니다.

3. 민사법에서 간접적 수평효의 의미

이상의 고려에 따른다면, 사적 자치의 영역 아니 보다 일반적으로 사법질서에서 기본권의 효력의 문제는 다음과 같이 이해하는 것이 적절할 것이라고 생각된다.

(1) 우선 기본권의 효력이 사법에서 고려되는 모델로서는 간접적 수평효 즉 간접적용설에서 출발하는 것이 적절하다. 이는 일견 기본권 충돌이 배경에 있다고 하더라도 문제되고 있는 분쟁은 민사분쟁으로 민사법의 적용으로 해결되어야 한다는 것 즉 그 경우에도 당사자들은 민사법에 따라 권리주장을 하고 법원도 그에 따라 재판을 해야 한다는 것을 의미한다.

그러한 의미에서 적어도 이론구성의 측면에서 직접적용설이나 법원과의 관계에서 기본권의 방어기능과 보호요청을 매개로 설명하는 유력설에 따를 수는 없다고 보인다. 우선 전자의 견해에 대해

---

81) Teubner(주 77), 343-344.

82) Maurin(주 61), n° 238 참조.

본다면, 기본권의 고려에 따라 구체적인 권리·의무의 내용이 정해지고 법률관계가 형성된다는 의미에서 기본권이 "직접적용"된다고 말하는 것은, 그것이 타당한 만큼이나 마찬가지로 공허하다. 그러한 의미에서 "직접적용"과 "구속"을 말할 수 있다면, 법현실주의자들이 지적한 대로 법관의 정책적 고려나 사실관계 특수성에 대한 배려도 같은 의미에서 "직접적용"되고 결과에 "구속적"이라고 말해야 한다. 그러나 그러한 형태의 기본권의 "직접적용"은 실제로 내용이 없어 공허하며 무의미하다. 반면 후자의 견해는 기본권을 분쟁 당사자와 법원 사이 즉 기본권 주체와 국가 사이의 관계의 문제만으로 자폐적으로 국한함으로써 기본권 주체들 사이에는 기본권 침해를 내용으로 하는 관계가 전혀 존재하지 않는다는 상식에 반하는 설명에 도달한다. 예를 들어 그것은 악의적인 명예훼손적 사실 적시가 있더라도 기본권은 오로지 피해자의 권리주장을 간과한 법원에 의해서만 침해되는 것이며 사실을 적시한 사람에 의해서는 전혀 침해되지 않는다는 내용을 함축할 것인데,[83] 이는 수평효의 문제가 사인 사이에 작용하는 제도적 힘을 포착해야 한다는 과제를 간과하면서 그 해결을 국가와의 관계에서만 구함으로써 오히려 사안유형의 독자성과 수평효 문제설정의 가치를 시야에서 상실하는 태도이다. 또한 그러한 견해는 현실을 설명하는 것에도 난점을 노정하는데, 그에 따를 경우 예컨대 어떤 구체적인 사안의 분쟁이 학술적으로 분석되는 경우이거나 법원의 판결이 아닌 중재로 해결되는 경우에는 아무런 기본권 관련성도 없고 기본권 침해도 문제될 수 없다는 불합리한 결과가 발생할 것이기 때문이다.[84]

---

83) Canaris, *Grundrechte und Privatrecht — eine Zwischenbillanz —* (1999), S. 36. 이러한 주장은 사인이 기본권의 수범자가 아니라는 형식적인 근거에 의지할 뿐이다.

84) Brüggemeier(주 72), 76-77 참조. 한수웅(주 1), 413면도 참조. 이에 대해서는 아마도 다음과 같은 반론이 제기될 수는 있을 것이다. 학술적 분석이나 중재도 결

그러므로 기본권은 민사분쟁에 직접적용된다고 할 수 없으며, 또한 민사사건을 국가와의 관계에서 해결될 기본권의 문제로 파악할 이유도 없다. 민사분쟁은 사인과 사인의 관계에서 발생하는 다툼이며, 민사법의 적용으로 해결되어야 한다. 그리고 이는 당사자들이 명시적으로 기본권에 대한 침해를 주장하더라도 다를 바 없다. 그 때에도 법적용자는 전승되어온 민사법질서에서 해결책을 찾아야 하는데, 이는 무엇보다 추상적인 원칙규범인 기본권이 아니라 오랜 시간 동안 세밀하게 정련된 민사법 규정 및 법리에서 비로소 현실적인 해결을 가능하게 하는 구체적인 형량기준이 발견될 수 있기 때문이다. 토이브너가 지적하듯, 민사분쟁 일반을 기본권 충돌의 문제로 관념할 실익은 존재하지 않는다. 민사법의 적절한 적용으로 이미 기본권이 예정하는 보호는 실현되고 있으며,[85] 그 과정에서 기본권을 새삼 문제 삼는 것은 코가 세밀한 그물을 설치한 물에 코가 성긴 그물을 다시 한 번 던지는 것과 다를 바 없다. 그러한 의미에서 "인식에 있어 사법의 우선성"[86]이 인정되어야 한다. 이는 오랫동안 민사법이 보장하고 있던 개인적 자유의 영역에서 형성된 상당수의 가치가 기본권으로 실정화되었다는 역사적 경험을 회고해 볼 때 당연한 현상이라고도 말할 수 있다.[87]

국 법원의 판결을 모델로 하여 그와 동일한 해결을 목적할 것이므로, 그 때에도 마치 법원이 판단하는 경우와 마찬가지로 기본권의 방어권능과 보호요청을 매개로 기본권 구속을 받는 것처럼 판단해야 한다는 설명이 그것이다(as if!). 그러나 이러한 설명이 의제적이고 고식적이라는 점은 별론으로 하더라도, 그렇게 이해할 때 결국 종래의 간접적용설과 어떠한 차이가 있게 될지 의문이다.

85) Hager(주 10), 771.

86) Ruffert, *Vorrang der Verfassung und Eigenständigkeit des Privatrechts* (2001), S. 49ff는 규범의 위계질서의 관점에서 판단되는 "효력에 있어 헌법의 우선성"에 대해 문제해결에 관한 "인식에 있어 사법의 우선성"을 대비한다.

87) 슈타르크, "기본권은 어떻게 사법으로 들어와 효력을 발휘하는가", 김대환 편역, 민주적 헌법국가(2015), 325-332면; 양창수, "헌법과 민법", 민법연구 제5권 (1999), 20-21면; 정종섭(주 1), 350면; Hager(주 10), 769; Ruffert(주 86), S. 50;

(2) 그렇다면 어떠한 의미에서 간접적인 수평효를 말할 수 있는가? 앞서 이미 보았지만, 분쟁에 따라서는 단순한 사적 개인 사이의 다툼을 넘어 그 배후에 제도적인 힘이 작동하고 있는 사건이 존재할 수 있다. 즉 개인과 개인의 민사사건의 형태로 나타나지만, 그 배경에 확장하는 경제시스템, 미디어시스템, 의료시스템, 교육시스템 등 사회의 하부시스템이 개인에게 가하는 압박을 제어하는 과제가 문제되는 사안유형이 그것이다. 그 경우에는 법적용자는 민사법을 적용하는 과정에서 이익형량과 가치평가에 고려해야 할 독자적인 형량요소가 있음을 유념해야 한다. 그리고 정치시스템과 개인 사이의 관계가 기본권에 의해 조정되었던 것처럼, 문제되고 있는 하부시스템과 개인 사이에서 그와 유사한 조정을 가져오는 해결이 창출될 수 있도록 민사법을 해석하고 적용해야 한다. 이러한 경우 민사사건의 해결이라는 점에서는 차이가 없다고 하더라도, 단순 사인간 분쟁이라는 차원을 넘어 제도적 힘이 작용하는 사안유형의 특수성을 인식하고 형량과 평가에서 이를 신중하게 고려해야 한다는 점에서 이를 기본권의 간접적 수평효의 문제설정으로 파악할 실익이 있다고 생각된다.[88] 즉 제도적 힘의 작용이 전형적으로 등장하는 사안유형의 사실관계를 마주하는 경우, 예컨대 계약법에서 계약당사자 사이에 구조적인 교섭력의 격차가 확인되는 경우, 법적용자는－말하자면 이를 경고시그널로 인지해－기본권이 국가와의 관계에서 제공하는 보호가 사적 자치의 영역에서도 제도

Radbruch, *Einführung in die Rechtswissenschaft*, 13. Aufl. hrsg. von Zweigert (1980), S. 90f. 등.

88) 통설적 입장에서 홍성방(주 1), 431면("국가 이외의 강력한 사인에 의해서도 침해된다는 사실"); Hesse, *Grundzüge des Verfassungsrechts der Bundesrepublik Deutschland*, 20. Aufl. (1999), Rn. 357("경제적이고 사회적인 힘의 행사에 대한 개인적 자유의 보호가 문제될수록 기본권은 사법규정에 보다 지속적인 영향을 미친다").

적 힘을 제약할 수 있는 방향의 시사점을 줄 수 있는지 민사법의 해석·적용에서 검토해야 하는 것이다.[89] 이는 전승된 여러 민사법 규정과 법리 중에서 해결에 가장 적절한 것을 선택함으로써 이루어질 수도 있지만, 그것이 여의하지 아니한 경우 일반조항적 성질을 가지는 규범(제2조, 제103조, 제750조 등)의 해석을 통해 제도적 힘을 적절히 억제하는 해결책을 발견하는 방법으로도 이루어질 수 있을 것이다.[90] 특히 후자의 경우 제도적 힘에 대한 반작용이라는 측면에서 입법정책적인 관점의 고려가 보다 적극적으로 이루어질 수 있다는 점에서도 간접적 수평효의 문제설정은 의미를 가진다.[91] 그러한 의미에서 종래의 민사법적 해결방법에 대해 기본권 원용이 빈번하고 지속적으로 행해지는 경우, 법적용자는 기존의 전통적 해법이 제도적 힘에 대한 관계에서 만족스러운 해결을 주지 못하기 때문에 발생하는 징후적인 현상이 아닌지를 주의 깊게 살펴볼 필요가 있다.

    우리나라에서 간접적 수평효가 문제될 수 있는 사안이지만 법원이 기본권에 대한 명시적 원용 없이 민법 규정의 해석·적용만으로 해결하고 있는 대표적인 예로는 계속적 보증,[92] 경업금지약정,[93]

---

89) 독일의 보증 사건에 대해 Hager(주 10), 772.

90) Hager(주 10), 771ff. 그러나 양자 사이에 질적인 차이가 존재한다고 할 수는 없으며, 그 경계는 유동적이라고 생각된다. 그 점에서 同所, 773ff.이 그러한 구별을 전제로 독일의 맥락에서 연방헌법재판소의 권한을 제약하려는 해석에는 의문이 있다.

91) Mak(주 19), p. 172 sqq.

92) 이에 대해 양창수·김형석, 권리의 보전과 담보, 제2판(2015), 273면 이하 참조.

93) 판례에 따르면 근로계약상 퇴직근로자에게 근로기간 동안 취득한 영업비밀과 관련해 과도한 경업금지의무를 부과하는 약정은 원칙적으로 유효하지만(대법원 1997. 6. 13. 선고 97다8229 판결, 공보 1997, 2170 참조), 보호되는 영업비밀의 성질, 근로자의 직업의 자유, 제한의 방법 등을 고려할 때 과도한 것으로 전부 또는 일부가 양속위반이 될 수 있는 것이다(대법원 2007. 3. 29.자 2006마1303 결정; 대법원 2010. 3. 11. 선고 2009다82244 판결, 공보 2010, 725 등). 특히 서울

폭리이자[94])에 관한 판례를 들 수 있을 것이다. 어느 경우나 자기생
산적 경제시스템에 기초한 교섭력 격차가 배경이 되었다는 점에서
수평효의 과제가 제기되나 법원이 핵심적인 형량요소를 고려·판
단하여 적절한 결론에 도달하는 이상 기본권이 원용되었는지 여부
는 부차적이라고 할 것이다. 예컨대 연예인의 자유와 권리를 현저
하게 제약하는 장기 전속계약에 관한 판결들에서도 마찬가지이
다.[95]) 반면 기본권의 고려가 명시적으로 행해지는 판결도 최근 증
가하고 있다. 그 개별적인 당부는 별론, 이들 상당수는 토이브너가
말한 의미에서의 수평효가 문제되는 사실관계를 다루고 있음을 확
인할 수 있다. 미디어시스템을 배경으로 하는 명예훼손 및 프라이
버시 침해 사건,[96]) 대량정보의 유통 및 가공을 배경으로 하는 개인
정보보호와 관련된 사건,[97]) 의료시스템을 배경으로 의료계약의 해
석을 다루는 연명치료중단 사건,[98]) 교육시스템의 작용이 문제된
사립고교 종교교육 사건[99]) 등이 그러하다. 다소 흥미로운 예는 종중
회원자격 확인 사건[100])인데, 이는 사회체계의 분화에 따라 생성·확
장하는 하부시스템의 압력이라기보다는 잔존하는 전통사회의 제도

중앙지방법원 2007.12.6. 선고 2007가합86803 판결, 법률신문, 제3626호, 2008.
2. 18. 12면은 충분한 반대급부의 약정을 중요한 형량요소로 고려하고 있다.

94) 대법원 2007. 2. 15. 선고 2004다50426 전원합의체 판결, 공보 2007, 437.

95) 서울중앙지방법원 2009. 10. 27. 선고 2009카합2869 판결, 각공 2010, 13; 서울고
등법원 2010. 3. 17. 선고 2009나38065 판결, 각공 2010, 700; 대법원 2010. 7.
29. 선고 2010다29584 판결 등. 첫 번째 판결에는 기본권에 대한 언급이 있으나
실질적인 판단에 영향을 준 것으로는 판단되지 않는다.

96) 이에 대해서는 포괄적으로 김재형, 언론과 인격권(2012) 참조.

97) 대법원 2011. 9. 2. 선고 2008다42430 전원합의체 판결, 공보 2011, 1997; 대법원
2016. 8. 17. 선고 2014다235080 판결, 공보 2016, 1319. 한편 대법원 2016. 9.
28. 선고 2014다56652 판결, 공보 2016, 1585는 기본권에 대한 명시적 고려 없이
「위치정보의 보호 및 이용 등에 관한 법률」의 해석의 형태로 판단에 이르고 있다.

98) 대법원 2009. 5. 21. 선고 2009다17417 전원합의체 판결, 공보 2009, 849.

99) 대법원 2010. 4. 22. 선고 2008다38288 전원합의체 판결, 공보 2010, 897.

100) 대법원 2005. 7. 21. 선고 2002다1178 전원합의체 판결, 집 53-87, 1326.

적 힘이 문제되고 있다는 점에서 그러하다. 그러한 측면에서는 서울 기독청년단(YMCA) 총회원 자격 사건[101]도 마찬가지라고 보인다.[102]

(3) 물론 이상과 같이 이해한 간접적 수평효는 통상적인 규범이 적용을 통해 효력을 가지는 작용방식과는 그 구조를 달리한다. 간접적으로 수평효를 가지는 기본권은 법학적 추론에서의 논리적 연결고리라기보다는 오히려 선택한 민사법적 논거에 조력하는 토픽적이고 수사적인 논거로서 기능한다. 이러한 현상은 앞서 유럽 사법의 여러 재판례의 태도에서도 확인되는 바이기도 하다. 그러므로 간접적 수평효는 엄밀한 의미에서 기본권의 적용과 효력이라기보다는 수평효라는 문제설정으로부터 발생하는 과제이자 방법론적 요청이다. 즉 법적용자는 개인과 제도적 힘의 대결이 배후에 있는 민사사건을 판단할 때 수평효라는 관점에서 제기되는 보호과제를 형량요소로서 적극적으로 고려할 요청을 받는다는 의미에서만 간접적 수평효를 말할 수 있다. 이는 일부 문헌에서 "약한" 간접적 수평효라고 지시되는 것에 상응한다.[103]

이상과 같이 이해할 때 수평효의 맥락에서 기본권의 기능은 칸트가 순수이성의 이념에 부여하는 기능과 유사하다. 칸트에 따르면 신, 자유, 영혼의 불멸 등과 같은 순수이성의 이념은 경험의 한계를 넘어서 있으며, 그 결과 예컨대 신에 대해 경험적 범주를 적용해 기술하는 명제는 필연적으로 이율배반에 빠질 수밖에 없다. 그러나 이는 신이라는 이념을 경험의 객체로 즉 지성의 대상으로 취급할 때 그러한 것이다. 오히려 신이라는 이념은 우주와 세계

---

101) 대법원 2011. 1. 27. 선고 2009다19864 판결, 공보 2011, 396.
102) 이들 사건은 특히 차별금지의 문제와 관련되는 특수성도 있다. 차별금지에 대한 민사법적 구제수단에 대해 비교법적 개관으로 Lehmann, "Diskrimierungs-schutz und Vertragsrecht — Einwicklungstendenzen im Rechtsvergleich", Schulze ed., *New Features in Contract Law* (2007), S. 67ff. 참조.
103) Mak(주 19), p. 55-56, 154-155.

가 가지는 무한한 속성들의 통일성을 시사하고 있으며, 따라서 중단 없이 무한한 영역까지 경험에 따른 설명을 계속해 나아갈 노력을 요구한다. 그러한 의미에서 순수이성의 이념은 지성에 대한 규제적 원리(regulatives Prinzip)로서 의미를 가진다.[104] 이러한 사정은 수평효에 대해서도 마찬가지이다. 즉 기본권은 기본적으로 민사관계를 직접 규율하지 아니하는 추상적 가치로서, 이를 민사관계에 원용하는 것은 필연적으로 상충하는 기본권의 충돌이라는 이율배반을 야기한다. 그러나 이는 기본권을 마치 바로 적용될 수 있는 민법상의 규정이나 법리처럼 생각하기 때문에 발생하는 가상의 문제일 뿐이다. 오히려 기본권은 확장하는 정치시스템과 개인 사이에 발생하는 상충관계를 공동체가 성공적으로 조정할 수 있게 한 가치관점을 내포하고 있으며, 그러한 성공적인 조정이 민사법의 적용에 의해 다른 하부시스템과 개인 사이의 관계에서도 유비적으로 창출될 수 있게 노력할 것을 요구한다. 즉 기본권의 간접적 수평효는 민사법 적용자에 대하여 보다 사실관계의 특수성에 집중하여 종래 간과되었던 제도적 힘이라는 이익형량 요소를 발견하고 이를 이익형량에 반영할 것 즉 사회변화에 직면하여 더욱 더 민사법 정신에 충실하게 민사법을 적용할 것을 요청하는 규제적 원리로서 기능한다고 말할 수 있는 것이다.[105]

---

104) 예컨대 Kant, *Kritik der reinen Vernunft* (2. Aufl., 1787) in *Gesammelte Werke* (Akademie-Ausgabe), Band 3 (1904/1911), S. 348f.

105) 사법에서 기본권의 간접적 수평효가 이러한 규제적 원리의 차원이 아니라 "강한" 간접적 수평효 즉 (종래 이해되고 있는 바의) 객관적 가치질서의 "방사효"(Ausstrahlungswirkung)로서 이해되는 경우 발생하는 난점을 다루는 과제는 본고의 범위를 넘어설 것이다. 이에 대해서는 Böckenförde, "Grundrechte als Grundsatznorm", *Der Staat* 1990, 1ff. 및 이를 확충한 *Zur Lage der Grundrechtsdogmatik nach 40 Jahren Grundgesetz* (1990); Ruffert(주 86), S. 16ff., 68f.; 정종섭(주 1), 347면 등 참조. 특히 민사재판에 대한 재판소원이 가능한 독일의 상황과 관련해 Isensee, "Bundesverfassungsgericht - quo vadis?", *Juirstenzeitung* 1996, 1085, 1090는 동음이의어를 재치 있게 사용하여, "기본권

Ⅳ. 결   론

이상에서 유럽사법의 재판례를 소재로 하여 사적 자치의 영역에서 기본권의 수평효의 문제를 살펴보았다. 결론을 요약한다면, 기본권은 사법질서에서 간접적 수평효의 형태로 작용하는데, 이는 법적용자로 하여금 제도적 힘이 작용하고 있는 사안유형의 특수성을 인식하여 그 적절한 해결을 민사법적 수단으로 달성할 것을 요청하는 방법론적인 요청이라고 말할 수 있다. 그러한 관점에서 볼 때 모든 민사분쟁을 수평효의 문제로 파악하는 것은 유의미하지 않다. 오히려 제도화된 힘과 개인의 상충이 문제되는 사안유형을 전제로 그러한 특수성을 고려에 넣는 이익형량의 형태로 수평효는 달성되어야 한다. 이렇게 이해할 때, 민사법 정신에 충실한 민사법 적용으로서 수평효의 문제제기는 새로운 사회현실에 직면하여 민사법학에 제기되는 과제를 상기시키는 의미를 가진다. 그리고 수평효가 쟁점이 되는 사안유형을 민사적으로 만족스럽게 해결할 때, 그 과정에서 획득된 평가기준들이 이후 헌법학의 기본권 도그마틱을 풍요롭게 할 수 있을 것이다. 관련해 다음과 같은 지적이 적절하다: "민법의 독자성과 생산성에 대해 걱정되는 사람은 공세로 나가야 한다. 사법의 헌법화를 헌법의 사법화로 바꾸어야 하는 것이다."106)

의 개별법에 대한 방사효(Ausstrahlung; 방사능)"에 의하여 법원이 입는 "방사손해"(Strahlenschäden; 방사능손해)를 언급하면서, 점차 법원의 연방헌법재판소에 대한 "방사효에 대한 보호(Strahlenschutz; 방사능에 대한 보호)"의 필요성이 부각되고 있다고 말한다.

106) Hager(주 10), 769.

※ 참 고 문 헌

1. 국내문헌

김대환, "사법질서에서의 기본권의 효력 – 독일에서의 논의를 중심으로", 헌법학연구 제16권 제4호(2010).

김재형, 언론과 인격권(2012).

김철수, 헌법학신론, 제21전정신판(2013).

김형석, "유언의 성립과 효력에 관한 몇 가지 문제", 민사판례연구[XXXVIII] (2016).

박인환, "독일법상 정보제공의무위반을 이유로 하는 계약해소청구권", 민사법학 제27호(2005).

방승주, "사법질서에 있어서 국가의 기본권보호의무", 공법학연구 제7권 제5호(2006).

백경일, "보증계약의 특수성과 보증인보호의 문제", 민사법학 제34호(2006).

백경일, "헌법규정이 사적 법률관계에서 고려될 수 있는 한계", 안암법학 제43호(2014).

성낙인, 헌법학, 제16판(2016).

슈타르크, 김대환 편역, 민주적 헌법국가(2015).

양건, 헌법강의, 제6판(2016).

양창수, "헌법과 민법", 민법연구 제5권(1999).

양창수·김형석, 권리의 보전과 담보, 제2판(2015).

윤영미, "민법상 일반조항과 기본권", 공법연구 제39집 제4호(2011).

윤진수, "영국의 1998년 인권법이 사법관계에 미치는 영향", 민법논고 I(2007).

이노홍, "영국 기본권의 수평적 효력이론에 관한 고찰", 홍익법학 제15권 제1호(2014).

이재희, "평등권의 대사인효와 그 구체적 적용방식 – 일반조항 해석과 관련하여", 저스티스 제138호(2013).

이준일, "기본권으로서 보호권과 기본권의 제3자효", 저스티스 제65호 (2002).

이호정, 영국 계약법(2003).

임건면, "민법의 해석과 적용에 있어서의 기본권의 영향", 성균관법학 제 25권 제2호(2013).

장영수, "기본권의 대사인적 효력과 기본권의 충돌", 고려법학 제38호 (2002).

정종섭, 헌법학원론, 제11판(2016).

정종휴, "사법관계에서의 헌법원리의 충돌", 현대 민법의 과제와 전망(한 봉희 교수 화갑기념) (1994).

한수웅, 헌법학, 제6판(2016).

허영, 한국헌법론, 전정12판(2016).

홍성방, 헌법상(상), 제3판(2016).

황우여, "헌법의 사법적 효력", 민사판례연구[XIII](1991).

2. 외국문헌

Alexy, *Theorie der Grundrechte* (1994).

Blomkwist, *Borgtocht* (2012).

Böckenförde, "Grundrechte als Grundsatznorm", *Der Staat* 1990, 1.

Böckenförde, *Zur Lage der Grundrechtsdogmatik nach 40 Jahren Grundgesetz* (1990).

Brüggemeier, "Constitutionalisation of Private Law－The German Perpective", Barkhuysen and Lindenburgh ed., *Constitutionalisation of Private Law* (2006).

Brüggemeier, Colombi Ciacchi and Comandé ed., *Fundamental Rights and Private Law in the European Union*, Vol. I: A Comparative Overview (2010).

Busch and Schulte−Nölke ed., *Fundamental Rights and Private Law* (2011).

Canaris, *Grundrechte und Privatrecht− eine Zwischenbillanz−* (1999).

Colombi Ciacchi, "Jenseits der 'Drittwirkung': Grundrechte, Privatrecht und Judicial Governance in Europa" in Furrer (hrsg.), *Europäisches Privatrecht im wissenschaftlichen Diskurs* (2006), 231.

Colombi Ciacchi, "Non−Legislative Harmonisation of Private Law under the European Constitution: The Case of Unfair Suretyships", *European Review of Private Law*, Vol. 13 (2005), 285.

Colombi Ciacchi, "European Fundamental Rights, Private Law, and Judicial Governance", Micklitz ed., *Constitutionalization of European Private Law* (2014).

Dreier, *Grundgesetz-Kommentar*, Band I, 3. Aufl. (2013).

Esser, *Grundsatz und Norm*, 2. Aufl. (1964).

Geary, "Notes on Family Guarantees in English and Scottish Law−A Comment", *European Review of Private Law*, Vol. 8 (2000), 25.

Habersack and Zimmermann, "Legal Changes in a Codified System: Recent Developments in Germany Suretyship Law", *Edinburgh Law Review*, Vol. 3 (1999), 272.

Hager, Günter, "Der Einfluss der Grundfreiheiten des EG−Vertrages auf das Privatrecht der Mitgliedsstaaten", 서울대학교 법학 제51권 제2호 별책(2010).

Hager, Günter, "Von der Konstitutionalisierung des Zivilrechts zur Zivilisierung der Konstitutionalierunng", *Juristische Schulung* 2006, 769.

Hager, Johannes, "Grundrechte im Privatrecht", *Juristenzeitung* 1994, 373.

Hager, Johannes, "Fundamental Rights in National (Namely German) Contract Law", Grundmann ed., *Constitutional Values and*

European Contract Law (2008).

Hauser, "Bail d'habitation: l'usage en bonne mère de famille", *Revue trimestrielle de droit civil* 1996, 580.

Hesse, *Grundzüge des Verfassungsrechts der Bundesrepublik Deutschland*, 20. Aufl. (1999).

Hunter－Henin, "Horizontal Application of Human Rights in France", Oliver and Fedtke ed., *Human Rights and the Private Sphere－A Comparative Study* (2007).

Isensee, "Bundesverfassungsgericht－quo vadis?", *Juirstenzeitung* 1996, 1085.

Jansen, "Seriositätskontrolle existentiell belastender Versprechen", Zimmermann (Hrsg.), *Störungen der Willensbildung bei Vertragsschluss* (2007).

Jarass/Pieroth, *Grundgesetz*, 8. Aufl. (2006).

Kant, *Kritik der reinen Vernunft* (2. Aufl., 1787) in *Gesammelte Werke* (Akademie－Ausgabe), Band 3 (1904/1911).

Kumm, "Who is Afraid of the Total Constitution? Constitutional Rights as Principles and the Constitutionalization of Private Law", *German Law Journal*, Vol. 7 No. 4 (2006), 341.

Lehmann, "Diskrimierungsschutz und Vertragsrecht－Einwicklungs－tendenzen im Rechtsvergleich", Schulze ed., *New Features in Contract Law* (2007).

Mak, *Fundamental Rights in European Contract Law* (2008.).

Malaurie et Morvan, *Introduction générale* (2004).

Maurin, *Contrat et droits fondamentaux* (2013).

Nieuenehuis, Stolker en Valk red., *Tekst & Commentaar Burgerlijk Wetboek*, Boek 6, 7, 8 en 10, Tiende druk (2013).

Picod et Robbine, "Concurrence (Obligation de non－concurrence)", *Répertoire de droit de travail* (2009/2016).

Radbruch, *Einführung in die Rechtswissenschaft*, 13. Aufl. hrsg. von
    Zweigert (1980).

Ruffert, *Vorrang der Verfassung und Eigenständigkeit des Privatrechts*
    (2001).

Simler, *Cautionnement, garanties autonomes, garanties indemnitaires*, 4e
    éd. (2008).

Teubner, "Die anonyme Matrix: Zu Menschenrechtsverletzung durch
    'private' transnationale Akteure", *Der Staat* 2006, 161.

Teubner, "The Anonymous Matrix: Human Rights Violation by 'Private'
    Transactional Actors", *Modern Law Review*, Vol. 69/3 (2006), 327.

Zöllner/Loritz/Hergenröder, *Arbeitsrecht*, 7. Aufl. (2015).

제 5 장

상속관습법의 헌법적 통제

윤 진 수

I. 서 론

근래 대법원은 관습법에 대하여, 사회의 거듭된 관행으로 생성한 어떤 사회생활규범이 법적 규범으로 승인되기에 이르렀다고 하기 위하여는 헌법을 최상위 규범으로 하는 전체 법질서에 반하지 아니하는 것으로서 정당성과 합리성이 있다고 인정될 수 있는 것이어야 한다고 하면서, 종래까지 유효한 것으로 인정되어 왔던 관습법의 효력을 부인하는 판결들을 선고하고 있다. 또 대법원이 관습법의 효력을 인정한 경우에도 이 문제가 헌법재판소에까지 가서 다투어지는 일이 있다. 지금까지 문제되었던 것으로는 다음과 같은 것들이 있다.

먼저 대법원 2003. 7. 24. 선고 2001다48781 전원합의체 판결은, 제정민법이 시행되기 전에 존재하던 '상속회복청구권은 상속이 개시된 날부터 20년이 경과하면 소멸한다.'는 관습은 헌법을 최상위 규범으로 하는 법질서 전체의 이념에도 부합하지 아니하여 정당성이 없으므로, 위 관습에 관습법으로서의 효력을 인정할 수 없다고 하였다.

또한 대법원 2005. 7. 21. 선고 2002다1178 전원합의체 판결은, 종원의 자격을 성년 남자로만 제한하고 여성에게는 종원의 자격을 부여하지 않는 종래 관습은 더 이상 법적 효력을 가질 수 없게 되었다고 하여 판례를 변경하였다.

그리고 대법원 2008. 11. 20. 선고 2007다27670 전원합의체 판결은, 공동상속인 중 종손이 있다면, 그에게 제사를 주재하는 자의 지위를 유지할 수 없는 특별한 사정이 있는 경우를 제외하고는 관습법에 따라 종손이 제사주재자가 된다고 보고 있었던 종래의 판례를 변경하여, 공동상속인들이 있는 경우에는 그 공동상속인들 사이의 협의에 의해 제사주재자가 정해져야 하고, 공동상속인들 사이에 협의가 이루어지지 않는 경우에는, 제사주재자의 지위를 유지할 수 없는 특별한 사정이 있지 않은 한 망인의 장남(장남이 이미 사망한 경우에는 장남의 아들, 즉 장손자)이 제사주재자가 되고, 공동상속인들 중 아들이 없는 경우에는 망인의 장녀가 제사주재자가 된다고 보는 것이 상당하다고 하였다.

한편 대법원 2009. 5. 28. 선고 2007다41874 판결에서는 민법 시행 전의 재산상속에 관한 구 관습법상 딸들이 피상속인인 호주의 재산에 대하여 분재를 청구할 수 없다는 관습법의 효력 유무가 문제되었는데, 대법원은 이 문제에 대하여는 직접 판단을 회피하고, 다만 위와 같은 구 관습법상의 분재청구권의 소멸시효가 완성되었다고 하였다. 그리고 그 사건에 관하여 당사자가 제기한 헌법소원 사건에서 헌법재판소 2013. 2. 28. 선고 2009헌바129 결정은, 관습법도 위헌심판의 대상인 '법률'에 해당한다고 하면서도, 본안에 관하여는 대법원과 마찬가지로 분재청구권의 소멸시효가 완성되었다고 하여 재판의 전제성이 없다는 이유로 헌법소원을 각하하였다.

그리고 최근의 헌법재판소 2016. 4. 28. 선고 2013헌바396, 2014헌바394 결정은, "여호주가 사망하거나 출가하여 호주상속이 없이 절가된 경우, 유산은 그 절가된 가의 가족이 승계하고 가족이 없을

때는 출가녀(出家女)가 승계한다."는 구 관습법은 위헌이 아니라고
하였다.

마지막으로 대법원 2017. 1. 20. 선고 2013다17292 전원합의체
판결의 다수의견은, 타인 소유의 토지에 분묘를 설치한 경우에 20
년간 평온, 공연하게 그 분묘의 기지를 점유하면 지상권과 유사한
관습상의 물권인 분묘기지권을 시효로 취득한다는 것은 장사 등에
관한 법(법률 제6158호) 시행일인 2001. 1. 13. 이전에 설치된 분묘
에 관하여는 현재까지 유지되고 있고, 이러한 관습이 헌법을 최상
위 규범으로 하는 전체 법질서에 부합하지 아니하거나 그 정당성
과 합리성을 인정할 수 없게 되었다고 보기는 어렵다고 하였다. 그
러나 위 판결의 반대의견은, 위 법률이 시행될 무렵에는 위 관습이
재산권에 관한 헌법 규정이나 소유권의 내용과 취득시효의 요건에
관한 민법 규정, 장사법의 규율 내용 등을 포함하여 전체 법질서에
부합하지 않게 되어 정당성과 합리성을 유지할 수 없게 되었다고
주장하였다.

이들 사건에서 우선 눈에 뜨이는 것은 상당수가 상속관습법에
관한 것이라는 점이다. 여성도 종중원이 될 수 있는가에 관한 위
대법원 2005. 7. 21. 선고 2002다1178 전원합의체 판결은 직접적으
로는 상속에 관한 것은 아니지만, 공동선조의 후손의 종중원 자격
에 관한 것이므로 상속과 관련이 없다고 할 수는 없다. 이처럼 상
속관습법이 문제되는 것은 우선 그것이 적용될 수 있는 경우가 많
기 때문이다. 즉 1960. 1. 1. 민법이 시행되기 전에는, 1912년의 조
선민사령(朝鮮民事令) 제11조가, 상속에 관하여는 관습에 의한다고
규정하고 있었기 때문에, 민법 시행 전에 개시된 상속에 관하여는
상속관습법이 적용된다. 또 민법 시행 후에 개시된 상속의 경우에
도, 아래에서 보듯이 민법 제1008조의3이 규정하는 제사주재자가
누구인가는 관습에 의하여 결정되었다. 그런데 상속법은 가족제도

와 밀접한 관련이 있고, 또 과거의 가족제도는 가부장적인 사고에 기인한 남녀불평등의 측면을 내포하고 있었기 때문에, 헌법적으로 문제가 될 소지가 많았다.

다른 한편 위 사건들에서는 대법원과 헌법재판소 모두가 오랫동안 당연한 것으로 받아들여지고 있었던 관습법을 헌법적인 관점에서 이를 효력이 없다고 하여 부정하는 것은 많은 혼란을 야기할 수 있다는 점을 우려하였다. 그리하여 대법원은 관습법의 효력을 부정하면서도 이른바 장래효만을 인정하고 있고, 헌법재판소는 이미 폐지된 구 관습법에 대하여 현행 헌법을 기준으로 소급적으로 그 효력을 모두 부인할 경우 엄청난 혼란을 일으킬 수 있다고 하여 위헌성을 부정하고 있다. 또한 관습법의 통제를 대법원이 할 수 있는지, 아니면 헌법재판소만이 할 수 있는지도 문제가 된다.

이 글에서는 이러한 여러 가지 문제점을 잘 나타내고 있는, 헌법재판소 2016. 4. 28. 선고 2013헌바396, 2014헌바394 결정을 소재로 하여, 상속관습법의 헌법적 통제는 어떤 문제들을 내포하고 있는지를 살펴보고자 한다.

Ⅱ. 헌법재판소 2016. 4. 28. 선고 2013헌바396, 2014헌바 394 결정

1. 사실관계

이 사건은 동일한 헌법소원 청구인이 제기한 두 건의 헌법소원 사건이 병합된 것이다. 그 사실관계는 다음과 같다. 즉 이 사건 헌법소원 청구인의 어머니인 A는 호주이던 아버지 B와 어머니 C의 유일한 자녀로, 1940. 2. 12.경 혼인하여 B의 호적에서 제적되었다. B는 1948. 3. 28. 사망하여 처인 C가 여호주가 되었는데, C도 1954. 3. 3. 사망하였다. C 사망 당시 호적부에는 B의 이복동생 D와 D의

처, 자녀들이 가족으로 남아 있었다. D는 1963. 6. 26. 일가창립신고를 하였고, B의 가는 1969. 7. 8. 호적이 말소되었다.

　A는 B 소유의 토지를 E가 허위의 보증서 및 확인서를 이용하여 소유권이전등기를 마쳤다고 주장하면서 2011. 5. 31. E 등을 상대로 서울중앙지방법원에 소유권이전등기말소 청구소송을 제기하였다. 그 후 A가 2011. 7. 20. 사망하여 그 자녀인 헌법소원 청구인이 소송을 수계하였다. 1심 법원은, C가 사망한 이후 상당한 기간 내에 사후양자가 선정되지 아니함으로써 B의 가(家)는 절가(絶家)되었고, 그 절가된 B 가(家)의 유산은 그 가족에게 귀속되는데, 그 가족으로는 D가 있었으므로, B 가(家)의 유산은 가족인 D에게 귀속되었다고 보아야 하고, 따라서 B 가(家)의 유산이 B의 사망 전에 이미 출가한 A에게 단독으로 귀속되었다는 전제에 선 청구인의 주장은 이유 없다고 하였다. 청구인은 항소심에서 여호주가 사망하고 호주상속인이 없어 절가되는 경우, 그 유산은 절가된 가의 가족이 출가녀에 우선하여 승계한다는 구 관습법에 대한 위헌심판제청신청을 하였으나, 관습법은 위헌법률심판의 대상이 아니라는 이유로 각하되자 이 사건 헌법소원심판을 청구하였다(2013헌바396사건). 또 청구인은 2012. 8. 20. 절가된 B 가의 유산이 A에게 귀속되었음을 전제로 대한민국을 상대로 서울중앙지방법원에 다른 토지의 소유권 확인을 구하는 소를 제기하였으나, 2013. 7. 15. 패소하였다. 청구인은 항소심에서 다시 위 관습법에 대하여 위헌심판제청신청을 하였으나 위와 같은 이유로 각하되자, 이 사건 헌법소원심판을 청구하였다(2014헌바394사건).

2. 헌법재판소의 결정

　헌법재판소는 이 사건 헌법소원의 심판대상을 "여호주가 사망하거나 출가하여 호주상속이 없이 절가된 경우, 유산은 그 절가된

가(家)의 가족이 승계하고 가족이 없을 때는 출가녀(出家女)가 승계
한다"는 관습법(이하 "이 사건 관습법"이라고 부른다)이 위헌인지 여부
로 파악하고, 위 관습법이 헌법에 위반되지 않는다고 판시하였다.
그러나 이는 재판관 4인의 의견이었고, 3인은 관습법은 헌법소원심
판의 대상이 될 수 없으므로 헌법소원을 각하하여야 한다고 주장
하였으며, 2인은 위 관습법은 위헌이므로 헌법소원을 인용하여야
한다고 주장하였다.

(1) 관습법이 헌법소원심판의 대상이 되는지 여부

이 점에 대하여 재판관 6인[1]은 관습법이 헌법소원 심판의 대
상이 될 수 있다고 하였다. 즉 이 사건 관습법은 민법 시행 이전에
상속 등을 규율하는 법률이 없는 상황에서 절가된 가(家)의 재산분
배에 관하여 적용된 규범으로서, 비록 형식적 의미의 법률은 아니
지만 실질적으로는 법률과 같은 효력을 가지며, 법률과 같은 효력
을 가지는 이 사건 관습법도 헌법소원심판의 대상이 되고, 단지 형
식적 의미의 법률이 아니라는 이유로 그 예외가 될 수는 없다고 하
면서, 같은 취지의 선례인 헌법재판소 2013. 2. 28. 선고 2009헌바
129 결정을 인용하였다.

반면 재판관 3인[2]은 이 사건 관습법이 헌법소원심판의 대상
이 되지 않으므로 이 사건 헌법소원청구를 모두 각하하여야 한다
고 주장하였다.[3] 즉 민사에 관한 관습법은 법원(法院)에 의하여 발
견되며 성문의 법률에 반하지 아니하는 경우에 한하여 보충적인
법원(法源)이 되는 것에 불과하여, 관습법은 형식적 의미의 법률과
동일한 효력이 없으므로 헌법재판소의 위헌법률심판이나 헌법재판

---

1) 박한철, 이정미, 김이수, 안창호, 강일원, 서기석 재판관.
2) 이진성, 김창종, 조용호 재판관.
3) 이진성, 김창종 재판관은 위 2009헌바129 결정에서는 관습법도 헌법소원심판의
   대상이 된다고 하였으나, 견해를 변경하였다.

소법 제68조 제2항에 따른 헌법소원심판의 대상이 될 수 없다는 것이다. 구체적으로는 관습법이 존재하는지 여부 즉 사회의 거듭된 관행과 그것이 법적 구속력을 가진다는 사회의 법적 확신이 있는지 여부에 관하여는 사실인정과 매우 밀접한 관련이 있기 때문에 법원이 판단하지 않을 수 없고, 원래 관습법이란 고정된 것이 아니고, 계속 진화하고 변화하는 것이어서 사실인정의 최종심인 법원이 관습법의 존재는 물론 관습법의 변화를 파악하여 관습법을 발전시킬 수 있는데, 이와 같이 관습법의 승인, 소멸은 그것에 관한 사실인정이 전제되어야 하고, 법원(法院)이 관습법을 발견하고 법적 규범으로 승인되었는지 여부를 결정할 뿐 아니라 이미 승인된 관습법의 위헌, 위법 여부는 물론 그 소멸 여부에 대하여도 판단하고 있으므로 관습법에 대한 위헌심사는 법원이 담당하는 것이 타당하다는 것이다.[4]

(2) 이 사건 관습법이 위헌인지 여부

재판관 4인[5]은 위 관습법이 합헌이라고 하였다. 즉 이 사건 관습법은 그 자체로는 절가된 가의 재산을 청산할 때 가적 내에 남아 있는 사람과 출가 또는 분가한 사람을 차별취급하고 있을 뿐 성별의 차이를 이유로 남성과 여성을 차별 취급하는 것이 아니며, 출가한 여성이 자신의 가를 떠나 부(夫)의 가에 입적하게 되어 절가된 가의 호주와 같은 가적에 남아 있지 않게 되는 것은 별도의 관

---

4) 조용호 재판관의 보충의견은, 관습법은 헌법상 근거를 가진 것이 아닐 뿐만 아니라 국회가 관여한 바도 없기 때문에 관습법에 대한 위헌심사는 헌법이 예정하고 있는 것이 아니고, 민법 제1조는 민사관계를 규율하는 기준·원칙과 그 순서를 정하고 있는 것이지, 관습법에 대하여 법률과 같은 효력을 인정하는 취지가 아니며, 법의 존재형식 내지 인식근거로서 법원(法源)은 민법에서 정할 수 있는 것이 아니고, 헌법에서 선언되어야 하는데, 우리 헌법은 관습법에 관하여 아무런 언급도 하고 있지 않다고 하였다.

5) 박한철, 김이수, 강일원, 서기석 재판관.

습법에 따른 것이지 이 사건 관습법으로 인한 차별이라고 볼 수 없다고 하였다. 그리고 이 사건 관습법이 절가된 가의 재산을 그 가적에 남아 있는 가족에게 우선 승계하도록 하는 것은 나름대로 합리적 이유가 있다고 주장하였다. 즉, 민법 시행 전 가의 재산은 호주를 중심으로 한 가의 재산으로서 그 재산을 바탕으로 생활하고 제사를 모시면서 일가를 유지·승계한다는 의미도 가지고 있었는데, 절가된 가의 재산 분배순위에서 그 가적에 있는 가족을 우선하고 출가한 여성이나 분가한 남성을 후순위로 한 것은 토지를 중심으로 한 가의 재산으로부터 물리적으로 떨어져 있을 수 있는 출가한 사람이 가의 재산관리나 제사를 주재하는 것이 현실적으로 어려운 점, 현재도 민법 제1008조의3에서 제사주재자에게 묘토인 농지, 족보와 제구의 우선상속권이 인정되고 있는 점 등에 비추어 볼 때, 이 사건 관습법은 전통문화가 강력하게 남아 있고 관습법이 가족법 관계 전반을 규율하던 민법 시행 이전에는 나름대로 합리성을 가지고 있었다는 것이다. 또한, 호주가 살아 있을 때 출가한 여성에게 재산의 일부 또는 전부를 분재할 수도 있는 것이어서, 이 사건 관습법으로 인하여 출가한 여성이 상속으로부터 완전히 배제되는 것도 아니라고 하였다.

합헌의견은 또한 민법 시행 전까지 효력이 있던 구 관습법은 상당수가 현행 헌법을 기준으로 보면 평등원칙에 어긋나는 것일 수 있지만, 이미 폐지된 구 관습법에 대하여 역사적 평가를 넘어 현행 헌법을 기준으로 소급적으로 그 효력을 모두 부인할 경우 이를 기초로 형성된 모든 법률관계가 한꺼번에 뒤집어져 엄청난 혼란을 일으킬 수 있다고 하였다. 헌법과 민법이 시행되기 전 사회구성원의 법적 확신과 인식에 따라 법적 규범으로 승인되고 강행되어 온 구 관습법을 그 뒤 만들어지고 발전된 헌법이론에 따라 소급하여 무효라고 선언할 수는 없다는 것이다.

　　반면 재판관 2인[6]은 위 관습법이 위헌이라고 주장하였다. 즉
이 사건 관습법은 호주를 정점으로 하는 남계 혈통을 중요시하는
호주제를 기반으로 가(家)의 재산은 타가(他家)에 있는 자에게 유출
되어서는 안 된다는 관념을 토대로 한 것이며, 그 근저에는 성역할
에 대한 고정관념이 깔려 있다고 하였다. 그리고 이 사건 관습법은
가의 재산관리나 제사 주재에 필요한 범위로 제한하지 않고 절가
된 가의 유산 전부를 그 가적 내의 가족이 승계하도록 하고 있을
뿐만 아니라, 절가된 자의 가족이 없는 경우에는 가의 재산관리나
제사 주재와 관련이 없는 출가녀에게도 유산을 승계하도록 하고
있으므로, 가의 재산관리나 제사 주재의 현실적 필요성이 이 사건
관습법의 진정한 목적인지에 대하여도 의문이 들며, 호주가 살아있
을 때 출가한 여성에게 재산의 일부 또는 전부를 분재할 수 있다
하더라도 이는 오로지 호주가 살아있는 동안에 그의 의사에 따라
여성에게 재산을 분재할 가능성이 있다는 것에 불과할 뿐, 이 사건
관습법이 호주가 사망한 이후 절가된 가의 유산 승계에 있어 남성
과 여성을 달리 취급하는 것을 정당화하는 사유가 될 수는 없다고
주장하였다. 또한 구체적 규범통제의 심사기준은 원칙적으로 헌법
재판을 할 당시에 규범적 효력을 가지는 헌법인데, 혼인과 가족생
활에서 양성의 평등을 보장하는 헌법 제36조 제1항에 비추어 보면
이 사건 관습법은 남성과 여성을 합리적인 이유없이 차별하여 혼
인과 가족생활에서 양성의 평등을 저해하는 것이므로 현행 헌법
하에서 용인될 수 없다고 보아야 한다고 하였다. 한편, 헌법재판소
는 호주제가 헌법 제36조 제1항에 위반된다고 보아 헌법불합치 결
정을 하였는데(헌재 2005. 2. 3. 2001헌가9 등 참조), 헌법재판소가 호
주제에 대하여는 헌법불합치 결정을 하면서 호주제를 기반으로 하

---

6) 이정미, 안창호 재판관.

여 그 위헌적 요소를 고스란히 가지고 있는 이 사건 관습법에 대하여는 이미 확정된 과거의 법률관계라는 이유로 위헌 선언을 하지 않는다면 헌법질서 및 가치의 수호, 유지라는 헌법재판소의 역할을 외면하는 것이 된다고 다수의견을 비판하였다.

Ⅲ. 이 사건 관습법의 존재 여부

1. 종래의 판례

헌법재판소가 심판대상으로 삼은 이 사건 관습법은 대법원의 판례가 인정하고 있던 것이었다. 즉 대법원 1979. 2. 27. 선고 78다1979, 1980 판결은, "의용민법하의 우리나라 관습에 의하면 여호주가 사망하고 상속인없어 절가가 된 경우의 유산은 그 절가가 된 가(家)의 가족이 이를 승계하고 가족이 없을 때는 출가녀(出嫁女)가 이를 승계하고 출가녀도 없을 때는 그 가(家)의 친족인 근친자 즉, 여호주의 망부(亡夫)측의 본족(本族)에 속하는 근친자에 권리귀속되고 그런 자도 없을 때는 여호주가 거주하던 리·동(里·洞)에 권리귀속된다"고 판시하였다.

그리고 대법원 2012. 3. 15. 선고 2010다53952 판결은 이 점에 관하여 다음과 같이 비교적 상세하게 판시하였다.

"구 관습상 호주인 기혼의 남자가 호주상속할 남자 없이 사망한 경우에는 사후양자가 선정되기까지 망인의 조모, 모, 처, 딸이 존비의 순서에 따라 여호주가 되어 호주권과 재산을 일시 상속하였다가, 사후양자가 선정되면 여호주에게 상속되었던 호주권과 재산이 사후양자에게 승계되는 것이고, 이때 만약 사후양자가 선정되지 않은 채 호주상속을 하였던 여호주가 사망하거나 출가하여 호주상속할 자가 없게 되더라도 곧바로 절가(絶家)가 되는 것은 아니며, 그 여호주가 사망 또는 출가한 때로부터 상당한 기간 내에 사후양자가 선정되지 않으면 그때에 비로소 절가가 되는 것이다(대법원 1995. 4. 11. 선고 94다46411 판결, 대법원 2004. 6. 11. 선고 2004다10206 판결 등 참조). 한편 구 관습에 의하면 여호주가 사망하거나 출가하여 호주상속인 없이 절가된 경우의 유산은 그 절가된 가(家)의 가족이 이를 승계하고 가족이 없을 때는 출가녀가 이를 승계하고 출가녀도 없을 때는 그 가(家)의 친족인 근친자, 즉 여호주의 망부(亡夫)의 본족(本族)에 속하는 근친자에게 귀속되고 그런 자도 없을 때는 여호주가 거주하던 리·동(里·洞)에 귀속되는 것이다(대법원 1979. 2. 27. 선고 78다1979, 1980 판결 등 참조). 그런데 이와 같이 절가된 가(家)의 유산이 가족, 출가녀 등에게 귀속되는 것은 가(家)의 승계를 전제로 한 상속으로서의 성격을 가진 것이 아니라 가(家)의 소멸을 전제로 한 재산분배로서의 성격을 가진 것인 점, 구 관습상 호주는 그 일가(一家)의 재산관리권과 함께 가족들에 대한 1차적인 부양의무를 부담하고 있었던 점 및 여호주는 사후양자 선정을 통한 가(家)의 승계를 위하여 호주상속을 하는 것인 점 등에 비추어 보면, 절가된 가(家)의 동일 가적 내에 수인의 가족이 있는 경우에는 원래의 남호주를 기준으로 최근친의 가족에게 그 유산이 귀속된다고 보아야 하고, 최근친의 가족이 수인인 경우에는 균등한 비율로 그 유산이 귀속된다고 보아야 할 것이다.”

결국 판례에 의하면, 여호주가 사망 또는 출가한 때로부터 상당한 기간 내에 사후양자가 선정되지 않으면 그때에 비로소 절가가 되고, 절가된 경우의 유산은 그 절가된 가(家)의 가족이 이를 승계하고 가족이 없을 때 비로소 출가녀가 이를 승계한다는 것이다. 이러한 판례는 기본적으로 조선고등법원의 판례를 이어받은 것이다. 즉 조선고등법원 1922(大正 11). 9. 22. 판결[7]은, 여호주(女戶主)

---

7) 朝鮮高等法院判決錄 9권 370면.

인 자가 사망하고 상속을 할 자가 없는 경우에 그 유산은 출가녀에게 귀속하는 것이 조선의 관습이지만, 여기서의 출가녀라 함은 여호주의 자녀인 것으로 충분하지 않고 그 가(家)로부터 나온 자임을 필요로 한다고 판시하였다. 그리고 조선고등법원 1931(昭和 6). 2. 6. 판결8)은, 여호주가 사망하고 그 상속인이 없을 때는 유산은 출가녀(出嫁女)에 귀속하는 관습은, 절가(絶家)의 경우에 대해서 말하는 것으로서 여호주의 전 호주인 기혼남의 사후양자(死後養子)가 선정될 때는 상속개시 때로 소급하여서 가(家)를 상속해야 하는 것이기 때문에 망(亡) 호주의 유산은 출가녀에 귀속하는 것은 아니라고 하였다.

2. 이 사건 관습법의 존재 여부

이처럼 여호주가 사망하거나 출가하여 호주상속이 없이 절가된 경우의 상속에 관한 관습법은 조선고등법원에 의하여 인정된 것이었다. 그런데 이러한 관습법은 과연 존재하였을까?9)

일반적으로 일제 강점기에 일본에 의하여 인정되었던 관습법이 실제 존재하였는가에 관하여는 종래 논쟁이 있었다. 이러한 일본인들에 의한 관습 조사에 대하여는 일본법에의 동화를 위하여

---

8) 朝鮮高等法院判決錄 18권 24면.
9) 일제 강점기 전인 조선 시대에 우리가 보통 이해하고 있는 法源으로서의 관습'법'이 존재하였는가 하는 점에 관하여도 논의가 있으나, 이 문제는 이 글의 주제와는 직접 관련이 없으므로 더 이상 살펴보지 않는다. 이에 대하여는 Marie Seong-Hak Kim, "Law and Custom in the Choson Dynasty and Colonial Korea", *Journal of Asian Studies* Vol.66 No.4 (2007), pp. 1067 ff.; 沈羲基, "동아시아 전통사회의 관습법 개념에 대한 비판적 검토", 法史學硏究 제46호(2012), 205면 이하; Marie Seong-Hak Kim, *Law and Custom in Korea: Comparative Legal History* (Cambridge University Press, 2012); 문준영, "대한제국기 민사재판에서 관습의 규범적 역할", 경북대학교 법학논고 제52집(2015), 163면 이하 등 참조. 또한 尹眞秀, "慣習上 分財請求權에 대한 歷史的, 民法的 및 憲法的 考察", 民事裁判의 諸問題 제22권(2013), 250-251면도 이에 대하여 언급하고 있다.

한국의 전통적인 관습을 왜곡한 것이었다는 비판이 많으나,[10] 근래에는 사회변동에 따른 관습의 변화에 대하여 신관습(新慣習)을 법인화(法認化)하려는 것이었다는 견해[11]나, 식민지 권력이 유도한 식민지 관습법의 형성이었다는 견해[12] 등도 주장되고 있다.[13]

이는 상속관습법에 관하여도 마찬가지이다. 1설은 일본 제국주의에 의해 자리매김된 상속관습은 조선 고유의 관습 그 자체이기보다는 일본 민법상의 상속제도를 받아들인 결과라고 주장한다. 즉 조선의 관행들은 일본의 사법관료들에 의해 상속이라는 제도 속으로 분류되고 체계화되었으므로, 그들의 법적 지식체계라는 창을 통해 식민지 조선의 관행을 바라보았을 뿐만 아니라, 그들은 조선의 관습을 일본의 관습으로 동화 일치시키려고 했다는 것이다.[14] 반면, 식민지기에 정립된 상속관습법은 19세기 조선의 상황을 반영하는 것이므로, 조선총독부가 일본민법의 가제도에 맞추어 의도적으로 조선의 관습을 왜곡하였다고 하기에는 근거가 약하다는 주장도 있다.[15]

---

10) 예컨대 李相旭, "日帝下 傳統家族法의 歪曲", 朴秉濠敎授還甲紀念(II)(박영사, 1991), 371 이하; 尹眞秀, "高氏 門中의 訟事를 통해 본 傳統 相續法의 變遷", 民法論攷 제5권(박영사, 2011), 48면 이하(처음 발표: 家族法硏究 제19권 2호, 2005, 327면 이하) 이하.

11) 李昇一, 朝鮮總督府의 法制政策에 대한 硏究, 한양대학교 문학박사학위 논문(2003), 81면 이하, 151면 이하 등.

12) 심희기, "일제강점 초기 '식민지관습법'의 형성", 法史學硏究 28호(2003), 25면 이하; 홍양희, "植民地時期 親族慣習의 創出과 日本民法", 정신문화연구 28권 3호(2005), 125면; 이정선, "식민지 조선·대만에서의 '家制度'의 정착과정", 한국문화 55(2012), 253면 이하 등.

13) 註釋民法 總則 (1), 제4판(한국사법행정학회, 2010), 113면(尹眞秀) 참조.

14) 홍양희, "植民地時期相續慣習法과 '慣習'의 創出", 法史學硏究 제34호(2006), 105면 이하. 또한 이상욱, "일제강점기 상속관습법의 정립과 왜곡", 민족문화논총 제33집(2006), 72면 이하 참조. 李昇一, "일제의 관습조사와 전국적 관습의 확립과정 연구", 대동문화연구 67(2009), 385면 이하는 관습조사 과정에서 일본법의 관점에서 한국 관습을 해석한 예로서 한국인의 상속에 관한 것을 들고 있다.

15) 鄭肯植, "식민지기 상속관습법의 타당성에 대한 재검토", 서울대학교 法學 제50

필자가 보기에는, 일본 식민당국이 파악한 상속관습법은 일본법의 시각에서 이루어졌을 뿐만 아니라, 일본법과의 동화를 꾀한 면이 있다는 지적이 설득력이 있다고 보인다. 몇 가지 예를 들어 본다.

첫째, 일본 식민당국은 전통 한국법이 인정하고 있던 제사상속의 개념을 파악하고 이를 호주상속 또는 일본법상의 가독상속(家督相續)16)과 어떻게 구별해야 할 것인가에 관하여 어려움을 겪었고, 결국 조선고등법원은 호주상속 또는 재산상속과 별도로 제사상속을 인정할 필요가 없다고 하였다.17)

둘째, 당시에 일본 식민당국이 인정한 관습법상으로는 남자가 사망하면 그 재산은 일단 제사상속인에게 모두 귀속되고, 차남 이하의 아들들은 분재를 받아야만 소유권을 가지게 된다고 하였다. 그러나 이는 일본법상의 가독상속의 관점에서 한국의 상속 관행을 파악한 것으로, 실제로는 자녀들이 모두 공동상속을 받지만, 제사상속인이 이를 관리하다가 다른 사람에게 분배한다고 파악하는 것이 정확할 것이다.18)

권 1호(2009), 288면 이하.

16) 1947년 개정 전의 일본 민법 제986조는, 가독상속인은 상속개시시부터 전 호주가 가지는 권리의무를 승계한다고 규정하여, 전 호주의 일체의 재산상의 권리의무를 승계하도록 하였다.

17) 朝鮮高等法院 1933(昭和 8). 3. 3. 판결(高等法院民事判決錄 20권 155면). 이에 대하여는 尹眞秀(주 10) 참조.

18) 이에 대하여는 尹眞秀(주 9), 253면 이하 참조. 申榮鎬, 共同相續論(나남, 1987), 225면도, 피상속인이 남호주나 호주의 장남일 경우 家産主義를 채택한 이유는 불분명하지만, 일본 민법의 가독상속을 토대로 우리의 관습을 이해한 데서 비롯된 것이라고 보아야 할 것이라고 서술하였다. 또 1940. 8. 23. 中樞院 書記官長의 법무국장에 대한 회답에 의하면, 호주가 생전행위 또는 유언으로 嫡・庶子에 대한 분재액을 지정하지 않고 사망한 경우에는 그 재산에 관한 권리의 전부는 일단 호주상속인에게 귀속하며 그 나머지 적서자는 잔여재산에 대하여 호주상속인으로 하여금 상당한 비율로 분배하게 한다는 관습이 존재하는지, 아니면 호주상속인 이하 각 嫡庶男 전원이 공동상속한 것으로 인정하는 것이 일반관습이며, 호주

셋째, 조선고등법원 1935(昭和 10). 7. 30. 연합부 판결[19]은, 상속회복청구권은 상속인 또는 그 법정대리인이 상속권을 침해당한 사실을 안 때에는 상속개시의 때로부터 각각 상당한 기간 내에 한하여 행사할 수 있고 그 기간을 경과한 때에는 위 청구권이 소멸하는 것으로 되는 것 역시 조선의 관습상 시인된다고 하였다. 그러나 이는 상속회복청구권은 시효에 걸리지 않는다고 하던 종래의 판례를 변경한 것일 뿐만 아니라, 실제로 종래의 관습과는 모순된다. 위와 같은 조선고등법원의 판례는 거래의 안전 등을 고려하여 관습의 이름을 빌어 상당한 기간 내에 상속회복청구권을 행사하지 않으면 상속회복청구권이 소멸한다고 하는 판례법을 창조한 것이라고 보아야 할 것이다.[20]

이 사건 관습법의 경우도 마찬가지라고 보인다.[21] 우선 여호주에 관한 관습부터가 종래의 관습과는 차이가 있다. 조선시대에는 여기서 말하는 호주에 해당하는 것은 없었는데, 이것이 법령상 인정되게 된 것은 통감부 시절인 1909년에 민적법(民籍法)[22]과 그 시행을 위한 민적법집행심득(民籍法執行心得)[23]이 제정되면서부터이

상속인은 오직 그것을 분배할 때까지 관리하는 데 지나지 않는 것인지에 관하여 중추원 구성원(參議)에게 조회하였는데, 답신한 42명 중 호주상속인의 재산분배라는 것을 지지한 사람이 15명이었고, 공동상속이라는 것을 지지한 사람이 25명이었으며, 양자를 절충하여 상속재산은 공동재산으로 하고, 분배방법에 대하여는 호주상속인의 재산분배에 의하자고 하는 사람이 2명 있었다고 한다. 鄭光鉉, 韓國家族法硏究(서울대학교 출판부, 1967), 185면.

19) 朝鮮高等法院判決錄 제22권 302면 이하.

20) 尹眞秀, "相續回復請求權의 硏究", 民法論攷 제5권(주 10), 144면 이하(처음 발표, 서울대학교 법학 제41권 1호, 2000) 참조.

21) 같은 취지, 정구태, "2016년 상속법 관련 주요 판례 회고", 조선대학교 法學論叢 제24권 1호(2017), 180면 이하. 정구태 교수는 이는 필자의 2017. 1. 20. 서울대학교 법학연구소 공동연구 학술대회에서 발표내용을 참조한 것이라고 확인해 주었다.

22) 隆熙 3년 3월 法律 제8호.

23) 隆熙 3년 3월 內部訓令 제39호.

다.24) 그런데 1908년에서 1910년에 걸쳐 조사한 것을 바탕으로 하여 작성된 관습조사보고서에서 이미 호주상속은 호주인 지위의 승계로서 제사상속을 하는 자는 동시에 호주의 지위를 승계하는 것이지만, 제사상속인이 없는 경우에는 피상속인의 모 또는 처가 일시적으로 호주가 되는 예가 있다고 하였다.25) 그러나 이는 조선 시대에 가장이 사망하고, 남자가 없는 경우 또는 남자가 있더라도 유소하든가 혹은 폐질자(廢疾者)이든가 기타 부득이한 경우에 과부가 사실상 가장의 지위에 있어 가장의 직무를 관장하였던 것을 호주상속으로 이해한 것으로 보이는데,26) 조선 시대의 가장과 여기서 말하는 호주가 동일한 것이라고는 할 수 없다.

나아가 이 사건 관습은 여호주가 사망하여 절가가 된 경우에 딸이 재산을 상속할 수 있는가를 여호주와 딸이 동일한 가적에 속해 있었는가에 따라 달리 보고 있다. 그러나 이러한 가적이라는 개념이 법령상 인정되게 된 것도 1909년에 民籍法이 시행되면서부터이다.27) 그러므로 과연 동일가적 유무에 따라 재산상속 여부가 달라진다는 관습이 존재하였는지 의문이다.28) 실제로 당시의 판례는 처음에는 조선인인 여자가 출가하여 타가에 있는 이상은 그 實家의 재산상속인이 될 자격을 상실하는 것은 조선에서 현저한 관습이라고 하였다.29) 그러다가 조선고등법원 1933(昭和 8). 12. 8.

---

24) 崔弘基, 韓國戶籍制度史 硏究, 改訂版(서울대학교 출판부, 1997), 187면 이하 참조.

25) 鄭肯植 編譯, 改譯版 慣習調査報告書(한국법제연구원, 2000), 346면(제158).

26) "婦女子의 戶主相續에 관한 慣習", 鄭光鉉(주 18), 226면 이하. 이는 총독부 중추원 조사과의 조사자료를 정광현 교수가 국역한 것이다.

27) 위 주 24) 및 그 본문 참조.

28) 申榮鎬(주 18), 228면은 관습재산상속법이 혈연주의에서 가적중심주의로 변화한 것이라고 서술한다. 홍양희(주 14), 121면도 조선총독부가 만든 재산상속은 조선의 다양한 관행들을 관습으로 그대로 인정하는 것이 아니라고 하면서, 그 한 가지로서 戶籍, 즉 家籍을 기반으로 구성된 가족의 경계를 인정하는 것을 들고 있다.

29) 조선고등법원 1912. 4. 15. 판결(高等法院判決錄 2권 190면).

판결[30])은, 모의 유산은 남녀를 불문하고 그의 자가 상속하며, 동일 가적에 있거나 없거나를 구별하지 않는 것이 조선 고래의 관습이라고 하면서, 종래의 판례를 변경하였다. 그러나 대법원 1990. 2. 27. 선고 88다카33619 전원합의체 판결은, 1960. 1. 1. 민법이 공포시행되기 전에는 호주 아닌 가족이 사망한 경우에 그 재산은 동일호적 내에 있는 직계비속인 자녀들에게 균등하게 상속된다는 것이 당시의 우리나라의 관습이었다고 하였다.[31])

이처럼 이 사건 관습의 존재 여부에 관하여 상당한 의문이 있기는 하지만, 이제 와서 그러한 관습이 존재하지 않았다고 정면으로 부인하기는 어렵다. 당시의 관습이 어떠했는가를 지금에 와서 확정하는 것은 쉬운 문제가 아니다. 따라서 현재의 시점에서는 위와 같은 관습의 존재를 전제하고, 그러한 관습이 위헌인지 여부를 따져 보는 것이 현실적인 방법이다.[32])

Ⅳ. 관습법의 위헌 여부에 대한 심사권의 주체

1. 종래의 논의

종래 대법원의 판례는, 헌법과 헌법재판소법이 규정하는 위헌 심사의 대상이 되는 법률은 국회의 의결을 거친 이른바 형식적 의

---

30) 高等法院判決錄 20권 461면. 鄭光鉉(주 18), 293면 이하에 그 번역문이 실려 있다. 鄭肯植(주 15), 314-315면은 위 판결의 결론은 잠정적으로 타당하다고 생각한다고 서술하고 있다.

31) 그러나 대법원 2014. 8. 20. 선고 2012다52588 판결은 위 전원합의체 판결을 인용하면서도, 현행 민법이 시행되기 전에 호주 아닌 남자가 사망한 경우 그 재산은 그 직계비속이 평등하게 공동상속하며, 그 직계비속이 피상속인과 동일 호적 내에 있지 않은 여자일 경우에는 상속권이 없다는 것이 우리나라의 관습이었다고 하여, 직계비속인 남자는 동일호적에 있지 않더라도 상속권이 있다고 하였으나, 위 전원합의체 판결과는 어긋나는 것으로 보인다.

32) 현소혜, "상속법의 자화상과 미래상", 民事法學 제52호(2010), 606면 이하; 尹眞秀(주 9), 255면 참조.

미의 법률을 의미하고, 또한 민사에 관한 관습법은 법원에 의하여
발견되고 성문의 법률에 반하지 아니하는 경우에 한하여 보충적인
법원이 되는 것에 불과하여, 관습법이 헌법에 위반되는 경우 법원
이 그 관습법의 효력을 부인할 수 있으므로, 결국 관습법은 헌법재
판소의 위헌법률심판의 대상이 아니라고 하였다.33) 실제로 위 판
례가 인용하고 있는 대법원 2003. 7. 24. 선고 2001다48781 전원합
의체 판결을 비롯한 서론에서 언급한 몇 개의 대법원 판결은, 사회
의 거듭된 관행으로 생성한 어떤 사회생활규범이 법적 규범으로
승인되기에 이르렀다고 하기 위하여는 그 사회생활규범은 헌법을
최상위 규범으로 하는 전체 법질서에 반하지 아니하는 것으로서
정당성과 합리성이 있다고 인정될 수 있는 것이어야 하고, 그렇지
아니한 사회생활규범은 비록 그것이 사회의 거듭된 관행으로 생성
된 것이라고 할지라도 이를 법적 규범으로 삼아 관습법으로서의
효력을 인정할 수 없다고 하였다. 이러한 판례의 의미에 관하여는
정당성과 합리성이 있어야 한다는 것이 관습법의 성립요건이므로,
그러한 정당성과 합리성이 없는 이상 처음부터 관습법으로 성립하
지 못하였다고 이해하는 견해도 있다. 그러나 이러한 판례는 그러
한 관습이 관습법으로서의 성립요건은 갖추었다고 하더라도 헌법
을 정점으로 하는 법질서 전체의 이념에 부합하지 않으므로 그 효
력이 인정될 수 없다는 것으로 받아들여야 할 것이다.34)

　　그런데 헌법재판소 2013. 2. 28. 선고 2009헌바129 결정은, 민
법 시행 이전의 상속에 관한 관습법은 비록 형식적 의미의 법률은
아니지만 실질적으로는 법률과 같은 효력을 갖는 것이므로 위헌법
률심판의 대상이 된다고 하였고, 이 사건 결정에서도 6인의 다수의

---

33) 대법원 2009. 5. 28.자 2007카기134 결정.
34) 尹眞秀, "相續回復請求權의 消滅時效에 관한 舊慣習의 違憲 與否 및 判例의 遡
　　及效", 民法論攷 제5권(주 20), 172면 참조.

견은 위 결정을 인용하면서 같은 취지로 판시하였다.

학설상으로는 위 2009헌바129 결정 전에는 관습법은 형식적 의미의 법률에 해당하지 않으므로, 헌법재판소에 의한 위헌법률심판의 대상이 되지 못한다는 견해가 많았다.[35] 그러나 위 결정을 전후하여서는 관습법도 헌법재판소에 의한 위헌법률심판의 대상이 될 수 있다는 견해가 늘어났다. 그 기본적인 논거는, 관습법도 형식적 의미의 법률과 같은 효력을 가지므로, 실질적 의미의 법률에 속하는데, 헌법재판소에 의한 위헌법률심판의 대상이 되는 것은 형식적 의미의 법률에 한정되는 것이 아니며, 실질적 의미의 법률도 위헌법률심판의 대상이 된다는 것이다.[36] 또한 헌법이 법률만을 위헌제청의 대상으로 한 것은 중요한 법규범에 대한 헌법재판소의 전문적·독점적 판단을 통해 법적 통일성과 안정성을 확보하려는 것이므로, 관습법도 위헌법률심판의 대상이 된다고 하는 주장도 있다.[37]

---

35) 尹眞秀(주 9), 267면 주 65)의 문헌 소개 참조.

36) 정태호, "법률적 효력 있는 관습법의 위헌제청적격성", 慶熙法學 제46권 4호(2011), 343면 이하; 장영수, "위헌법률심판의 대상으로서의 관습법", 공법연구 제40집 2호(2011), 339면 이하; 권건보, "위헌법률심판의 대상과 관할", 헌법학연구 제19권 3호(2013), 69면 이하; 권건보, "관습법에 대한 헌법재판소의 위헌심사 권한", 헌법재판연구 제3권 2호(2016), 59면 이하; 김상겸·김영숙, "관습법의 위헌법률심판 대상적격성에 관한 연구", 토지공법연구 제80집(2017), 414면 등.

37) 정태호(주 36), 346면 이하. 관습법에 대한 위헌법률심사, 헌법재판연구원 연구보고서(2015), 39면 이하(연구책임자 손상식)는, 법원은 법규범의 위헌여부를 판단할 규범통제권한을 가지지 않는 것이 원칙이며, 헌법 제107조 제2항의 경우와 같은 '헌법에 특별한 규정이 있는 경우'에만 제한된 범위에서 규범통제권한을 행사할 수 있고, 따라서 규범통제권한은 헌법재판을 전문적으로 하는 헌법재판소에 맡기는 것이 더 기능적합적이라고 한다. 허완중, "관습법과 규범통제", 공법학연구 제10권 1호(2009), 173면 이하도 헌법 제107조 제2항은 법원에 당연히 부여되지 않는 권한을 법원에게 부여하는 규정으로서 엄격한 해석이 요구된다고 하고, 권건보, "관습법에 대한 헌법재판소의 위헌심사 권한"(주 36), 63면도 법원이 헌법 제107조 제2항과 같이 명시적 규정이 있는 경우에 한하여 위헌여부에 대한 심사권을 가진다고 볼 수도 있다고 한다.

2. 검　　　토[38]

생각건대, 관습법이 헌법재판소에 의한 위헌법률심사의 대상이 되고, 따라서 법원은 관습법의 위헌 여부를 판단할 권한이 없다는 주장은 받아들이기 어렵다.

우선 관습법이 헌법재판소에 의한 위헌법률심사의 대상이 된다는 주장의 핵심적인 근거는 관습법도 형식적 의미의 법률과 같은 효력을 가지므로, 실질적 의미의 법률에 속한다는 점이다. 그러나 일반론으로서 관습법이 형식적 의미의 법률과 같은 효력을 가진다고 말할 수는 없다. 왜냐하면 성문법은 관습법을 폐지할 수 있지만, 관습법은 성문법을 폐지할 수 없기 때문이다.[39] 따라서 관습법은 성문법에 반하지 않는 한도 내에서만 효력이 있는 보충적인 성격을 가진다.[40]

---

38) 본문의 설명은 尹眞秀(주 9), 266면 이하를 요약한 것이다. 윤수정, "관습법의 위헌법률심판 대상적격성", 헌법학연구 제21권 제2호(2015), 202면 이하도 대체로 같은 취지이다. 또한 조재현, "헌법재판에서의 최근의 동향과 전망", 연세대학교 법학연구 제23권 4호(2013), 71면 이하; 이준영, "관습법이 위헌법률심판의 대상이 되는지 여부", 부산판례연구회 판례연구 제26집(2015), 286면 이하; 정구태, "호주가 사망한 경우 딸에게도 분재청구권이 인정되는지 여부", 東北亞法研究 제8권 3호(2015), 506-507면; 여운국, "민법 시행 이전의 구 관습법이 위헌법률심판 대상이 되는가", 법률신문 제4415호(2016. 5. 19.), 11면; 윤영미, "민사 관습법의 성립요건으로서의 합헌성", 안암법학 제54권(2017), 37면 이하; 정구태(주 21), 178면 이하; 정구태, "상속관습법의 헌법소원심판대상성 및 그 위헌 여부", 김상훈 외, 2016년 가족법 주요 판례 10선(세창출판사, 2017), 54면 이하도 관습법은 위헌법률심판의 대상이 될 수 없다고 한다.

39) 성문법이 관습법을 폐지한 예로서 대법원 2017. 1. 20. 선고 2013다17292 전원합의체 판결을 들 수 있다. 이 판결은 2001. 1. 13.부터 시행된 장사 등에 관한 법률이 분묘의 설치기간을 15년으로 제한하고 15년씩 3회에 한하여 설치기간의 연장을 허용하며, 토지 소유자의 승낙 없이 설치된 분묘에 대하여 토지 소유자가 이를 개장하는 경우에 분묘의 연고자는 당해 토지 소유자에게 토지 사용권 기타 분묘의 보존을 위한 권리를 주장할 수 없다고 규정하고 있음을 들어, 분묘기지권에 관한 관습은 더 이상 적용될 수 없다고 보았다.

40) 관습법이 성문법을 변경하는 효력도 있다는 이른바 대등적 효력설 또는 변경적

다른 측면에서 본다면, 민법 제1조에서 말하는 "법률"은 국회에서 제정되는 형식적 의미의 법률뿐만 아니라 실질적 의미의 법률, 즉 형식적 의미의 법률 외에 헌법, 명령, 조약 등과 같은 성문법규범을 모두 포괄한다.[41] 대법원 1983. 6. 14. 선고 80다3231 판결은, 가정의례에 관한 법률에 따라 제정된 대통령령인 가정의례준칙에 어긋나는 관습법의 효력을 인정할 수 없다고 하였으므로, 관습법은 대통령령보다도 하위의 규범이라고 보지 않을 수 없다.

그러므로 "관습법이 실질적으로 법률과 같은 효력을 갖는다"고 하는 것은 정확한 표현이라고는 할 수 없다. 만일 관습법이 헌법보다 하위의 성문 법률과 저촉된다면, 그러한 관습법은 효력이 없다고 보아야 할 것이다. 그러면 관습법이 성문 법률과 저촉되는지 여부는 어느 기관이 판단하여야 할 것인가? 헌법재판소에게 판단권이 있다고 볼 수 있는 근거가 없으므로, 법원이 판단할 수밖에 없다. 그렇다면 헌법재판소의 판시대로라면 법원은 관습법이 법률에 위반되는지 여부는 판단할 수 있지만, 헌법에 위반되는지 여부는 판단할 수 없다는 것이 될 것이다.[42]

효력설은 받아들이기 어렵다. 관습법이 존재하는가 여부를 결정하는 것은 종국적으로 법원이므로, 만일 관습법이 성문법을 변경하는 효력을 가진다고 본다면 결과적으로 법원에게 성문법을 개폐하는 권한을 주는 것과 다를 바가 없다. 尹眞秀 (주 13), 108 - 109면 참조. 손상식(주 37), 29면 이하도 관습법은 법률에 대하여 보충적 효력만을 가진다고 하면서 위 주장을 인용하고 있다.

41) 尹眞秀(주 13), 70면(윤진수); 윤영미(주 38), 46-47면.

42) 권건보, "위헌법률심판의 대상과 관할"(주 36), 75-76면; 권건보, "관습법에 대한 헌법재판소의 위헌심사 권한"(주 36), 69면은, 법원의 관습법에 대한 합법성의 심사는 지속적 간행에 대한 법적 확신이 헌법에 합치하는지 여부에 대한 심사와 구분하여야 하고, 관습법이 헌법에 위반되는지 여부는 그러한 국민적 확신의 소멸이나 성문법에 의한 관습법의 실효를 둘러싼 논란과는 차원이 다른 문제라고 한다. 그런데 이 견해는 법원의 관습법에 대한 위헌 여부 심사의 근거를 "명령·규칙 또는 처분이 헌법이나 법률에 위반되는 여부가 재판의 전제가 된 경우에는 대법원은 이를 최종적으로 심사할 권한을 가진다"는 헌법 제107조 제2항에서 찾을 수 없다고 주장하므로, 법원의 관습법에 대한 합법성 심사 권한의 근거도 위 조

이 사건 헌법재판소 결정 가운데 3인의 반대의견도, 성문법은 관습법을 폐지할 수 있지만 관습법은 성문법을 폐지할 수 없고, 민사에 관한 관습법은 성문의 법률에 반하지 아니하는 경우에 한하여 보충적인 법원이 되는 것에 불과하므로, 관습법은 형식적 의미의 법률과 동일한 효력이 없어서 헌법재판소의 위헌법률심판이나 헌법재판소법 제68조 제2항에 따른 헌법소원심판의 대상이 될 수 없다고 하였다.

다만 이 사건에서 문제되는, 민법 시행 전의 상속에 관한 관습법은 다소 달리 볼 여지도 있다. 즉 1912년에 제정된 조선민사령 제11조는, 일본의 법률 중 능력, 친족 및 상속에 관한 규정은 조선인에게 이를 적용하지 않고, 이에 대하여는 관습에 의한다고 규정하고 있으므로, 이러한 관습은 성문법률에 대한 보충적 효력을 가지는 것이 아니라, 독자적인 법원으로서 대등한 효력을 가진다는 주장도 있을 수 있다. 그러나 이러한 관습이라도 반드시 성문법률과 대등한 효력을 가진다고 볼 것은 아니다. 즉 성문법률이 친족과 상속에 관한 관습을 바꾼 예가 있기 때문이다. 즉 조선민사령 제11조는 1922년에 개정되어, 혼인연령·재판상의 이혼·인지·친권·후견·보좌인·친족회·상속의 승인 및 재산의 분리에 관한 규정은 관습 아닌 일본의 법률에 의하도록 개정되었다. 또 1939. 11. 10. 신설된 조선민사령 제11조의2는 관습상 인정되지 않았던 이성양자(異姓養子)와 서양자(壻養子)를 인정하였다. 그러나 일본의 성문법률에 정면으로 반하는 조선의 관습의 효력이 인정되었던 것은 아니었다.[43]

항이 될 수 없을 것이어서, 헌법상 근거가 모호하게 된다. 또 이 견해는 "누구도 자신의 사건에서 재판관이 될 수 없다"는 법언에 비추어보더라도 관습법의 위헌성에 대한 판단권을 법원이 스스로 행사하는 것은 문제의 소지가 있다고 하는데, 정확한 의미를 파악하기 어렵다. 법원이 자신의 판례를 재검토하는 것이 자신의 사건에서 재판관이 되는 것인가?

43) 조선민사령은 조선총독의 명령인 제령(制令)인데, 조선에서 시행하여야 할 법령

관습법이 헌법재판소에 의한 위헌법률심사의 대상이 된다는
또 다른 논거는, 헌법이 법률만을 위헌제청의 대상으로 한 것은 중
요한 법규범에 대한 헌법재판소의 전문적·독점적 판단을 통해 법
적 통일성과 안정성을 확보하려는 것이므로, 관습법도 위헌법률심
판의 대상이 된다는 것이다. 그러나 이는 논자의 정책적인 판단일
뿐, 헌법상의 근거는 되지 못한다. 기본적으로 헌법은 관습법에 대
하여 전혀 규율하지 않고 있고, 관습법은 헌법상 근거를 가진 것은
아니며, 따라서 관습법에 대한 헌법재판소의 위헌법률심사는 헌법
이 예정한 것이 아니었다. 재판관 조용호의 각하의견에 대한 보충
의견도, 관습법은 헌법상 근거를 가진 것이 아닐 뿐만 아니라 국회
가 관여한 바도 없기 때문에 관습법에 대한 위헌심사는 헌법이 예
정하고 있는 것이 아니라고 하였다.

　또한 관습법이 성문법률과 동일한 효력이 있는 것은 아니라는
점을 인정하면서도, 법원은 법규범의 위헌여부를 판단할 규범통제
권한을 가지지 않는 것이 원칙이며, 법원은 헌법 제107조 제2항의
경우와 같은 '헌법에 특별한 규정이 있는 경우'에만 제한된 범위에
서 규범통제권한을 행사할 수 있고, 따라서 규범통제권한은 헌법재
판을 전문적으로 하는 헌법재판소에 맡겨야 한다는 주장도 받아들
일 수 없다. 이는 법원이 행사할 수 있는 사법권의 범위를 자의적
으로 좁히려는 위험한 주장이다. 헌법재판소 1995. 9. 28. 선고 92
헌가11, 93헌가8, 9, 10 결정은, 일체의 법률적 쟁송을 심리 재판하
는 작용인 사법작용은 헌법 그 자체에 의한 유보가 없는 한 오로지
대법원을 최고법원으로 하는 법원만이 담당할 수 있다고 하면서,

　　에 관한 법률(조선총독부법률 제30호, 1911. 3. 24. 제정) 제5조는 조선에서 법률
　　을 요하는 사항을 규정하는 제1조의 조선총독의 명령은 조선에 시행된 법률 및
　　특히 조선에 시행할 목적으로 제정된 법률 및 칙령에 위배할 수 없다고 규정하
　　였다.

특허청의 항고심판절차에 의한 항고심결 또는 보정각하결정에 대
하여 불복이 있는 경우에도 법관에 의한 사실확정 및 법률적용의
기회를 주지 아니하고 단지 그 심결이나 결정이 법령에 위반된 것
을 이유로 하는 경우에 한하여 곧바로 법률심인 대법원에 상고할
수 있도록 하고 있었던 당시의 특허법 제186조 제1항은, 법관에 의
한 사실확정 및 법률적용의 기회를 박탈한 것으로서 헌법상 국민
에게 보장된 "법관에 의한" 재판을 받을 권리의 본질적 내용을 침
해하는 위헌규정이라고 하였다.

　　그러므로 대법원이 명령과 규칙에 대하여 상위 법규범과 부합
하는지를 심사하는 권한은 사법권에 당연히 포함되는 것으로서, 헌
법 제107조 제2항은 이를 확인하는 의미만을 가지고 있다고 보아
야 할 것이다.[44] 이와 마찬가지로, 관습법에 대한 위헌심사의 권
한은 헌법이 이를 배제하고 있지 않는 한 당연히 사법권의 범위에
속한다. 앞에서도 언급한 것처럼 헌법은 관습법에 대하여는 전혀
규정하지 않고 있으므로, 관습법에 대한 헌법재판소의 위헌법률심
사는 헌법이 예정한 것이 아니었다. 다만 헌법 제111조 제1항 제1
호는 법률의 위헌여부 심판을 헌법재판소의 권한으로 하고 있을
뿐이다. 그러므로 관습법도 헌법재판소의 위헌법률심판의 대상이
된다는 주장은 위 헌법 규정을 확장하여 해석하는 것이고, 따라서
이를 주장하는 사람이 그에 대한 논증책임(Argumentationslast)을 부
담하는데, 충분한 논증이 있었다고 보기 어렵다.

　　심사과정에서 헌법재판소에 판단권이 있다는 근거도 없지만,
법원에 판단권이 있다는 근거도 없으므로, 법원에 판단권이 있다는

---

44) 같은 취지, 윤정인, "법원의 명령·규칙에 대한 사법심사", 인권과 정의 2016년 5
　　월(제457호), 71-72면. 허완중, "명령·규칙에 대한 법원의 위헌·위법심사권",
　　저스티스 통권 제135호(2013. 4), 45-46면은 헌법 제107조 제2항은 법원의 재판
　　권에 당연히 부수되는 명령·규칙에 대한 부수적 규범통제권을 확인하는 것에 불
　　과하다고 하여, 주 37)에서 주장하였던 견해를 바꾼 것으로 보인다.

근거 제시 없이 법원이 판단할 수 있다고 단정하는 것은 이해하기
어렵고, 헌법 제107조 제2항이 법원의 권한을 확인하는 의미도 있
지만, 헌법 제107조 제1항과 맺는 관계에서 권한을 한정하는 의미
도 있으므로, 이러한 관계에 관한 구체적 고찰 없이 관습법에 대한
위헌심사권이 당연히 사법권에 속한다고 주장하기는 어렵다는 지
적이 있었다. 그러나 앞에서도 언급한 것처럼, 위 헌법재판소
1995. 9. 28. 선고 92헌가11, 93헌가8, 9, 10 결정은, 일체의 법률적
쟁송을 심리 재판하는 작용인 사법작용은 헌법 그 자체에 의한 유
보가 없는 한 오로지 대법원을 최고법원으로 하는 법원만이 담당
할 수 있다고 하였으므로, 관습법에 대하여 헌법재판소가 위헌법률
심사를 할 수 있다는 직접적인 근거를 제시할 수 없다면, 그러한
권한은 법원이 행사할 수 있다고 볼 수밖에 없다. 또한 관습법에
대하여 헌법이 규정하지 않았다고 하여서 헌법이 예정하지 않았다
고 단정하기는 어렵고, 헌법이 규율을 회피하거나 미처 규율하지
못한 것으로 볼 여지도 있기 때문이라는 지적도 있었다. 그러나 헌
법이 미처 규율하지 못하였다면 이는 헌법이 예정하지 않은 것에
다름 아니다. 또 이제까지 헌법이 관습법에 대하여 일부러 규율을
회피하였다고 볼 만한 근거가 제시된 바도 없다.

　　또한 헌법재판소제도의 역사적인 발전과정을 보더라도 헌법재
판소가 관습법을 위헌법률심사의 대상으로 다룰 수는 없다. 헌법재
판소의 본래의 역할은 의회의 입법을 견제하는 것이라고 할 수 있
고,[45] 그렇다면 의회의 입법이 아니고, 공권력에 의하여 정립된

---

[45] 현대적 헌법재판소 제도의 효시라고 할 수 있는 1920년의 오스트리아 헌법재판소
　　의 설계자인 한스 켈젠이, 헌법재판소는 의회의 입법을 견제하는 기능을 하는 것
　　이라고 보아 소극적 입법자(negativer Gesetzgeber)라고 한 것은 잘 알려져 있다.
　　이에 대하여는 尹眞秀(주 9), 274면 참조. 심사과정에서 헌법재판소의 주된 뿌리
　　는 규범통제뿐 아니라 권한쟁의도 있다는 점에서 규범통제가 입법자통제라고 할
　　수 없다는 지적이 있었으나, 헌법재판소가 권한쟁의를 담당한다는 것이 규범통제

것도 아닌 관습법에 대하여까지 헌법재판소가 위헌법률심사의 형태로 관여해야 한다는 것은 헌법재판소 제도를 인정한 본래의 취지와는 거리가 있는 것이다.

나아가 법원과 헌법재판소 중 어느 기관이 관습법에 대한 통제를 담당하기에 적절한가 하는 관점에서 문제를 살펴본다면, 법원이 헌법재판소보다 우월하다. 우선 관습법이 존재하는가, 다시 말하여 거듭된 관행과, 그것이 법적 구속력을 가진다는 사회의 법적 확신이 있다는 점에 관하여는 법원이 판단하지 않을 수 없다. 뿐만 아니라 원래 관습법이란 고정된 것이 아니고, 계속 진화하고 변화하는 것이어서, 법원으로서는 관습법의 변화를 파악하고, 종전에 인정되고 있었던 관습법에 문제가 있으면 변화된 새로운 관습법을 찾아내거나 또는 대체할 수 있는 대안을 제시함으로써 관습법을 발전시킬 수 있는 반면, 헌법재판소에는 그러한 능력이 없다. 결국 관습법이 존재하고 여전히 효력을 가지는지, 관습법이 변화하고 있는지, 관습법이 헌법에 위배된다면 어떠한 방법으로 이를 해결하고 발전시킬 수 있는지와 같은 점들에 관하여는 법원이 헌법재판소보다 더 잘 판단할 수 있다. 이러한 점에서 관습법에 대한 통제의 권한은 사법권에 내재된 것이라고 할 수 있다. 이 사건 결정에서의 3인의 반대의견도 이러한 취지이다.[46]

심사 과정에서, 관습법 인정에 있어서 대법원의 우월적인 능력을 인정하면서 관습법 결정을 잘못한 것처럼 평가한다면, 대법원의 관습법 인정능력이 의문시되고, 대법원의 관습법 인정권한도 의문시되는데, 이에 대해서는 언급이 없이 헌법재판소의 위헌심사권한을 부정하기 위한 논리만 전개되고 있다는 지적이 있었다. 그러나 관습법의 존부와 그것이 효력을 지속하는지 여부에 대하여 법원이

___

가 입법자통제가 아니라는 근거가 되는 것은 아니다.

46) 이 반대의견은 尹眞秀(주 9)를 참조한 것으로 보인다.

권한을 가진다는 것에 대하여는 이제까지 의문을 제기한 사람이
없었고, 개별 사건에서 대법원의 관습법에 대한 판단이 잘못되었다
고 하여, 대법원이 그러한 권한을 가지지 않는다는 결론이 나오는
것은 아니다.

3. 한정위헌의 가능성 여부

그런데 이처럼 관습법 자체가 위헌법률심판의 대상은 되지 못
한다고 하더라도, 달리 검토할 필요가 있는 것은 이러한 관습법의
근거가 되는 법률에 대한 한정위헌의 선고는 가능할 수 있지 않는
가 하는 점이다. 이 사건 관습법의 적용 근거는 조선민사령 제11조
제1항인데, 이 조항이 마지막으로 개정된 것은 1939. 11. 10.이고,
당시의 규정은 다음과 같았다.

"조선인의 친족 및 상속에 관하여는 별도의 규정이 있는 것을
제외하고, 제1조의 법률에 의하지 아니하고 관습에 의한다. 다만,
성, 혼인연령·재판상의 이혼·인지, 재판상의 이연, 서양자결연의
경우에 있어서 혼인 또는 결연이 무효가 되는 때 또는 취소되는 때
의 결연 또는 혼인의 취소·친권·후견·보좌인·친족회·상속의
승인 및 재산의 분리에 관한 규정은 그러하지 아니하다."

그러므로 헌법재판소로서는 "조선민사령 제11조 제1항의 관습
에 이 사건 관습이 포함되는 것으로 해석하는 한 헌법에 위반된다"
고 하는 형태의 한정위헌을 선고할 수 있지 않을까 하는 생각을 해
볼 수 있다.[47] 이러한 한정위헌이라는 주문형태가 가능한가, 또 그

---

[47] 가령 헌법재판소 1991. 4. 1. 선고 89헌마160 결정은, 「민법 제764조(1958. 2.
 22. 법률 제471호)의 "명예회복에 적당한 처분"에 사죄광고를 포함시키는 것은
 헌법에 위반된다」고 선고하였다. 또 헌법재판소 2012. 12. 27. 선고 2011헌바
 117 결정은, 「형법(1953. 9. 18. 법률 제293호로 제정된 것) 제129조 제1항의 '공
 무원'에 구 '제주특별자치도 설치 및 국제자유도시 조성을 위한 특별법'(2007. 7.
 27. 법률 제8566호로 개정되기 전의 것) 제299조 제2항의 제주특별자치도통합영

러한 한정위헌 선고가 법원에 대하여 기속력을 가지는가는 논란이
많은 문제이지만,48) 이하에서는 그러한 선고가 가능한 것으로 전
제하고 논의를 진행한다.49)

　　그러나 이 사건과 같은 경우에 이러한 한정위헌 청구는 허용
되지 않는 것으로 보아야 한다. 우선 헌법 제정 전의 조선총독부
령인 조선민사령이 헌법재판소에 의한 위헌법률심사의 대상이 될
수 있는가 하는 점부터가 문제이다. 다시 말하여 헌법 제정 전의
법령의 헌법 위반 여부는 법원이 스스로 판단할 수 있고, 만일 위
헌이라고 판단한다면 법원이 위헌이라고 선언할 수 있으며, 굳이
헌법재판소에 위헌 여부를 제청할 필요도 없다고 보아야 한다. 일
제 강점기의 조선민사령은 우리나라의 입법부나 공권력에 의하여
제정된 것이 아니므로, 입법자의 권위 보호를 위하여 그 위헌 여
부의 판단을 굳이 헌법재판소에 독점시킬 필요가 없기 때문이
다.50)51)

　　뿐만 아니라 앞에서도 언급한 것처럼, 조선민사령은 그 효력
면에서 일본의 법률이나 칙령보다 하위에 있었으므로, 이를 법률과

향평가심의위원회 심의위원 중 위촉위원이 포함되는 것으로 해석하는 한 헌법에
위반된다」고 선고하였다.

48) 예컨대 전상현, "위헌법률심사의 본질과 한정위헌", 헌법학연구 제19권 2호(2013),
291면 이하 참조.

49) 헌법재판소 2012. 12. 27. 선고 2011헌바117 결정은 한정위헌결정을 구하는 한
정위헌청구는 원칙적으로 적법하다고 보아야 한다고 판시하여, 종래의 판례를 변
경하였다.

50) 이 점에 대하여는 정인섭, "大韓民國의 수립과 舊法令의 승계", 國際判例研究 제
1집(2000), 271면 이하 참조. 헌법위원회가 위헌법률심사권을 가졌던 제1공화국
당시에 헌법제정 전의 구법령에 관하여 헌법위원회와 대법원 중 어느 기관이 위
헌심사권을 가졌는가에 대하여는 논쟁이 있었다. 위 논문 271면 이하 참조.

51) 그러나 헌법재판소 2001. 4. 26. 선고 98헌바79 · 86, 99헌바36 결정은, 헌법 제
정 전의 미 군정 시대 법령인 국방경비법이 헌법재판소의 위헌법률심판 대상이
된다는 전제 하에서, 국방경비법 제32조, 제33조는 헌법에 위반되지 아니한다고
선고하였다.

동일시할 수도 없다.[52]

다른 한편 이 사건의 경우는 아니더라도, 일반적으로 민법 제1조나 상법 제1조와 같이 헌법 제정 후에 만들어진 법률이 관습법의 적용을 인정하고 있는데, 그 법률에 따라 적용되는 관습법이 위헌인 경우에는 그 법률에 대하여 한정위헌의 선고를 할 수 있을지도 따져볼 수 있다. 그러나 이는 부정하여야 할 것이다. 이는 관습법이 왜 법규범으로서의 구속력을 가지는지 하는 문제와 관련이 있다. 만일 관습법이 구속력을 가지는 것이 위와 같은 법률규정 때문이라면,[53] 관습법이 위헌인 경우에는 위와 같은 법률규정에 대하여 한정위헌 선고를 하는 것도 가능할 것이다. 그러나 관습법이 법규범으로서 구속력을 가지는 것은 거듭된 관행이 구속력을 가진다는 공동체 구성원들의 승인이 있기 때문이고,[54] 입법자의 명시적 또는 묵시적 승인을 필요로 한다고는 볼 수 없다.[55] 이 점은 성문법적 근거를 가지지 않는 관습행정법의 법적 구속력이 인정되고 있는 점[56]에 비추어 보아도 알 수 있다. 그러므로 이처럼 관습법이 성문 법률과는 독자적인 효력 근거를 가진다면, 관습법의 적용을 인정하는 성문 법률에 대하여 한정위헌을 선고하는 것은 별다른 의미를 가지지 않을 것이다.

---

52) 윤수정(주 38), 221면 이하 참조.
53) 김경제, "관습법에 대한 오해", 세계헌법연구 제18권 3호(2012), 1면 이하는, 관습법은 헌법에 관습법의 성립에 대한 근거가 없고 헌법에 따라 제정된 것이 아니기 때문에 그 자체로 법규범이 될 수 없으며, 그럼에도 불구하고 민사관계에 적용되는 것은 성문의 민법 제1조가 관습법을 민사관계에 적용할 수 있도록 허용하였기 때문이므로, 이런 조항을 가지지 않는 헌법·공법의 영역에는 관습법의 법리가 적용될 수 없다고 주장한다.
54) 오세혁, "관습법의 현대적 의미", 법철학연구 제9권 2호(2006), 150-151면;
55) 송재일, "해석기준과 적용기준으로서의 慣習法", 서울법학 제20권 1호(2012), 151면.
56) 예컨대 헌법재판소 2004. 9. 23. 선고 2000헌라2 결정 등.

V. 이 사건 관습의 위헌 여부

1. 어느 시점의 헌법을 기준으로 하여 위헌 여부를 판단할 것인가?

이 사건에서 피상속인인 C는 1954. 3. 3. 사망하였다. 그렇다면 그의 상속에 적용되었던 관습법의 위헌 여부는 그 당시의 헌법을 기준으로 하여 판단하여야 하는가, 아니면 이 사건 재판시를 기준으로 하여야 하는가? 이 점에 관하여 2인의 위헌의견은 헌법재판소 2013. 3. 21. 선고 2010헌바70 결정을 인용하면서, 구체적 규범통제의 심사기준은 원칙적으로 헌법재판을 할 당시에 규범적 효력을 가지는 헌법이라고 하여, 이 사건 관습이 현행 헌법 제36조 제1항에 위반된다고 주장한다.[57) 4인의 합헌의견도, 민법 시행 전까지 효력이 있던 구 관습법은 상당수가 현행 헌법을 기준으로 보면 평등원칙에 어긋나는 것일 수 있다고 하면서도, 이미 폐지된 구 관습법에 대하여 역사적 평가를 넘어 현행 헌법을 기준으로 소급적으로 그 효력을 모두 부인할 경우 이를 기초로 형성된 모든 법률관계가 한꺼번에 뒤집어져 엄청난 혼란을 일으킬 수 있다고 하여, 현행 헌법이 기준이 될 수 있음을 인정하는 것으로 보인다.

헌법재판소 1994. 6. 30. 선고 92헌가18 결정도, 1971년에 제정된 국가보위에 관한 특별조치법[58) 제5조 제4항에 근거하여 1977년에 이루어진 수용처분이 문제된 사건에서, 위 규정의 위헌 여부를 판단함에 있어서 현행 헌법 제76조와 제77조를 원용하였고,[59)

---

57) 위 헌법재판소 2013. 3. 21. 선고 2010헌바70, 132, 170 결정은, 1974년과 1975년에 있었던 대통령긴급조치 제1, 2, 9호의 위헌 여부를 심사하는 기준은 긴급조치 당시의 유신헌법이 아니라 현행헌법이라고 하였다.

58) 위 법은 1981. 12. 17. 폐지되었다.

59) 다만 위 결정은 그 법이 공포시행된 당시의 제3공화국 헌법 제73조와 제75조도 아울러 열거하고 있다.

헌법재판소 2015. 3. 26. 선고 2014헌가5 결정도, 위 특별조치법 제11조 제2항 중 제9조 제1항에 관한 부분은 헌법에 위반된다고 하면서, 근거가 되는 헌법조항으로서 현행 헌법 제33조 제1, 2항을 들고 있다.

그러나 현행 헌법 시행 전에 제정되었고, 그 적용도 그 전에 이루어졌던 법률의 위헌 여부를 판단하는 경우에는 원칙적으로 그 제정 또는 적용 당시의 헌법이 위헌 여부 판단의 기준이 되어야 하고, 그 후의 현행 헌법이 기준이 될 수는 없다고 보아야 한다. 그렇지 않다면 그 당시에는 합헌이었던 것이 현행 헌법 시행 후에 소급적으로 위헌인 것이 되어, 법적 안정성을 크게 해치게 된다. 이 점에서 헌법재판소의 판례들이 현행 헌법 전의 사건들에 대하여 현행 헌법을 적용하여 위헌 여부를 판단한 것은 문제가 있다.[60][61]

그런데 이 사건에서 4인의 합헌 의견은 이 사건 관습의 평등

---

[60] 김경제, "긴급조치에 대한 헌법재판소 결정의 문제점", 헌법학연구 제19권 3호 (2013), 325면 이하 참조. 대법원 2010. 12. 16. 선고 2010도5986 전원합의체 판결은 대통령 긴급조치 제1호가 당시의 유신헌법에 위배되어 위헌이고, 나아가 현행 헌법에 비추어 보더라도 위헌이라고 하였다. 그러나 정구태(주 21), 187면; 정구태(주 38), 60면은 구 관습법이 현재의 법률관계에도 적용되는 이상 '현 시점'에서의 헌법을 기준으로 그 위헌성을 판단하지 않을 수 없다고 한다.

[61] 승이도, "초헌법적 국가긴급권에 대한 위헌심사 연구", 공법연구 제45집 1호 (2016), 152-155면은, 구헌법 시기에 이미 완결된 사안(법률)에 대하여 현행헌법의 효력을 소급적으로 미치게 하는 것은 이른바 진정소급효를 인정하는 결과를 초래할 수 있으므로, 이러한 사안에 대해서는 원칙적으로 그 당시의 헌법인 구헌법을 준거규범으로 삼되, 구헌법의 관련조항들이 헌법의 핵심가치를 훼손하여 이후의 헌법개정 과정에서 그것이 부당하였다는 반성적 고려에서 폐지되어 현행헌법에 이르렀다고 볼 수 있는 경우에는 예외적으로 현행헌법을 준거규범으로 삼도록 '원칙·예외를 설정'하는 것이 장기적으로 타당하다고 주장한다. 필자는 이 문제를 별도의 논문에서 다루었는데, 과거의 헌법 조항이 현재의 헌법이나 그 이념에 비추어 볼 때 참을 수 없을 정도로 매우 부당한 경우에는, 과거의 헌법 조항의 적용을 배제하고, 현재의 헌법에 따라 재판할 수 있어야 한다고 생각한다. 윤진수, "대통령의 긴급조치 발령이 불법행위를 구성하는지 여부", 민사법학 제81호 (2017), 127면 이하 참조.

원칙 위배 여부를 따지고 있고,[62] 2인의 위헌의견은 위 관습이 개인의 존엄과 양성의 평등에 관한 국가의 보장의무를 규정한 헌법 제36조 제1항에 위반된다고 주장하고 있다. 그러나 이 사건 상속 개시 당시의 헌법 제8조 제1항은 "모든 국민은 법률앞에 평등이며 성별, 신앙 또는 사회적 신분에 의하여 정치적, 경제적, 사회적 생활의 모든 영역에 있어서 차별을 받지 아니한다"고 규정하여, 현행 헌법 제11조 제1항[63]과 거의 차이가 없다. 또 당시의 헌법 제20조는 "혼인은 남녀동권을 기본으로 하며 혼인의 순결과 가족의 건강은 국가의 특별한 보호를 받는다"고 규정하여, 현행 헌법 제36조 제1항[64]과 내용상 별다른 차이가 없다. 따라서 이 사건의 경우에는 당시의 헌법을 기준으로 하건, 현행 헌법을 기준으로 하건 차이가 생길 것으로는 보이지 않는다.

2. 이 사건 관습의 위헌성

(1) 이 사건 관습법이 남성과 여성을 차별하는 것인지 여부

앞에서 본 것처럼 이 사건에서 4인의 합헌 의견은 위 관습법이 합헌이라고 하면서, 이 사건 관습법은 그 자체로는 절가된 가의 재산을 청산할 때 가적 내에 남아 있는 사람과 출가 또는 분가한 사람을 차별취급하고 있을 뿐 성별의 차이를 이유로 남성과 여성을 차별 취급하는 것이 아니며, 출가한 여성이 자신의 가를 떠나 부(夫)의 가에 입적하게 되어 절가된 가의 호주와 같은 가적에 남

---

62) 위 합헌 의견은, 헌법 제34조 및 제36조 제1항의 위반 여부는 평등원칙 위배 여부와 사실상 같은 내용의 판단이 될 수밖에 없으므로 별도로 판단하지 아니한다고 하였다.

63) "모든 국민은 법 앞에 평등하다. 누구든지 성별·종교 또는 사회적 신분에 의하여 정치적·경제적·사회적·문화적 생활의 모든 영역에 있어서 차별을 받지 아니한다."

64) "혼인과 가족생활은 개인의 존엄과 양성의 평등을 기초로 성립되고 유지되어야 하며, 국가는 이를 보장한다."

아 있지 않게 되는 것은 별도의 관습법에 따른 것이지 이 사건 관습법으로 인한 차별이라고 볼 수 없다고 하였다.

그러나 이 사건에서 핵심적인 문제는 출가한 여성이 피상속인인 여호주와 가적을 달리 한다는 이유로 상속인이 되지 못하는 것이 위헌인가 하는 점에 있는데, 이를 출가한 여성이 절가된 가의 호주와 같은 가적에 남아 있지 않게 되는 관습법과, 가적을 달리하는 사람의 상속권을 인정하지 않는 관습법의 두 가지로 나누어, 각각의 관습법에 위헌성이 없으므로 전체적으로 위헌성이 없다고 말하는 것은 논점을 회피하는 것이다. 합헌의견은, 입양 혹은 분가 등의 사유로 가적에 남아 있지 않은 남자도 가적에 있는 가족에 비하여 후순위가 되고, 가적에 남아 있는 여성은 이 사건 관습법에 따라 차별취급을 받지 않는다고 한다. 그러나 당사자가 가적을 떠나는 사유가 다르다면, 부당한 차별인지 아닌지를 각 사유에 대하여 별도로 따져 보아야 하는 것이지, 단순히 가적 내에 남아 있는 사람과 출가 또는 분가한 사람을 차별취급하는 것은 합리적이라고 말할 수는 없다.

이 점을 파악하기 위하여 여자의 출가와 분가를 비교하여 본다. 관습조사보고서는 관습법상 여자가 혼인하면 이른바 초서혼인(招壻婚姻)[65]이 아니면 부(夫)의 가에 당연히 입적하는 것으로 보았다.[66] 반면 가족인 남자는 혼인하더라도 당연히 분가되는 것은 아니었고, 본인의 의사에 의하여 분가를 하는 경우에도 호주의 동의를 얻어야 하였다.[67] 그러므로 이 사건에서 A는 혼인에 의하여 호주이던 B의 가적에서 당연히 이탈한 반면, B의 이복동생 D는 혼인한 후에도 B의 가적에 남아 있었던 것이다. 따라서 직계비속이라

---

65) 夫가 妻의 호적에 들어가는 入夫婚姻을 말한다.
66) 鄭肯植 編譯(주 25), 321면(제131) 등.
67) 鄭肯植 編譯(주 25), 302면(제116) 등.

고 하여도 남자인가 여자인가에 따라 혼인에 의한 가적으로부터의 이탈 여부가 달라지고, 그 결과 상속권 유무에도 영향을 미치는 것이기 때문에, 이는 남성과 여성을 달리 취급하는 것일 뿐만 아니라, 혼인하지 않은 여자와 혼인한 여자를 차별하는 것이라고 하지 않을 수 없다.[68] 2인의 위헌의견은, 이 사건 관습법은 혼인으로 인해 종래 소속되어 있던 자신의 가를 떠나 부(夫)의 가 일원이 되는 출가녀와, 혼인을 하더라도 여전히 동일한 가적 내에 남게 되는 남성을 유산 승계에 있어 차별 취급하고 있다고 지적하고 있다.

(2) 차별에 대한 합리적 근거가 있는지 여부

4인의 합헌의견은, 이 사건 관습법이 절가된 가의 재산을 그 가적에 남아 있는 가족에게 우선 승계하도록 하는 것은 가의 재산 관리나 제사 주재 등 현실적 필요와 민법 시행 이전의 사회상황과 문화를 반영한 것으로 나름대로 합리적 이유가 있었다고 한다. 즉, 민법 시행 전 가(家)의 재산은 호주를 중심으로 한 가의 재산으로서 그 재산을 바탕으로 생활하고 제사를 모시면서 일가를 유지·승계한다는 의미도 가지고 있었으므로, 절가된 가의 재산을 분배하는 경우, 이러한 가의 재산의 성격과 당시의 호주승계 및 재산상속 제도를 종합적으로 반영할 수밖에 없다는 점을 고려하여야 한다는 것이다. 구체적으로는 절가된 가의 재산 분배순위에서 그 가적에 있는 가족을 우선하고 출가한 여성이나 분가한 남성을 후순위로 한 것은 토지를 중심으로 한 가의 재산으로부터 물리적으로 떨어져 있을 수 있는 출가한 사람이 가의 재산관리나 제사를 주재하는 것이 현실적으로 어려운 점, 현재도 민법 제1008조의3에서 제사주

---

68) 또한 二男이 분가하였더라도, 본가의 미혼인 장남과 호주가 사망하면 二男은 호주상속신고에 의하여 본가 호주가 되었다. 1925(大正 14). 10. 27. 全州(전주지방법원으로 보임)에 대한 법무국장 회답, 南雲幸吉 편, 現行 朝鮮親族相續法類集, 1935(昭和 10), 335-336면.

재자에게 묘토인 농지, 족보와 제구의 우선상속권이 인정되고 있는
점 등에 비추어 볼 때, 이 사건 관습법은 전통문화가 강력하게 남
아 있고 관습법이 가족법 관계 전반을 규율하던 민법 시행 이전에
는 나름대로 합리성을 가지고 있었다는 것이다.

그러나 이러한 주장은 그다지 설득력이 없다.[69] 2인의 위헌의
견이 지적하는 것처럼, 이 사건 관습법은 호주를 정점으로 하는 남
계 혈통을 중요시하는 호주제를 기반으로 가의 재산은 타가(他家)
에 있는 자에게 유출되어서는 안 된다는 관념을 토대로 한 것이며,
그 근저에는 성역할에 대한 고정관념이 깔려 있다고 하지 않을 수
없다. 합헌의견은 민법 시행 전 가의 재산을 호주를 중심으로 한
가의 재산으로서, 그 재산을 바탕으로 생활하고 제사를 모시면서
일가를 유지·승계한다는 의미를 가지고 있다고 보았다. 그러나
이는 사실에 부합한다고 보기는 어렵다. 조선시대의 재산상속에
관한 기본 관념은 이른바 조업사상(祖業思想), 즉 상속재산인 가산
을 조선으로부터 승계하여 혈연을 같이 하는 자손에게 전승되어야
한다는 것이었다.[70] 조선 시대의 재산상속은 원칙적으로 자녀균분
상속이었는데, 조선 후기에 이르러서는 피상속인이 생전에 재산을
나누어주는 이른바 분재가 이루어지는 경우에, 봉사조(奉祀條) 등의
명목으로 제사상속인인 장남에게 많은 재산을 나누어 주고 차남
이하의 아들들에게는 더 적은 재산을 나누어 주었으며, 딸들에게는
그보다 더 적은 재산을 나누어 주는 것이 일반적이 되었다.[71] 그렇
다고 하여 상속의 성격이 전체적으로 가산의 승계라고 바뀌었다고
말하기는 어렵다. 이러한 변화의 원인에 대하여는 주로 종법제에

---

69) 같은 취지, 정구태(주 21), 185면 이하.
70) 朝鮮總督府中樞院, 李朝の財産相續法{1936(昭和 11)}, 7면 이하; 申榮鎬(주 28),
    185면 이하. 앞의 책은 나중에 마지막 조선고등법원장을 지낸 喜頭兵一이 쓴 것
    이다.
71) 崔在錫, 韓國家族制度史研究(일지사, 1983), 521면 이하 참조.

근거한 가족제도의 변화와, 거주지의 원근이나 가난 등 경제적 요
인을 들고 있으나, 무엇이 주된 것인지는 확실하지 않다.[72] 뿐만
아니라 과연 1950년대에도 이러한 상황이 유지되었는지도 알 수
없다.[73] 2인의 위헌의견은, 이 사건 관습법은 가의 재산관리나 제
사 주재에 필요한 범위로 제한하지 않고 절가된 가의 유산 전부를
그 가적 내의 가족이 승계하도록 하고 있을 뿐만 아니라, 절가된
자의 가족이 없는 경우에는 가의 재산관리나 제사 주재와 관련이
없는 출가녀에게도 유산을 승계하도록 하고 있으므로, 가의 재산관
리나 제사 주재의 현실적 필요성이 이 사건 관습법의 진정한 목적
인지에 대하여도 의문이 든다고 하였다.

　실제로도 가족이 혼인한 후 법적으로는 분가하지 않았더라도,
호주와 같이 살지는 않고 별도로 생활을 영위하는 경우가 대부분
이었으며, 이것이 1962년 민법을 개정하여, "가족은 혼인하면 당연
히 분가된다"는 법정분가의 규정(제789조 제1항)을 신설하게 된 원
인이었다.[74] 이 사건에서도 B의 이복 동생인 D가 혼인한 후에도 B
나 그 처인 C와 같이 살았을 가능성은 별로 없다. 그럼에도 불구하
고 D가 C의 딸인 A를 제쳐두고 C를 상속하는 것이 합리적이라고
하기는 어려울 것이다.

　그리고 4인의 합헌의견은, 호주가 살아 있을 때 출가한 여성에
게 재산의 일부 또는 전부를 분재할 수도 있는 것이어서, 이 사건
관습법으로 인하여 출가한 여성이 상속으로부터 완전히 배제되는
것도 아니었다고 하는 점도 이유로 들고 있다. 사실 학설상으로
도 차남 이하 또는 딸들이 상속에서 장남에 비하여 차별을 받는

---

72) 문숙자, 조선시대 재산상속과 가족(경인문화사, 2004), 263면 참조.
73) 앞에서 살펴본 1940. 8. 23. 중추원 서기관장의 회답도 호주의 유산에 대해서는
　　여자의 상속권을 전혀 인정하지 않지만, 장래에는 근소하지만 딸에 대해서도 재
　　산상속을 인정하는 예가 점차 늘어날 것이라고 하였다. 鄭光鉉(주 18), 191면.
74) 金疇洙, "戶籍法中 改正法律의 解說", 司法行政 제4권 4호(1963), 42면 참조.

이유를, 이들이 혼인이나 분가할 때에 일정 재산을 분급받았다는 점에서 찾는 견해가 있다.[75] 그러나 여자가 혼인할 때 분급을 받을 수 있는 권리가 법적으로 보장되지 않았다면, 분급을 받을 가능성도 있다는 점만으로 위와 같은 관습법의 정당성을 주장하기는 어렵다.[76][77]

헌법재판소 2005. 2. 3. 선고 2001헌가9 등 결정은 호주제가 위헌이라고 하면서, 그 이유로 호주제는 남계혈통을 중심으로 인위적 가족집단인 가를 구성하고 이를 승계하는 것은 남녀를 차별하는 것인데, 이러한 차별을 정당화할 만한 사유가 없고, 여자는 혼인하면 법률상 당연히 부의 가에 입적하게 되는 것 또한 위헌이라고 하였는데, 이 사건 관습법도 이러한 호주제를 전제로 하는 것이므로, 마찬가지로 위헌성을 가진다고 보아야 한다. 2인의 위헌의견도 이 점을 지적하고 있다.[78]

---

75) 鄭肯植(주 15), 310-311면.

76) 尹眞秀(주 9), 257면 참조.

77) 이 점에 관하여 참고할 수 있는 것으로는 일본최고재판소 2013(平成 25). 9. 4. 대법정 결정(最高裁判所民事判例集 67卷 6号 1320면)이 있다. 여기서는 비적출자(非嫡出子)의 상속분을 적출자(嫡出子)의 상속분의 1/2로 한다는 일본 민법 제900조 4호의 규정이 위헌인가가 문제되었는데, 최고재판소 1995(平成 7). 7. 5. 대법정 결정(最高裁判所民事判例集 49卷 7号 1789면)는 위 규정이 위헌이 아니라고 하면서, 그 이유 중 하나로, 피상속인은 유언으로 공동상속인의 상속분을 지정할 수 있고, 또 공동상속인 사이에 유산분할의 협의가 있는 경우에는 상속은 반드시 법정상속분대로 행할 필요가 없으므로, 법정상속분의 지정은 그러한 것들이 없는 경우에 보충적으로 기능하는 것이라는 점을 들었다. 그러나 위 최고재판소 2013(平成 25). 9. 4. 결정은, 늦어도 그 사건 피상속인의 상속이 개시되었던 2001년(平成 13) 7월 당시에는 위 규정이 위헌이라고 하면서, 적출자와 적출이 아닌 자의 법정상속분을 평등하게 하는 것도 아무런 불합리가 없을 뿐만 아니라, 유언에 의하여도 침해할 수 없는 유류분에 관하여는 이 규정이 명확한 법률상의 차별이라고 하여야 하고, 또 이 규정의 존재 자체가 그 출생시로부터 적출이 아닌 자에 대한 차별의식을 일으키게 할 수 있다는 점을 고려하면, 이 규정이 그와 같이 보충적으로 기능한다는 것은 그 합리성 판단에 있어 중요성을 가지지 않는다고 하였다.

78) 이홍민, "호주제를 전제로 한 상속관습법의 폐지에 관한 입론", 조선대학교 법학

3. 소급효로 인한 법적 안정성의 문제

(1) 합헌의견과 종래의 판례

4인의 합헌의견은, 민법 시행 전까지 효력이 있던 구 관습법은 상당수가 현행 헌법을 기준으로 보면 평등원칙에 어긋나는 것일 수 있다고 하면서도, 이미 폐지된 구 관습법에 대하여 역사적 평가를 넘어 현행 헌법을 기준으로 소급적으로 그 효력을 모두 부인할 경우 이를 기초로 형성된 모든 법률관계가 한꺼번에 뒤집어져 엄청난 혼란을 일으킬 수 있으므로, 이 사건 관습법이 평등원칙에 위배된 것이 아니라고 하였다.

실제로 이 점이야말로 4인의 재판관이 이 사건 관습법이 위헌이라고 선고하는 것을 주저하게 만든 가장 큰 요인으로 보인다. 다시 말하여 재판관들은 이 사건 관습법이 위헌성이 있음을 암암리에 시인하면서도, 이를 위헌이라고 한다면 그 소급효로 인하여 큰 혼란이 일어날 것을 우려하여 위헌이 아니라고 한 것이다.

대법원도 오랫동안 적용되어 왔던 관습법을 위헌이라고 하면서도, 그로 인한 충격을 최소화하기 위하여 고심하여 왔다. 먼저 대법원 2003. 7. 24. 선고 2001다48781 전원합의체 판결은, 제정민법이 시행되기 전에 존재하던 '상속회복청구권은 상속이 개시된 날부터 20년이 경과하면 소멸한다.'는 관습에 관습법으로서의 효력을 인정할 수 없다고 하였다. 그런데 위 판결의 반대의견은, 과거의 법률에 기초하여 일정한 법률관계가 형성되어 그것이 오랜 세월이 지나는 동안 사회적 승인을 얻어 하나의 법적 질서로서 확립되었을 경우에는 이미 형성된 과거의 법률관계에 대한 판단을 위하여 그 법률에 대한 위헌 여부를 심사하는 것은 신중을 기하여야 한다

논총 제23권 1호(2016), 60면 이하도 호주제가 위헌인 이상 호주제를 전제로 한 상속관습법도 위헌성을 가진다고 한다.

고 하면서, 구 관습법에 의하면 장자 상속으로 되어 있으나 이는 헌법상의 평등의 원칙에 위배된다고 할 것인데, 만일 민법 시행 이전의 상속에 관한 법률관계에 대한 판단을 함에 있어 지금의 잣대로 재단하여 그것이 위헌이라는 이유로 이를 적용하지 아니할 경우를 상정하여 본다면 그 부당함은 명백하다고 하였다.[79][80] 이는 대체로 이 사건의 합헌의견과 같은 취지이다. 그리고 위 반대의견에 대한 조무제 대법관의 보충의견은, 관습법에 위헌적 요소가 있는 경우, 법원에 의하여 위헌성이 판정되고 그의 적용이 배제되는 것은 실질상 위헌법률선언과 같은 결과를 낳을 것이므로, 그 경우에는 헌법상의 법치주의 원칙에서 나온 법적 안정성 내지 신뢰보호원칙에 바탕을 둔 위헌결정의 불소급효원칙(헌법재판소법 제47조 제2항)의 정신에 따라 그 선언이 있는 날 이후로만 그 관습법의 효력이 상실되도록 함이 상당하다고 하였다.

또한 대법원 2005. 7. 21. 선고 2002다1178 전원합의체 판결은, 종원의 자격을 성년 남자로만 제한하고 여성에게는 종원의 자격을 부여하지 않는 종래 관습은 더 이상 법적 효력을 가질 수 없게 되었다고 하여 판례를 변경하면서도, 위와 같이 변경된 견해를 소급하여 적용한다면, 최근에 이르기까지 수십 년 동안 유지되어 왔던 종래 대법원판례를 신뢰하여 형성된 수많은 법률관계의 효력을 일시에 좌우하게 되고, 이는 법적 안정성과 신의성실의 원칙에 기초한 당사자의 신뢰보호를 내용으로 하는 법치주의의 원리에도

---

79) 李和淑, "相續回復請求權의 時效에 관한 慣習法의 效力", 가족법연구 18권 2호 (2004), 266면 이하도 이를 지지한다.

80) 대법원 2017. 1. 20. 선고 2013다17292 전원합의체 판결의 다수의견에 대한 보충의견도, 과거의 사실관계에 적용되는 관습법에 대하여 그 법적 효력의 유무에 대한 심사가 가능하다고 하더라도, 그 법적 효력을 부정하게 되면 기존의 관습법에 따라 수십 년간 형성된 과거의 법률관계에 대한 효력이 일시에 뒤흔들려 법적 안정성을 해할 위험이 크므로 매우 신중하게 판단해야 한다고 하였다.

반하게 되는 것이므로, 위와 같이 변경된 대법원의 견해는 이 판결 선고 이후의 종중 구성원의 자격과 이와 관련하여 새로이 성립되는 법률관계에 대하여만 적용되고, 다만 위와 같이 판례를 변경하는 당해 사건에 한하여는 위와 같이 변경된 견해가 소급하여 적용되어야 한다는 이른바 선택적 장래효(selective prospectivity)를 인정하였다.

그리고 대법원 2008. 11. 20. 선고 2007다27670 전원합의체 판결은, 누가 민법 제1008조의3에서 말하는 제사주재자가 되는가에 관하여, 공동상속인 중 종손이 있다면, 관습법에 따라 그가 제사주재자가 된다고 보고 있었던 종래의 판례를 변경하여, 공동상속인들이 있는 경우에는 그 공동상속인들 사이의 협의에 의해 제사주재자가 정해져야 하고, 공동상속인들 사이에 협의가 이루어지지 않는 경우에는, 제사주재자의 지위를 유지할 수 없는 특별한 사정이 있지 않은 한 망인의 장남(장남이 이미 사망한 경우에는 장남의 아들, 즉 장손자)이 제사주재자가 되고, 공동상속인들 중 아들이 없는 경우에는 망인의 장녀가 제사주재자가 된다고 보는 것이 상당하다고 하였다. 그러면서도 위 대법원 2005. 7. 21. 선고 2002다1178 전원합의체 판결과 마찬가지로, 위 새로운 법리는 이 판결 선고 이후에 제사용 재산의 승계가 이루어지는 경우에만 적용되고, 다만 당해 사건에 대하여는 새로운 법리가 소급하여 적용되어야 한다고 판시하였다.

또 대법원 2009. 5. 28. 선고 2007다41874 판결과 헌법재판소 2013. 2. 28. 선고 2009헌바129 결정은, 민법 시행 전의 재산상속에 관한 구 관습법상 딸들이 피상속인인 호주의 재산에 대하여 분재를 청구할 수 없다는 관습법이 인정될 수 있는가에 대하여는 직접 판단하지 않고, 딸들의 분재청구권이 인정되더라도 그 소멸시효가 완성되었다고 하여 위헌 여부의 판단을 회피하였다.

(2) 외국에서의 논의

외국에서도 오랫동안 효력이 있는 것으로 받아들여져 왔던 상속에 관한 법률의 효력이 문제되었을 때 그로 인한 혼란을 어떻게 수습할 것인가가 문제된 사례들이 있다.

남아프리카에서는 헌법재판소가 2004. 10. 15. 선고한 Bhe v Magistrate, Khayelitsha 판결[81]에서, 흑인에 대한 관습법상 남성장자상속제도(male primogeniture)가 위헌이라고 하였다. 이 관습법에 따르면 피상속인의 남자 친족만이 무유언 상속인이 될 수 있었고, 여자는 상속인이 될 수 없었으며, 일부일처제의 가족에서는 가장(family head)의 장남이 상속인이 되고, 피상속인에게 남계 후손이 없으면, 피상속인의 아버지가 상속인이 되었다. 남아프리카 헌법재판소는, 이러한 남성 장자만의 상속은 국가가 인종, 성 등을 근거로 직접적 또는 간접적으로 사람을 부당하게 차별하는 것을 금지하는 남아프리카 헌법 제9조 제3항, 인간의 존엄을 보장하는 제10조에 위반된다고 하였다. 다만 위 판결은, 이 법리는 남아프리카 잠정헌법(interim Constitution)이 발효된 1994. 4. 27까지 소급하여 적용된다고 하면서도, 헌법재판소에 위헌재판의 소급효를 제한할 수 있는 권한을 부여한 헌법 제172조 제1항에 근거하여, 위헌무효의 선언은, 위 규정의 헌법적 유효성이 문제되고 있다는 것을 알지 못했던 선의의 상속인에 대하여 재산의 이전이 완결된 때에는 미치지 않는다고 하였다.[82]

---

81) Bhe and Others v The Magistrate, Khayelitsha and Others, Shibi v Sithole and Others, South African Human Rights Commission and Another v President of the Republic of South Africa and Another, 2005 (1) BCLR 1 (CC) {http://www.constitutionalcourt.org.za/Archimages/2167.PDF(최종 방문: 2017. 1. 13.)}.

82) 이에 대하여는 尹眞秀(주 9), 258면 이하 참조.

그리고 일본 최고재판소 대법정 2013. 9. 4. 결정83)에서는 비적출자의 상속분을 적출자의 상속분의 1/2로 한다는 일본 민법 제900조 4호의 규정이 늦어도 그 사건 피상속인의 상속이 개시되었던 2001년(平成 13) 7월 당시에는 위 규정이 위헌이라고 하면서도, 위 결정이 위헌이 아니라고 하였던 1995. 7. 5.의 대법정 결정84)이나 그 후의 소법정 판례들이 2001년 7월 전에 상속이 개시된 사건에 관하여, 그 상속개시 시점에 위 규정이 합헌이라고 보았던 판단을 변경하는 것은 아니라고 하였다. 아울러 위 결정의 위헌 판단은 그 사건 상속 개시시부터 위 결정이 있기까지 개시된 다른 상속에 관하여는, 위 규정을 전제로 하여 이루어진 유산의 분할 심판 그 밖의 재판, 유산의 분할의 협의, 그 밖의 합의 등에 의하여 확정적으로 된 법률관계에는 영향을 미치지 않는다고 보았다. 이 또한 위 규정이 위헌이라는 재판의 소급효를 일반적으로 인정하면 법적 안정성을 해치게 된다는 고려에서 나온 것으로 보인다.85)

독일에서는 1949. 7. 1. 전에 태어난 혼인외의 자녀에 대하여 아버지에 대한 상속권을 인정하지 않는 것이 유럽인권협약 위반이라고 한 유럽인권재판소 판결의 효력이 어느 범위까지 소급하는가가 문제되었다. 독일 민법은 원래 혼인외의 자녀의 친부에 대한 상속권을 인정하지 않고 있었다. 그런데 1969년 제정되어 1970. 7. 1. 시행된 법은 1949. 7. 1. 이후에 출생한 혼인외의 자녀도 친부의 상속인들에 대하여 상속분가액상당을 청구할 수 있도록 규정하였

---

83) 위 주 77).

84) 위 주 77).

85) 이 결정에 대한 국내의 문헌으로는 尹眞秀(주 9), 260면; 邊公律, "非嫡出子の法定相續分について", 아주법학 제7권 3호(2013), 221면 이하; 이동진, "판례변경의 소급효", 민사판례연구 제36권(박영사, 2014), 1134면 이하, 1164면 주 257); 大村敦志, "最近の最高裁決定に見る法的推論—解釋論における 「進化主義」", 민사법연구 제22집(2014), 3면 이하가 있다.

고, 1997년 개정되어 1998. 4. 1.부터 시행된 법률은 혼인외의 자녀에 대하여도 혼인중의 자녀와 동일하게 상속분가액상당 아닌 상속권 그 자체를 인정하는 것으로 바뀌었으나, 1949. 7. 1. 전에 태어난 혼인외의 자녀의 상속권은 여전히 배제되었다. 독일 연방헌법재판소는 1976. 12. 8. 결정[86]에서 이처럼 1949. 7. 1. 전에 태어난 혼인외의 자녀의 상속분가액지급청구권을 배제하는 것은 위헌이 아니라고 하였고, 그 후의 판례[87]도 이를 확인하였다.

그런데 유럽인권재판소는 2009. 5. 28. 선고한 Brauer v. Germany 판결[88]에서, 위 시점 전에 출생한 혼인외의 자녀의 상속권을 인정하지 않는 것은 유럽인권협약 제8조와 결부된 제14조 위반이라고 하였다.[89] 그러자 독일은 2011. 4. 11. 법을 개정하여, 위 시점 전에 출생한 혼인 외의 자녀라도 유럽인권재판소 판결 선고 다음날인 2009. 5. 29. 이후에 개시된 상속에 대하여는 상속권을 가진다고 하였으나, 2009. 5. 28.까지 개시된 상속에 대하여는 여전히 상속권을 인정하지 않았다. 한편 1949. 7. 1. 전에 태어난 사람들이 위와 같이 상속권을 인정하지 않는 것은 위헌이라고 주장하면서 소송을 제기하였으나, 법원은 위 주장을 받아들이지 않았다. 독일 연방대법원은 위와 같이 2009. 5. 28. 전에 개시된 상속에 대하여 상속권을 인정하지 않는 것이 위헌이 아니라고 하면서 그 이유를 다음과 같이 설시하였다.[90] 즉 입법자가 과거의 사실관계와 결부된 법률의 변경을 가져오는 권한을 법치국가의 원리 및 기본권이 제한하는데, 피상속인과 종전의 상속인이, 1949. 7. 1. 전에 출생한

---

86) BVerfGE 44, 1 = NJW 1977, 1677.
87) BVerfG, ZEV 2004, 114 = FamRZ 2004, 433.
88) http://hudoc.echr.coe.int/eng?i=001-92752(최종 방문 2017. 1. 13.).
89) 유럽인권협약 제8조는 사생활 및 가족생활의 존중을 받을 권리를 규정하고, 제14조는 차별의 금지를 규정하고 있다.
90) NJW 2012, 231.

혼인외의 자녀의 상속권을 배제한 종전 규정이 유지되리라고 믿은
데 대하여 기본법상 보호되는 신뢰가 존재하였으므로, 입법자가 유
럽인권재판소가 위 판결을 선고한 날 후에만 소급적으로 법률의
효력을 발생시키는 것은, 그 시점 이후에는 혼인외의 자녀의 상속
권의 배제에 대한 신뢰가 더 이상 근거가 없고, 법적 불확실성이
발생하였으므로 정당화되지만, 개정법을 그 전으로 소급시키는 것
은 피상속인과 상속인의 법질서에 대한 신뢰와 종전의 법상황에
근거하여 이루어진 처분의 존속과 모순된다고 하였다. 그리고 유
럽인권재판소의 판결도 이 정도로 소급적으로 법률을 개정할 것을
요구하지는 않는다고 하였다.

연방헌법재판소 제1재판부 제2소부도 2013. 3. 18. 결정[91]에서,
위 재판들에 대한 헌법소원은 종래의 판례에 비추어 볼 때 근본적
인 헌법적 의미를 가지지 않고, 유럽인권재판소의 판결도 종래의
판례를 재검토할 계기가 되지 않는다고 하여 사건의 수리를 거부
하였다.[92][93]

결국 이러한 나라들이 상속법의 규정이 위헌이라는 판례의 소
급 적용을 부정 또는 제한하는 것은, 종전의 위헌인 상태에 대한
당사자들의 신뢰는 보호될 필요가 있다는 판단에 근거한 것이다.

---

91) http://www.bverfg.de/e/rk20130318_1bvr243611.html(최종방문 2017. 1. 9.).
92) 독일연방헌법재판소법 제93조a는 헌법소원은 결정을 위한 수리를 요하는데, 이는
    헌법소원이 원칙적인 헌법적 의미를 가지고 있거나, 기본권 등의 관철을 위하여
    적합한 경우에 수리될 수 있다고 규정하고, 제93조b는 소부(Kammer)에 수리 여
    부의 권한을 부여하고 있다.
93) 그러나 Dieter Leipold, "Auswirkungen der EGMR-Entscheidung Fabris gegen
    Frankreich auf das deutsche Nichtehelichen-Erbrecht", ZEV 2014, 449 ff.는 이처
    럼 2009. 5. 29. 전에 개시된 상속에 대한 혼인외의 자녀의 상속권의 제한은 유럽
    인권재판소가 2013. 2. 7. 선고한 Case of FABRIS v. FRANCE 판결(http://hudoc.
    echr.coe.int/eng?i=001-116716. 최종 방문 2017. 1. 13.)에 비추어 문제가 있다고
    주장한다.

(3) 이 사건의 경우

이 사건의 경우에도 이 사건 관습이 위헌이라고 하여 적용이 배제된다면, 상당한 혼란이 발생할 것이라고 생각할 수 있다. 즉 상속이 개시된 후 수십 년이 지난 후에 이 사건 관습법이 효력이 없다고 하여 이미 상속을 받은 사람들에게 출가한 딸들이 소송을 제기한다면, 이미 정당하게 상속이 이루어졌다고 믿었던 사람들의 신뢰가 깨어지게 된다.[94]

그런데 종전의 판례가 소급효를 제한하기 위하여 사용하였던 판례변경의 장래효나 소멸시효와 같은 법리는 이 사건에서는 적용될 수 없다. 기본적으로 이 사건 관습법은 민법 시행 전에 개시된 상속에 관하여만 문제되는 것이므로, 앞으로 발생할 상속에 대하여는 그러한 관습법이 문제되지 않고, 따라서 판례 변경 후에 발생할 사건에 관하여만 새로운 법리가 적용된다는 장래효는 처음부터 적용될 여지가 없다. 또 이 사건에서 문제되는 권리는 소유권 내지 소유권에 기한 물권적 청구권이므로, 소멸시효나 제척기간의 적용 여부도 문제되지 않는다.[95]

기본적으로 판례의 장래효라는 이론이 우리 법상 인정될 수 있는지부터가 문제이다. 원래 재판이란 과거에 일어난 사건을 대상

---

94) 그런데 심사 과정에서 이는 위헌결정의 소급효 문제를 오해한 것이라고 하면서, 헌법재판소법이 규정한 (관습법을 포함한) 법률에 대한 위헌결정의 효력은 장래 효가 원칙이라고 하는 지적이 있었다. 그러나 현행 헌법재판소법 제47조 제2항이 위헌으로 결정된 법률 또는 법률의 조항은 그 결정이 있는 날부터 효력을 상실한 다고 규정하는 것 자체의 헌법적합성에 의문이 있다. 이에 대하여는 尹眞秀, "憲 法裁判所 違憲決定의 遡及效", 재판자료 제75집(법원도서관, 1997), 623면 이하 참조. 뿐만 아니라, 이미 효력을 상실한 관습법에 대하여 한 위헌의 판단이 소급 효를 가지지 않는다면, 이러한 판단은 그야말로 당해 사건에만 적용되는 1회용 재판에 그치는 것으로서, 그러한 판단을 할 실익이 있을지 의심스럽다.

95) 권리 행사의 상대방이 참칭상속인이나 그로부터의 승계인이 아니어서, 상속회복 청구권의 제척기간이나 소멸시효가 적용되지도 않는다.

으로 하는 것이므로, 판례에 대하여 장래효만을 인정한다는 것은
사법의 본질과는 맞지 않고, 국회 아닌 법원은 이러한 권한을 가지
지 않는다고 보아야 한다.[96] 뿐만 아니라, 판례의 변경을 이끌어
낸 당해 사건의 당사자마저도 새로운 판례의 혜택을 입지 못하게
되는 불합리가 있다. 이러한 문제점을 회피하기 위하여 선택적 장
래효를 인정하는 것은 평등의 원칙에 어긋난다.[97] 그리고 관습법
의 존재는, 그것이 위헌이라고 하여도, 법원에 의하여 위헌으로 선
고되기 전까지는 소멸시효의 진행에 장애가 되는 법률상 장애라고
보아야 할 것이다.[98]

그러므로 이 사건에서는 실효 원칙의 적용 여부를 따져 볼 필
요가 있다.[99] 실효(Verwirkung)의 원칙이란, 권리자가 권리를 장기
간 행사하지 아니하여 상대방이 권리자가 더 이상 권리를 행사하
지 않으리라고 신뢰하고 그에 따라 행동하였는데, 그 후 권리자가
권리의 행사를 주장하는 것이 신의성실의 원칙에 반한다는 이유로
허용되지 않는 것을 말한다.[100]

판례는 실효의 원칙에 관하여 다음과 같이 판시하였다. 즉 일
반적으로 권리의 행사는 신의에 좇아 성실히 하여야 하고 권리는
남용하지 못하는 것이므로, 권리자가 실제로 권리를 행사할 수 있

---

96) 법원의 임무는 각 사건 당사자에게 그 사건의 실체에 따라 재판을 하는 것이고
   {Desist v. United States, 394 U.S. 244, 259(1969)(Harlan, dissenting)}, 재판 당시
   의 법에 대한 최선의 이해에 따라 결정을 하는 것이다{James M. Beam Distilling
   Co. v. Georgia, 501 U.S. 529, 535(1991)(Souter)}. 尹眞秀, "美國法上 判例의 遡
   及效", 저스티스 제28권 1호(1995), 99면 등 참조,

97) 尹眞秀(주 34), 197면 이하; 이동진(주 85), 1134면 이하; 윤진수, "형사사건 성공
   보수 약정 무효 판결의 장래효에 대한 의문", 법률신문 제4340호(2015. 8. 6.), 11
   면 참조.

98) 헌법재판소 2013. 2. 28. 선고 2009헌바129 결정에서의 이정미 재판관의 반대의
   견; 尹眞秀(주 9), 258면 이하.

99) 이하의 설명은 尹眞秀(주 9), 262면 이하 참조.

100) 民法注解 Ⅲ, 박영사, 1992, 406면 이하(尹眞秀) 참조.

는 기회가 있어서 그 권리행사의 기대가능성이 있었음에도 불구하고 상당한 기간이 경과하도록 권리를 행사하지 아니하여, 의무자인 상대방으로서도 이제는 권리자가 권리를 행사하지 아니할 것으로 신뢰할 만한 정당한 기대를 가지게 된 다음에 새삼스럽게 그 권리를 행사하는 것이 법질서 전체를 지배하는 신의성실의 원칙에 위반하는 것으로 인정되는 결과가 될 때에는, 이른바 실효의 원칙에 따라 그 권리의 행사가 허용되지 않는다는 것이다.[101]

그런데 이 사건 관습법과 같은 경우에는 그에 따라 상속을 받은 상속인들로서는 관습법의 유효를 믿었을 것이고, 따라서 출가한 딸이 상속권을 주장하리라고는 전혀 생각하지 못하였을 것이다. 따라서 이러한 상속인들에게는 보호할 만한 정당한 기대를 가진 것으로 보아야 할 것이다.

그렇지만 판례는 실효의 요건으로서, 권리자가 실제로 권리를 행사할 수 있는 기회가 있어서 그 권리행사의 기대가능성이 있었어야 한다는 점을 들고 있는데, 위헌인 관습법이 있으면 원고들에게 권리 행사의 기대가능성이 없었다고도 주장할 수 있을 것이다. 이 점은 다음과 같이 보아야 할 것이다. 즉 실효에 의하여 권리를 소멸시킬 것인가 하는 점은 결국 권리자와 의무자의 이익을 상호 교량하여, 권리자와 의무자 중 누구를 더 보호할 것인가 하는 점에 귀착된다. 그런데 권리자가 권리를 행사하지 않은 기간이 장기간이고, 또 의무자가 권리자의 권리 행사 가능성을 알지 못하여, 종전의 상태를 전제로 하여 자신의 생활관계를 형성하여 왔다면, 설령 권리자가 권리를 행사하지 않은 데 귀책사유가 없다고 하더라도, 실효를 인정할 수 있다고 보아야 할 것이다. 독일에서는 권리자가 상황을 주관적으로 어떻게 평가하였는지가 고려되어야 하므로, 권

---

101) 대법원 1992. 1. 21. 선고 91다30118 판결. 같은 취지, 대법원 1988. 4. 27. 선고 87누915 판결 등.

리자가 자신에게 책임 없는 사유로 권리의 존재를 몰랐던 경우와
같이 권리자에게 권리행사의 지체의 책임을 귀속시킬 수 없는 경
우에는 원칙적으로는 상대방의 사실상의 신뢰는 보호받지 못하지
만, 상대방이 현재의 상태를 신뢰하여 귀중한 자산을 만들어 냈다
는 것과 같이, 상대방의 보호 필요성이 더 높을 때에는 그러하지
않다고 한다. 그리하여 권리자가 권리의 존재를 책임 없는 사유로
알지 못하였다고 하여 실효가 전혀 배제된다고 할 수는 없다는
것이다.[102) 우리나라의 학설도, 대체로 권리자가 권리 있음을 알
지 못했다고 하더라도 상대방에게 권리자의 권리 불행사를 믿을
만한 객관적인 사정이 있다면 실효의 법리가 적용될 수 있다고 보
고 있다.[103)

　이 사건과 같은 경우에는 다음과 같이 말할 수 있을 것이다.
즉 권리자인 출가한 딸이 상속권을 주장하지 못한 것은, 이 사건
관습이 위헌이라는 사실을 몰랐기 때문인데, 종전의 상속인도 이를
알지 못하였다. 그런데 종전의 상속인은 자신이 재산을 상속받은
것이 정당한 것이라고 믿고 그에 기하여 자신의 삶을 영위한 반면,
출가한 딸은 매우 오랜 기간 동안 권리를 행사하지 않았으므로, 이
제 와서 권리자가 권리를 행사하는 것을 허용한다면, 그로 인하여
권리자가 얻는 이익보다는 의무자의 손실이 더 클 것이다.

　이와 같이 본다면, 종래의 판례가 권리자에게 권리 행사 가능
성이 있었음에도 불구하고 상당 기간 권리를 행사하지 않았을 것
을 요구하는 것은 다소 엄격한 느낌이 없지 않다. 실제로 그 뒤의
판례에서는, 권리자의 권리 행사 가능성에 대하여는 언급하지 않

---

102) *Münchener Kommentar zum BGB*/Schubert, 7. Aufl., 2016, §242 Rdnr. 387.
103) 民法注解 Ⅰ, 박영사, 1992, 145면(梁彰洙). 같은 취지, 金曾漢·金學東, 民法總
　　則, 제10판, 2013, 83면; 尹喆洪, "失效의 原則", 考試硏究(1996. 11), 83면; 김민
　　중, "실효의 원칙", *Jurist* 409호(2006. 2.), 117면; 註釋民法 總則 (1)(주 13), 173
　　면(白泰昇).

고, 다만 권리자가 장기간에 걸쳐 그 권리를 행사하지 아니함에 따라 그 의무자인 상대방이 더 이상 권리자가 권리를 행사하지 아니할 것으로 신뢰할 만한 정당한 기대를 가지게 된 것만을 실효 원칙의 적용 요건으로 들고 있다.[104]

　　이러한 이론은 1990년에 민법이 개정되기 전까지 개시된 상속에 있어서 딸이 아들보다 상속분이 작은 것이 위헌이라고 하여 상속회복청구를 하는 경우에도 마찬가지로 적용될 수 있을 것이다.

　　그런데 구체적으로 이 사건의 경우에 A의 청구를 실효의 원칙에 근거하여 배척할 수 있을까? 이는 별개의 문제이다. 이 사건에서는 출가한 딸과 종전의 상속인들 사이에 누가 진정한 상속인인가에 관하여 분쟁이 생긴 것이 아니고, A가 제3자를 상대로 하여 상속권을 주장한 것이며, 이 제3자가 종전의 상속인들의 승계인도 아니었던 것으로 보인다. 그렇다면 이 제3자에게 누가 정당한 상속인인가에 대하여 특별한 신뢰가 있었을 것이라고는 할 수 없고, 따라서 실효의 원칙은 적용될 여지가 없으며, A의 청구는 받아들여질 여지가 있을 것이다.

VI. 결　론

　　실제로 이 사건에서 합헌의견의 주된 고민은 이 사건 관습법이 위헌인지 여부 그 자체에 있다기보다는, 이를 위헌이라고 하면 생겨날 파장의 우려 내지 소급효에 대한 두려움이었던 것으로 보인다. 이러한 문제는 그 효력에 대하여 별로 의문을 가지지 않았던 법규범이 상위 법규범에 저촉되어 무효라고 선언된다든지, 또는 종전의 확립된 판례가 변경될 때에는 언제든지 발생한다. 그리고 특

---

104) 대법원 1994. 11. 25. 선고 94다12234 판결; 2006. 10. 27. 선고 2004다63408 판결 등.

별히 상속법에 관하여는 우리나라뿐만 아니라 다른 나라에서도 이런 문제가 자주 생기는데, 이는 상속법이 가족제도와 밀접한 관련이 있고, 과거의 가족제도는 오늘날의 관점에서는 헌법적으로 문제가 많기 때문이라고 할 수 있다. 이제까지 이러한 점에 대하여 특히 학자들이 그다지 관심을 기울이지 않았으나, 앞으로는 좀더 깊이 있는 연구가 필요할 것이다.

※ 참 고 문 헌

1. 국내문헌

관습법에 대한 위헌법률심사, 헌법재판연구원 연구보고서, 2015(연구책임
　　자 손상식).

권건보, "위헌법률심판의 대상과 관할", 헌법학연구 제19권 3호, 2013.

권건보, "관습법에 대한 헌법재판소의 위헌심사 권한", 헌법재판연구 제3
　　권 2호, 2016.

김경제, "관습법에 대한 오해", 세계헌법연구 제18권 3호, 2012.

김경제, "긴급조치에 대한 헌법재판소 결정의 문제점", 헌법학연구 제19권
　　3호, 2013.

김민중, "실효의 원칙", Jurist 409호(2006. 2).

김상겸·김영숙, "관습법의 위헌법률심판 대상적격성에 관한 연구", 토지공
　　법연구 제80집, 2017.

金疇洙, "戶籍法中 改正法律의 解說", 司法行政 제4권 4호, 1963.

金曾漢·金學東, 民法總則, 제10판, 2013.

문숙자, 조선시대 재산상속과 가족, 경인문화사, 2004.

문준영, "대한제국기 민사재판에서 관습의 규범적 역할", 경북대학교 법학
　　논고 제52집, 2015.

民法注解 Ⅰ, 박영사, 1992(梁彰洙).

民法注解 Ⅲ, 박영사, 1992(尹眞秀).

송재일, "해석기준과 적용기준으로서의 慣習法", 서울법학 제20권 1호,
　　2012.

승이도, "초헌법적 국가긴급권에 대한 위헌심사 연구", 공법연구 제45집 1
　　호, 2016.

심희기, "일제강점 초기 '식민지관습법'의 형성", 法史學硏究 28호, 2003.

沈羲基, "동아시아 전통사회의 관습법 개념에 대한 비판적 검토", 法史學

研究 제46호, 2012.

여운국, "민법 시행 이전의 구 관습법이 위헌법률심판 대상이 되는가", 법
    률신문 제4415호(2016. 5. 19).

오세혁, "관습법의 현대적 의미", 법철학연구 제9권 2호, 2006.

윤수정, "관습법의 위헌법률심판 대상적격성", 헌법학연구 제21권 제2호,
    2015.

윤영미, "민사 관습법의 성립요건으로서의 합헌성", 안암법학 제54권,
    2017.

윤정인, "법원의 명령·규칙에 대한 사법심사", 인권과 정의 2016년 5월
    (제457호).

尹眞秀, "美國法上 判例의 遡及效", 저스티스 제28권 1호, 1995.

尹眞秀, "憲法裁判所 違憲決定의 遡及效", 재판자료 제75집, 법원도서관,
    1997.

尹眞秀, "高氏 門中의 訟事를 통해 본 傳統 相續法의 變遷", 民法論攷 제5
    권, 박영사, 2011.

尹眞秀, "相續回復請求權의 研究", 民法論攷 제5권, 박영사, 2011.

尹眞秀, "相續回復請求權의 消滅時效에 관한 舊慣習의 違憲 與否 및 判例
    의 遡及效", 民法論攷 제5권, 박영사, 2011.

尹眞秀, "慣習上 分財請求權에 대한 歷史的, 民法的 및 憲法的 考察", 民
    事裁判의 諸問題 제22권, 2013.

윤진수, "형사사건 성공보수 약정 무효 판결의 장래효에 대한 의문", 법률
    신문 제4340호(2015. 8. 6).

尹喆洪, "失效의 原則", 考試研究 1996. 11.

이동진, "판례변경의 소급효", 민사판례연구 제36권, 박영사, 2014.

李相旭, "日帝下 傳統家族法의 歪曲", 朴秉濠教授還甲紀念(Ⅱ), 박영사,
    1991.

이상욱, "일제강점기 상속관습법의 정립과 왜곡", 민족문화논총 제33집,
    2006.

李昇一, "朝鮮總督府의 法制政策에 대한 研究", 한양대학교 문학박사학위

논문, 2003.

李昇一, "일제의 관습조사와 전국적 관습의 확립과정 연구", 대동문화연구 67, 2009.

이정선, "식민지 조선·대만에서의 '家制度'의 정착과정", 한국문화 55, 2012.

이준영, "관습법이 위헌법률심판의 대상이 되는지 여부", 부산판례연구회 판례연구 제26집, 2015.

李和淑, "相續回復請求權의 時效에 관한 慣習法의 效力", 가족법연구 18권 2호, 2004.

이홍민, "호주제를 전제로 한 상속관습법의 폐지에 관한 입론", 조선대학교 법학논총 제23권 1호, 2016.

장영수, "위헌법률심판의 대상으로서의 관습법", 공법연구 제40집 2호, 2011.

전상현, "위헌법률심사의 본질과 한정위헌", 헌법학연구 제19권 2호, 2013. 11.

鄭光鉉, 韓國家族法硏究, 서울대학교 출판부, 1967.

정구태, "호주가 사망한 경우 딸에게도 분재청구권이 인정되는지 여부", 東北亞法硏究 제8권 3호, 2015.

정구태, "2016년 상속법 관련 주요 판례 회고", 조선대학교 法學論叢 제24권 1호, 2017.

정구태, "상속관습법의 헌법소원심판대상성 및 그 위헌 여부", 김상훈 외, 2016년 가족법 주요 판례 10선, 세창출판사, 2017.

鄭肯植 編譯, 改譯版 慣習調査報告書, 한국법제연구원, 2000.

鄭肯植, "식민지기 상속관습법의 타당성에 대한 재검토", 서울대학교 法學 제50권 1호, 2009.

정인섭, "大韓民國의 수립과 舊法令의 승계", 國際判例硏究 제1집, 2000.

정태호, "법률적 효력 있는 관습법의 위헌제청적격성", 慶熙法學 제46권 4호, 2011.

註釋民法 總則 (1), 제4판, 한국사법행정학회, 2010(尹眞秀 집필부분, 白

泰昇 집필부분).

崔在錫, 韓國家族制度史研究, 일지사, 1983.

허완중, "관습법과 규범통제", 공법학연구 제10권 1호, 2009.

허완중, "명령·규칙에 대한 법원의 위헌·위법심사권", 저스티스 통권 제135호(2013. 4).

현소혜, "상속법의 자화상과 미래상", 民事法學 제52호, 2010.

홍양희, "植民地時期 親族慣習의 創出과 日本民法", 정신문화연구 28권 3호, 2005.

홍양희, "植民地時期相續慣習法과 '慣習'의 創出", 法史學研究 제34호, 2006.

2. 외국문헌

大村敦志, "最近の最高裁決定に見る法的推論─解釋論における 「進化主義」", 민사법연구 제22집, 2014.

南雲幸吉 편, 現行 朝鮮親族相續法類集, 1935(昭和 10).

邊公律, "非嫡出子の法定相續分について", 아주법학 제7권 3호, 2013.

朝鮮總督府中樞院, 李朝の財産相續法, 1936(昭和 11).

Marie Seong-Hak Kim, "Law and Custom in the Choson Dynasty and Colonial Korea", Journal of Asian Studies Vol.66 No.4, 2007.

Marie Seong-Hak Kim, Law and Custom in Korea: Comparative Legal History, Cambridge University Press, 2012.

Dieter Leipold, "Auswirkungen der EGMR-Entscheidung Fabris gegen Frankreich auf das deutsche Nichtehelichen-Erbrecht", ZEV 2014.

Münchener Kommentar zum BGB/Bearbeiter, 7. Aufl., 2016.

판례색인

[조선고등법원 판결]

[남아프리카공화국 판례]

[네덜란드 판례]

[오스트리아 판례]

[일본 판례]

[캐나다 판례]

사항색인

공저자소개

윤진수
서울대학교 법과대학 졸업(1977)
서울대학교 법학박사(1993)
대법원 재판연구관, 수원지방법원 부장판사 역임
현 서울대학교 법학전문대학원 교수

민법논고 1-7(2007-2015), 민법기본판례(2016), 친족상속법강의(제2판, 2018), "법의 해석과 적용에서 경제적 효율의 고려는 가능한가?", "진화심리학과 가족법" 등 100여 편

권영준
서울대학교 법과대학 졸업(법학사)
서울대학교 대학원 법학과 졸업(법학박사)
서울지방법원 판사 등 역임
현 서울대학교 법학전문대학원 교수

Formation and Third Party Beneficiaries(Chapter Contributor)(2018), 담보거래에 관한 UNCITRAL 모델법 연구(2018), 그 외 논문 다수

김형석
서울대학교 법과대학 졸업(법학사, 1996)
서울대학교 대학원 법학과 졸업(법학석사, 1998)
독일 트리어 대학교(법학박사, 2004)
현재 서울대학교 법학대학원 교수

Zessionsregreß bei nicht akzessorischen Sicherhiten(Berlin: Duncker &Humblot, 2004), 김용담 편집대표, 주석민법 물권(1)(제4판, 2011)(공저), 양창수 김형석, 민법 III: 권리의 보전과 담보(제2판, 2015)(공저), 사용자책임의 연구(2013), "법에서의 사실적 지배", "저당권자의 물상대위와 부당이득" 등 다수

이동진
서울대학교 법과대학 졸업(법학사)
서울대학교 대학원 법학과 졸업(법학박사)
서울중앙지방법원 판사 등 역임
현 서울대학교 법학전문대학원 부교수

주석민법 총칙(2)(제4판, 2010), 주해친족법 제1권(2015), 개인정보 보호의 법과 정책(개정판, 2016), 개인정보 비식별화 방법론－보건의료정보를 중심으로－(2017), 그 외 논문 다수

헌법과 사법

초판발행	2018년 5월 30일
지은이	윤진수·권영준·김형석·이동진
펴낸이	안종만
편 집	김선민
기획/마케팅	조성호
표지디자인	권효진
제 작	우인도·고철민
펴낸곳	㈜ **박영사**
	서울특별시 종로구 새문안로3길 36, 1601
	등록 1959. 3. 11. 제300-1959-1호(倫)
전 화	02)733-6771
f a x	02)736-4818
e-mail	pys@pybook.co.kr
homepage	www.pybook.co.kr
ISBN	979-11-303-3143-0 94360
	979-11-303-2631-3 (세트)

정 가   24,000원